Joseph Rieforth

Wunschkompetenz

Von der Fähigkeit, das eigene Leben
sinnvoll zu gestalten

Mit 7 Abbildungen und beiliegendem Fächer

Vandenhoeck & Ruprecht

Bibliografische Information der Deutschen Nationalbibliothek:
Die Deutsche Nationalbibliothek verzeichnet diese Publikation in der
Deutschen Nationalbibliografie; detaillierte bibliografische Daten sind
im Internet über https://dnb.de abrufbar.

Umschlagabbildung: Delpixel/shutterstock.com

Satz: SchwabScantechnik, Göttingen
Druck und Bindung: Kösel GmbH & Co. KG, Altusried
Printed in the EU

Vandenhoeck & Ruprecht Verlage | www.vandenhoeck-ruprecht-verlage.com

ISBN 978-3-525-45912-6

Inhalt

Teil A

Teil B

»Unsere Wünsche sind Vorgefühle der Fähigkeiten, die in uns liegen, Vorboten desjenigen, was wir zu leisten imstande sein werden. Was wir können und möchten, stellt sich unserer Einbildungskraft außer uns und in der Zukunft dar; wir fühlen eine Sehnsucht nach dem, was wir schon im Stillen besitzen. So verwandelt ein leidenschaftliches Vorausergreifen das wahrhaft Mögliche in ein erträumtes Wirkliches.«

(von Goethe, 1811–12/1985, S. 418)

Vorwort

Dieses Buch hat eine längere Geschichte, obgleich es konkret erst nach dem im September 2018 an der Universität Oldenburg veranstalteten Kongress »Selbstorganisation und Selbststeuerung und die Frage nach dem Sinn« entstanden ist (Rieforth, 2018). Es integriert die Ideen und Erfahrungen, die mich in der Konzeption und Leitung unterschiedlicher Aus- und Weiterbildungsangebote sowie meiner eigenen beruflichen Entwicklungen an Hochschulen und in verschiedenen Praxisfeldern von Therapie und Beratung begleitet und auf vielfältige Art und Weise angeregt haben.

So bin ich in meiner Vorbereitung dieses Buchs auch wieder einem Werk von Erich Jantsch (1979) begegnet: »Die Selbstorganisation des Universums«, das mich damals, als ich 1979 im dritten Semester Psychologie in Münster studierte, so faszinierte, dass ich es sogleich las und ein Seminar dazu besuchte.

Jantsch beschäftigte sich damals im Rahmen seiner beratenden Tätigkeit bei der Organisation für wirtschaftliche Zusammenarbeit und Entwicklung (OECD) für Alexander King, dem Mitbegründer des Club of Rome, mit der Systemtheorie und den Grundlagen langfristiger Planung und ging der Frage nach, wie die Welt ganz ohne Zielvorstellungen unter dem Einfluss zufälliger Schwankungen und zunehmender Komplexität immer raffiniertere, ja, wertvollere Gestaltungsformen entwickeln konnte und auch musste (Kafka, 1992): Eine Frage, die angesichts der aktuellen Debatte über die Zerstörung der irdischen Biosphäre und der damit verbundenen Krise der menschlichen Wertschöpfung vierzig Jahre später an Bedeutung nicht verloren hat. Jantschs umfassende Betrachtungsweise war es, die bereits damals faszinierte, verbunden mit der Einsicht, alle Phasen des Weltprozesses disziplinübergreifend hinsichtlich ihrer wechselseitigen Abhängigkeit zu betrachten (Feyerabend, 1979).

Jantsch wollte herausfinden, welche Voraussetzungen es braucht, unter denen auf der Grundlage der Selbstorganisation lebensfähige komplexe Systeme entstehen und sich erhalten können. Dabei schloss er in seinem Modell sowohl die seelisch-geistigen als auch die gesellschaftlichen Phänomene als Erscheinungen in Raum, Zeit und Materie, im Sinne einer Chance zur Entstehung und Entwicklung eines lebensfähigen Gesamtsystems, mit ein.

Diese Ideen einer disziplinübergreifenden Betrachtung menschlicher Prozesse im Rahmen gesellschaftlicher Beziehungs- und Austauschprozesse haben mich in der Folge stets animiert, neue Antworten auf die anstehenden Fragen zu finden und u. a. mit den Modellen von Humberto Maturana und Francisco Varela, Ludwig von Bertalanffy, Gregory Bateson und weiteren Forschern in Kontakt gebracht.

Nach den ersten klinischen Eindrücken und Lernerfahrungen an der Universität Münster folgten dann weitere bedeutsame Erfahrungen an der Universität Wien, bei denen ich u. a. die Möglichkeit hatte, Viktor Frankl (1987b) bei seinen Vorlesungen zur Logotherapie zu hören. Er gab mir schon sehr früh die Bedeutung des Sinns für die subjektive Lebensgestaltung mit auf den Weg.

Außerdem erinnere ich mich heute noch gern an Hans Strotzka, der sehr eindrucksvoll auf eine einzigartig lebendige Art die Grundlagen zur psychoanalytischen und allgemeinen Psychotherapie inszenierte (Strotzka, 1975). Auch Heinz Katschnig, der damals aus England zurückkam, die neuesten sozialpsychiatrischen Perspektiven präsentierte und mit seinem beeindruckenden Werk: »Die andere Seite der Schizophrenie« (Katschnig, 1977) großes Aufsehen erregte, ist mir in lebhafter Erinnerung geblieben.

Von dort zurück begann mit dem Aufbau der familientherapeutischen und in der Folge der Systemischen Therapie- und Beraterausbildung an der Universität Oldenburg ein neues Kapitel disziplinübergreifender und faszinierender Erkenntnisse über psychische Störungen und Verhaltensauffälligkeiten aus einer ganz neuen Perspektive einschließlich ihrer Wechselwirkungen im relevanten Problemsystem. Die enge Verbindung zur Tavistock-Klinik und die damit verbundenen Lehraufenthalte zur Wirkungszeit von John Byng-Hall und Rosemary Whiffen erlaubten, völlig neue Formen der Bearbeitung zu erfahren, die Jahre vorher noch undenkbar erschienen: Plötzlich bekamen One Way Screens (Einwegspiegel) und später dann Reflecting Teams (RT) eine Bedeutung und schufen die

Möglichkeit, mit Mehrpersonensettings und im Team zu beraten und zu therapieren.

Auch zu erwähnen sind hier die Anfänge der familientherapeutischen Bewegungen in Deutschland und der Besuch von Horst-Eberhard Richter zur Einweihung der Vergrößerung der Psychotherapieambulanzen an der Universität Oldenburg sowie die großen Kongresse der Familientherapie in Heidelberg und die langjährige Verbundenheit zur Deutschen Arbeitsgemeinschaft Familientherapie (DAF) und die daraus entstandene Deutsche Gesellschaft für Systemische Therapie, Beratung und Familientherapie (DGSF). Viele weitere Einflüsse und persönliche Kontakte könnte ich noch nennen, die mich bewegt und inspiriert haben und die sich in diesem Sinne alle mitgenannt fühlen mögen.

Die enge Verbundenheit zur psychoanalytischen und systemischen Modellentwicklung führte im weiteren Verlauf dazu, die bedeutsamen Verfahren miteinander zu verbinden und so in die Ausbildung der Psychologischen und Kinder- und Jugendlichenpsychotherapeuten an der Universität Oldenburg aufzunehmen und zu integrieren.

Parallel wurden an der Universität Oldenburg die Kontaktstudien in den Feldern Systemische Beratung und Therapie, Supervision und Mediation sowie disziplinübergreifende Konzepte aufgebaut, die diese Grundlagenverbindung ebenfalls aufgenommen und umgesetzt haben.

Bei aller Unterschiedlichkeit therapeutischer und beratender Angebote zeigt sich mit dem in diesem Buch vorgestellten Modell eine verfahrensübergreifende Möglichkeit, auf der Grundlage von Selbstorganisationsprozessen die Selbstentwicklung von Personen zu gestalten. Somit lässt sich dieses Modell auch als Beitrag zur Förderung wertschöpfender menschlicher Prozesse insgesamt verstehen, die die anstehenden personalen, gesellschaftlichen und globalen Herausforderungen positiv beeinflussen können.

Die dadurch gemachten Erfahrungen und entstandenen Fragen ließen *Wünsche* in mir entstehen und führten mich stets weiter auf der Suche nach sinnvollen Antworten und Entwicklungen.

Aus dem Wunsch heraus, für Anliegen in Beratungs- und Therapiekontexten eine Form zu finden, um komplexe Prozesse sinnvoll ordnen und strukturieren zu können, entstand über die Jahre in dem »FächerModell zur Selbstentwicklung« (FäMoS®) eine Grundlage für die (Wieder-)Freisetzung und Entfaltung des jeweiligen Potenzials einer oder mehrerer Personen. In seinem Mittelpunkt steht die Kompetenz des Wünschens mit der zentralen Idee, dass die Bewusstwerdung eigener Wünsche das hinter den genannten Problemen Liegende – die bedeutsamen Motive – zum Vorschein bringt, worüber kongruente Veränderungen des Selbst gelingen. Das Modell integriert unterschiedliche Interventionsmethoden und bindet die Dynamik zwischen den bewussten und unbewussten Anteilen sowie kontextuelle Einflussgrößen ein.

Entsprechend dynamischer systemtheoretischer Erkenntnisse wechseln sich Struktur und Chaos ab, bedingen und benötigen sich wechselseitig und erzeugen dabei im Verlauf immer wieder neue Muster zwischen Stabilität und Instabilität. FäMoS nimmt dieses für die Veränderung hilfreiche Prinzip auf, mit dem Ziel, die Personen mit ihren jeweiligen Inhalten im Entwicklungsprozess zum Glänzen zu bringen. Dieses Buch ermöglicht den Lesenden,[1] sich auf unterschiedliche Art und Weise seinem Inhalt zu nähern.

Die Leser und Leserinnen, die vor allem an einer Zusammenfassung von FäMoS interessiert sind, finden diese in Kapitel 4. Sie ist vor dem Hintergrund entstanden, dass ich in meinen praktischen Tätigkeiten in unterschiedlichen Arbeitsfeldern oftmals im Anschluss an die Anwendung nach einer verschriftlichten Grundlage gefragt wurde. Während die Leser, die auch und vor allem Interesse an den theoretischen Grundlagen des Wunsches und der Kompetenz haben, vor allem auf Kapitel 1–3 des Buchs verwiesen werden. Kapitel 5 stellt mit den drei Fähigkeiten des Mentalisierens, Triangulierens und Reflektierens eine wichtige Basis für die Umsetzung der theoretischen Grundlagen in die Praxis dar.

---

1 In diesem Text verwende ich sowohl Maskulin- als auch Femininformen zur Bezeichnung der Leser*innen, um alle Geschlechtsidentitäten anzusprechen. Daneben nutze ich Bezeichnungen wie »Person«, um möglichst geschlechtersensibel bzw. -neutral zu formulieren.

Die Leser, die sich vor allem von meinem Erfahrungsschatz inspirieren lassen wollen, fangen am besten mit Teil B (Kapitel 6) an, in dem neben entscheidenden Bearbeitungslinien zur Entwicklung der Wunschkompetenz eine Reihe von konkreten Beispielen aus unterschiedlichen Kontexten – von Psychotherapie über Coaching und wissenschaftlicher Weiterbildung bis hin zur Selbstanwendung – nachzulesen sind.

So zeigt das Modell, wie sich über die besondere Kompetenz des Wünschens Veränderungen auf anregende und kreative Weise gestalten und Selbstorganisationsprozesse anregen lassen. Dies kann in Einzel- oder Mehrpersonensettings sowohl mit einem professionellen Prozessbegleiter als auch in der Selbstanwendung geschehen. Der Aufbau des Modells einerseits und seine Anwendbarkeit in den unterschiedlichen Kontexten von Therapie, Beratung, Wissenschaft und Privatleben andererseits kann dieses Buch für Wissenschaftlerinnen genauso interessant machen wie für Praktikerinnen. Es schafft durch die drei Räume – Theoriemodell, Handlungsmodell und beispielhafte Praxismodelle – eine vielseitige Dynamik, um die jeweils richtige »Tür« zu finden.

Teil A

1 Die Bedeutung des Wunsches im Rahmen der Selbstentwicklung

In allen Beratungs- und Therapieverfahren kommt dem Umgang mit der Person und dem Selbstkonzept des Klienten bzw. der Klientin eine besondere Bedeutung zu. Mit dieser Herausforderung gehen die verschiedenen Verfahren und Modelle jeweils unterschiedlich um, indem sie eigene Ansätze zur Integration von Selbst, Individuum und den sozialen Systemen entwickelt haben.

Bateson wies bereits 1981 darauf hin, wie entscheidend dabei die Berücksichtigung der Wechselwirkungen zwischen der Person und ihren sozialen Kontexten ist, und sah die Grenzen des Individuums nicht als räumliche Grenzen an, sondern verortete das Selbst im Interaktionszirkel zwischen Mensch und Umwelt (Bateson, 1981; Satir, 1975). Er fasste das Selbst als soziales Phänomen im Sinne eines »Dazwischen« auf, um die Interaktion von System und Umwelt zu erklären. Helm Stierlin ergänzte dies in seinem Konzept zur Erklärung des Selbst durch die Integration von zeitlichen und situativen Kontexten und legte den Grundstein für die Bedeutung des Selbst als Subjekt und Objekt von Geschichten und beschrieb es als narratives Selbst. Bereits Anfang der 1990er Jahre sprach er von dem »Ressourcenselbst als Schatzkammer des Unbewussten« im Sinne aller bisher noch nicht vollzogenen Handlungs- und Entwicklungsmöglichkeiten eines Selbst (Stierlin, 1994, S. 108).

Diese Annahmen sind zwischenzeitlich durch vielfältige Forschungsergebnisse bestätigt worden und finden sich in den aktuellen Erkenntnissen der Beratungs- und Psychotherapieforschung in unterschiedlichen Verfahren, Methoden und Techniken wieder (Grawe, 2000; Roth, 2001; Solms u. Turnbull, 2004; Wampold, 2010). Demnach entwickelt sich das Selbst stets im Beziehungsgeschehen und auf verschiedenen Ebenen von Erleben und Handeln, es kann daher nicht allein als psychische Instanz im Sinne einer festgelegten Struktur oder Entität verstanden werden. Auch

Tom Levold schloss sich der Idee an, dass kein Selbst ohne einen interaktiven, regulativen Vollzug von Interaktionen vorstellbar ist (Levold, 1999). Die Qualität des Selbst besteht gerade in der Form einer dynamischen Organisation, die eine relative Kohärenz, Hierarchie und Konstanz aller Kognitionen und Affekte – jeweils bezogen auf die aktuelle intrapsychische und interpersonelle Konstellation – gewährleistet. Bereits Martin Buber soll auf einem Kongress von amerikanischen Psychoanalytikerinnen gesagt haben, dass er das Unbewusste zwischen den Menschen verorte (Buber, 2008; Kachler, 2015).

In diesem Buch wird dargestellt, wie die Entwicklung eines authentischen Selbstpotenzials zur Steigerung des Selbstwerts und der Selbstwirksamkeit sowie Erweiterung des Selbstkonzeptes beitragen und diese unterstützen kann. Auf der Basis moderner Erkenntnisse aus der Beratungs- und Therapieforschung und einem von mir entwickelten Modell zur Selbstentwicklung werden neue Wege aufgezeigt, wie mit dem Aufbau einer Kompetenz, sich seiner Wünsche bewusst zu werden, die persönlichen Potenziale eingesetzt und entfaltet werden können, um das eigene Leben sinnvoll zu gestalten. Das Zusammenspiel aus den subjektiven Hindernissen (Problem), den damit verbundenen (unbewussten) Wünschen und der Unterstützung möglicher Potenziale fördert die Selbstentwicklung und trägt zu persönlichem Wachstum bei, vorausgesetzt die »richtige Entschlüsselung« gelingt. Dabei kommt der Dimension des Wunsches eine besondere Rolle zu, da sie die Brücke zum nächsten Entwicklungsschritt darstellt.

Diese Kompetenz steht in Verbindung mit der Steigerung von Selbstakzeptanz und erlebter Selbstwirksamkeit als wesentliche Bestandteile des Selbstkonzepts. Dabei wird die Struktur der Person mit den relevanten Grundlagen der aktuellen (Problem-)Situation im sozialen Kontext verbunden. Auf diese Weise treten die inneren Motive der Person und ihrem Selbst sowie die Wechselwirkungsprozesse mit den beteiligten anderen in den Vordergrund.

Anhand von Fallbeispielen wird die Anwendung des Modells zur Selbstentwicklung anschaulich gemacht. Der dem Buch beiliegende Fächer eröffnet die Möglichkeit, das Modell konkret einzusetzen und für das eigene Praxisfeld zu testen.

1.1 Die Kraft des Wünschens für eine sinnvolle Lebensgestaltung

Vor langer Zeit, als das Wünschen nicht nur den Märchen zugeschrieben wurde, sondern auch für die Erklärung unterschiedlichster Situationen noch gesellschaftsfähig war, hatte der Wunsch eine besondere, aber auch alltägliche Bedeutung in der subjektiven Welt jedes Einzelnen und der Gemeinschaft. Erst die Ablösung der symbolischen Erklärungen über die Welt durch die Ergebnisse der modernen Naturwissenschaft im Rahmen der wissenschaftlichen Revolution im 17. Jahrhundert in Europa leitete für das Phänomen des Wunsches einen erheblichen Bedeutungsverlust ein, der sich auch auf die Lebensfragen jedes Einzelnen entsprechend auswirkte.

Diese Sichtweise änderte sich erst mit den europäischen Romantiker im späten 18. Jahrhundert wieder, da sie in der Rationalität und Effizienz allein keine Grundlage mehr sahen, um dem menschlichen Leben einen Sinn zu geben. Nach ihrer Vorstellung lag im kreativen Selbst die Grundlage für Sinn und Bedeutung. Dadurch gewann die Kunst enorm an Relevanz und entwickelte sich von einer Form des Handwerks zum Gipfel des menschlichen Tuns. Ein mächtiger Wandel im Zeitraum eines halben Jahrhunderts vollzog sich. Selbst Johann Sebastian Bach, der Mitte des 18. Jahrhunderts starb, verstand seinen Beruf noch als Handwerk und war stolz auf seine hervorragende Technik.

Dies änderte sich radikal um die Wende zum 19. Jahrhundert, und der Druck im Sinne von Effizienz und Konformität wurde der größte Feind in Bezug auf die Entwicklung als authentischer Person, deren Ziel es war, eine Verbindung mit einer inneren Wahrheit herzustellen. Die aufkommende Epoche der Romantik war fasziniert vom Gedanken des Genies. Jetzt trat der einzelne Mensch wieder in den Vordergrund, und die innere Kohärenz des Charakters stellte eine mitentscheidende Größe für die Verwirklichung des Individuums dar (Jaspers, 1996; Nietzsche, 1882–84/1988). Dadurch wurde es notwendig, die Durcharbeitung von Konflikten und Spannungen, die zwangsläufig mit dem Entwicklungsprozess des Individuums verbunden sind, als eigenen Wert anzuerkennen.

Heute, in einer Zeit, in der zunehmend nur noch das von Bedeutung ist, was gemessen, gewogen und stofflich nachgewiesen werden kann, zählen stattdessen operationale Ziele, vorausberechnete Entwicklungen in der Zukunft und Anforderungen an den Einzelnen als die neuen Heilsbringer (Illich, 2014; Strenger, 2016). So ist es üblich geworden, von Zielen in der Zukunft zu sprechen, Erfolge vor allem an der möglichen Rendite zu bemessen und die Bedeutung von Leistungen in öffentlichen Rankinglisten großer Zeitschriftenmagazine oder im World Wide Web auszudrücken. Dies zeigt sich auch in dem allgemein bekannten Konzept der SMART-Ziele (Tewes, 2011). In diesen Prozessen droht die Fähigkeit verloren zu gehen, sich seiner persönlichen Wünsche bewusst zu werden und ihnen entsprechend eigenverantwortlich zu handeln und sein Leben selbstwirksam zu gestalten – worunter die Wunschkompetenz verstanden wird. Diese Kompetenz wieder zu erlernen und dabei nicht in dem magischen Raum des Unerklärbaren bleiben zu müssen, davon handelt dieses Buch.

Erfahrungen zeigen, dass bei einer Zunahme rein wirtschaftlicher und gesellschaftlich definierter Ziele die subjektiven Überlegungen und die damit verbundenen Wünsche zu wenig Berücksichtigung finden. Denn im Vordergrund stehen unter diesen Prämissen oft allein Fragen nach dem *Wie* und nicht nach dem *Wofür*. Dies schafft eine Reihe von Problemen, die durch eine zu extreme Orientierung an aktionistischen, schnellen Lösungen noch verstärkt werden und die Fähigkeit verkümmern lassen, Zugänge zu den persönlichen Wünschen zu entwickeln.

Charakteristisch für Wünsche ist, dass sie sich in sehr unterschiedlichen Situationen und Thematiken zeigen können. Dabei nehmen sie oft sehr »kreative Formen« an und verstecken sich – nicht selten hinter unterschiedlichen Formen der Angst oder Problemen und Konflikten, die zunächst kaum etwas Wünschenswertes ahnen lassen. Oftmals verbergen sich Wünsche dort, wo man sie nicht vermutet, beispielsweise hinter einer Rationalisierung oder Intellektualisierung als kommunikative Schutzschilder oder auch hinter Verhaltensweisen, bei denen die Person beschlossen hat, sie nur noch eingeschränkt zu zeigen oder sie ganz zu unterlassen. Um den eigenen Wünschen auf die Spur zu kommen, ist es daher hilfreich, sich genauer mit den Gemeinsamkeiten und Unterschieden von Interessen, Bedürfnissen und Wünschen zu beschäftigen. Die sich daraus entwickelnde Kompetenz, sich seiner eigenen Wünsche bewusst zu werden, ermöglicht es, Wünsche, die zum Handeln motivieren, und Überzeugungen, anhand derer entschieden wird, welches Handeln den eigenen Wünschen am besten dient, für die eigene Entwicklung zu nutzen.

Die Fähigkeit, sich seiner eigenen Wünsche bewusst zu werden und durch diese Wunschkompetenz verantwortlich für sich handeln und sein Leben selbstwirksam gestalten zu können, stellt eine neue Form der Selbstentwicklung dar, die sowohl für die Einzelne als auch für die Gemeinschaft gleichermaßen förderlich ist.

Der Ausdruck »Wunschkompetenz« kommt dem Leser und der Leserin vielleicht zunächst etwas ungewöhnlich vor, da Wunsch und Kompetenz als Begriffe in der Regel nicht in einem Atemzug genannt werden. Diese Begriffskombination habe ich entwickelt, nachdem ich in den unterschiedlichen Kontexten der psychotherapeutischen und beratenden Praxis sowie in der universitären Lehre und Weiterbildung diese besondere Verbindung in vielerlei Zusammenhängen erfahren habe. Eine persönliche Kompetenz nämlich, die es der Person ermöglicht, eigene Wünsche (wieder) zu entdecken und mit diesem Bewusstsein Handlungs- und Sinnalternativen zu entwickeln. Gerade durch das Wechselspiel zwischen dem Wunsch als einem metaphorischen Gebilde, das ein Begehren ausdrückt, und der Kompetenz als einer Fähigkeit und einem Sachverstand, etwas erfassen und anwenden zu können, wird der Person die Entwicklung eines sinnvollen Lebens ermöglicht. Denn sicherlich sind Wünsche zwar stets richtungsweisend für die Gestaltung des Lebens, sie müssen und können aber in vielen Fällen nicht durch eigene Anstrengungen erfüllt werden – ebenso wie bei der Orientierung am Polarstern der Wunsch, den Stern selbst zu erreichen, unerfüllt bleiben muss. Die qualitative Verbindung mit der Kompetenz ermöglicht, dieses Spannungsfeld wahrzunehmen und entsprechend zu handeln. Nach Arnold (2015), Erpenbeck und Rosenstiel (2007) handelt es sich bei Kompetenz um eine selbstorganisierte, kreative Handlungsfähigkeit von Individuen oder sozialen Gruppen in zukunftsoffenen Situationen. Eine Kompetenzentwicklung zeichnet sich durch eine emotionale und motivationale Veränderung oder auch Imprägnierung des Wissens aus (Arnold, 2015; Erpenbeck u. Rosenstiel, 2007; Windeler u. Sydow, 2014).

In der Begriffskombination mit dem Wunsch steht Kompetenz hier allerdings als primär vorgegebener Rahmen, in dem die Person selbstorganisiert Instrumente entwickelt und nicht angepasst an vorgegebene Kompetenzziele die systemkonformen Werte übernimmt. Die Bewegung kehrt sich um, indem die Person zunächst sich selbst wahrnimmt und ein Bewusstsein für ihre eigenen Bedürfnisse entwickelt, um so über die Entdeckung ihres Wunsches ihre Potenziale für die eigene sinnvolle Lebensgestaltung weiter auszubauen.

Die Verbindung dessen, was für die Person begehrenswert ist, und der Entwicklung von Fähigkeiten, sich für die Erreichung wünschenswerter Veränderungen einsetzen zu können, stellt die zu öffnende Tür für den Entwicklungsprozess des eigenen Selbst dar.

Um eine Beziehung zu den eigenen Wünschen herstellen, sie analysieren und das persönliche Potenzial für ihre Umsetzung entwickeln zu können, existiert je nach Situation und Auftrag eine Reihe unterschiedlicher Zugänge, die sich anhand einer einheitlichen Grundstruktur erfassen lassen. Diese Struktur wird in dem FächerModell zur Selbstentwicklung (FäMoS) abgebildet (siehe Abbildung 1).

Das FächerModell zeichnet sich durch vier unterschiedliche Bereiche aus, welche die aktuelle Frage zum jeweiligen Anliegen (Problem, Krise, Konflikt) einer Person oder mehrerer Personen (Bereich 1), die damit in Verbindung stehenden Wünsche und Be-

Abbildung 1: FäMoS – FächerModell zur Selbstentwicklung

dürfnisse (Bereich 2) und die eigenen Potenziale (Bereich 3) erkunden und fokussieren. Während des gesamten Prozesses erfolgt kontinuierlich ein zirkulärer Austausch mit der übergeordneten Perspektive der Selbstentwicklung (Bereich 4) im Sinne des Anliegens und der gegebenen Möglichkeiten.

Diese erste Skizzierung des Modells weist bereits darauf hin, dass beim Aufbau einer Wunschkompetenz die Klärung des Wunsches und die damit verbundene Interaktion mit dem eigenen Selbst im Mittelpunkt steht und nicht eine vorrangig auf Problemlösung ausgerichtete Intervention. Der Aufbau einer Wunschkompetenz führt im besonderen Maße dazu, die eigene Lebenssituation zu reflektieren und sich der Gestaltungsmöglichkeiten mithilfe des eigenen Potenzials und der eigenen Wünsche bewusst zu werden. Aus dieser Sicht werden Probleme und Konflikte als Anregungen zur Selbstentwicklung betrachtet, sie verlieren so den (allein störenden) Charakter, nur möglichst schnell gelöst, d. h. beseitigt werden zu müssen. Stattdessen bieten anerkannte Verfahren aus dem Beratungs- und Therapiebereich eine gute Grundlage, um sich der damit verbundenen eigenen bewussten und zum Teil unbewussten Wünsche gewahr zu werden und nach der Integration dieser Wünsche die entsprechenden Entscheidungen treffen zu können (Rieforth u. Graf, 2014).

Die Entwicklung einer Wunschkompetenz geht daher weit über die Frage hinaus, wie Symptome oder »falsche Entwicklungen« effizient abgestellt oder minimiert werden können. Vielmehr geht es um die Fähigkeit, Wege zu einer stimmigen, sinnvollen Lebens- oder etwa auch organisationalen Führungskultur zu finden und Ideen für eine kreative Begleitung dieser Prozesse zu entwickeln.

Die Kompetenz, eigene Wünsche wahrnehmen und benennen zu können – ihnen einen wegweisenden Wert beizumessen –, umfasst auf diese Weise die Dynamik des Veränderns und Gestaltens und beachtet dabei insbesondere die subjektiven Resonanzen auf der Ebene der Selbstentwicklung für die Person im Kontext ihrer Umwelt. Dabei lässt sie erkennen, welche wachstumsorientierten Effekte sich durch die Kontaktaufnahme mit den eigenen Wünschen, ihrer Beachtung und Förderung sowie Realisierung ergeben können.

Ergebnisse aus der Beratungs- und Psychotherapieforschung zur Einschätzung der Bedingungen von Krankheit und Gesundheit bzw. der Behandlung psychischer Störungen zeigen, dass die menschliche Widerstandskraft gegenüber widrigen Umständen im Sinne der Resilienz an die Erfüllung von menschlichen Bedürfnissen gekoppelt ist und dass sich Zuversicht und die Hoffnung auf ein besseres Leben in besonderer Weise gesundheitsförderlich auswirken (Antonovsky, 1997; Frankl, 2018; Grawe, 2004; Schnabel, 2007). Neben dem Wunsch nach Mitmenschen als Bezugspersonen für die eigene Entfaltung und Entwicklung existieren Wünsche auf der Ebene von Grundbedürfnissen. Der mit dem Grundbedürfnis verbundene Wunsch zielt auf möglichst viele erfreuliche und lustvolle Erfahrungen im Leben ab bei gleichzeitiger Vermeidung von schmerzhaften und unangenehmen Situationen.

Zur Erfüllung der Grundbedürfnisse lassen sich bei näherer Betrachtung sehr unterschiedliche Wünsche und Muster zur Wunschentwicklung feststellen. So sind z. B. zwei unterschiedliche Konstellationen bekannt, bei denen sich »sicherheitsbewusstes« und »abenteuerlustiges« Verhalten durch unterschiedliche Wunschausrichtungen ausdrücken: das Schaffen möglichst gleichförmiger Situationen zur Aufrechterhaltung von Kontrolle oder das häufige Erleben von etwas Neuem mit dem damit einhergehenden höheren Risiko unkontrollierbarer Einflüsse.

Bei aller Unterschiedlichkeit beginnt der Weg zur gewünschten Selbstentwicklung stets mit dem gleichen ersten Schritt der Perspektive auf die (verborgenen) Wünsche und den damit verbundenen Folgen und Konsequenzen. Ausgangspunkt ist immer eine eigene Entscheidung der Person, die für sich definiert, was sie sich wünscht und ob sie bereit ist, die damit verbundenen Chancen und Gefahren zu übernehmen.

Dies zeigt, dass durch die Grundbedürfnisse ein Teil der Wünsche vordefiniert ist und sich je nach Persönlichkeit des Einzelnen auf die unterschiedlichen Themenfelder verteilt. Je nach Ausprägung des Grundbedürfnisses einer Person und ihrem aktuellen Wunsch nach Erfüllung ergibt sich eine entscheidende Rolle beim Einsatz und der Gestaltung der vorhandenen Potenziale. An diesem Punkt setzt die Relevanz der Wunschkompetenz an, denn es sind nicht

»magische Momente«, die zur Erfüllung des Wunsches führen, sondern Fähigkeiten des Einzelnen, die durch unterschiedliche Bewusstseins- und Reflexionsformen, einer offenen Haltung sich selbst und den anderen gegenüber sowie durch eine stetige Kultivierung dazu beitragen, die Lebensumstände in dem gewünschten Rahmen zu gestalten.

1.2 Die Wiederentdeckung der Kraft des Wünschens

Um der Bedeutung des Wünschens in unserer Kultur erneut einen größeren Stellenwert zu geben, ist es notwendig, den Menschen wieder das Gefühl des Nutzens, des Effekts und der Bedeutung des Wunsches zu vermitteln. Nicht allein die Frage, ob und wie eine Wunscherfüllung möglich ist, sondern insbesondere die Frage danach, wofür der jeweilige Wunsch wichtig ist, steht dabei im Fokus. Die Debatte um die Frage des Verzichts auf mögliches Wachstum wie auch die Frage begrenzter und ungleich verteilter Ressourcen spielen dabei eine mitentscheidende Rolle (Paech, 2016; Strenger, 2015). Sie verweist auf die Notwendigkeit eines Bewusstwerdens eigener – sowohl für die jeweilige Person als auch für das Zusammenleben mit den anderen – bedeutsamer Bedürfnisse und Wünsche.

Durch diesen Prozess wird die selbstwertsteigernde Seite der Person aktiviert, die so einen Blick auf die vorhandenen Potenziale der Person ermöglicht, um das Gewünschte umzusetzen. Die bereits vorhandenen und noch weiter zu entwickelnden Potenziale ermöglichen es der Person, selbstwirksam zu handeln und die Situation entsprechend zu gestalten. Die Nutzung der persönlichen Potenziale kann sich nicht nur in Form von sehr konkreten Verhaltensweisen zeigen, sondern auch in unterschiedlichen Formen von Mitgefühl für sich selbst und für andere. In einem so entstehenden Kreislauf können sich im Verlauf weitere wünschenswerte und bedürfnisbefriedigende persönliche Ressourcen entwickeln, wie beispielsweise Freude, Zufriedenheit und Selbstwirksamkeit.

Der Aufbau von Wunschkompetenz lässt sich in Form eines Prozesses folgendermaßen darstellen (siehe Abbildung 2):

- *Phase 1:* Die aktuelle Situation (oder auch Konfliktlage) wird als Gelegenheit betrachtet, sich mit seinen Wünschen und Bedürfnissen zu beschäftigen: Was brauche und wünsche ich wirklich?
- *Phase 2:* Durch die größere Klarheit verbessert sich das eigene Selbstwertgefühl.
- *Phase 3:* Aus der Entdeckung und Analyse eigener Wünsche entsteht vermehrtes Mitgefühl mit sich selbst und anderen gegenüber.
- *Phase 4:* Die für sich selbst und andere bedeutsam gewordenen neu integrierten Informationen sichern das subjektiv Wichtige und erwecken Freude über die eigenen Reaktionen und diejenigen anderer. Auf diese Weise inspiriert diese Entwicklung das ganze Lebensgefühl.
- *Phase 5:* Die Zunahme des Selbstwertgefühls ermöglicht eine leichtere Wahrnehmung eigener Bedürfnisse und Wünsche – und so schließt sich der Kreis und beginnt erneut bei Schritt 1. Seine jeweiligen Umrundungen bedeuten dabei eine Aufwärtsspirale der Selbstentwicklung.

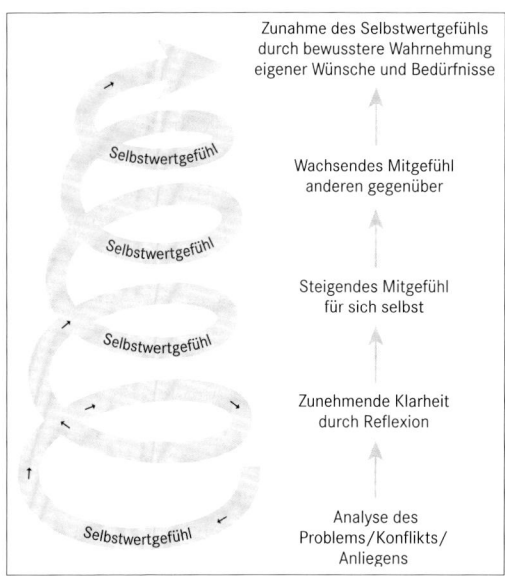

Zunahme des Selbstwertgefühls
durch bewusstere Wahrnehmung
eigener Wünsche und Bedürfnisse

Selbstwertgefühl

Wachsendes Mitgefühl
anderen gegenüber

Selbstwertgefühl

Steigendes Mitgefühl
für sich selbst

Selbstwertgefühl

Zunehmende Klarheit
durch Reflexion

Analyse des
Problems/Konflikts/
Anliegens

Selbstwertgefühl

Abbildung 2:
Aufwärtsspirale der
Selbstentwicklung

Bei der Vorstellung, eine Wunschkompetenz zu entwickeln, mag vielleicht die Sorge entstehen, dass dadurch die Zahl der sogenannten Narzissten – also der Personen, die sich nur mit sich selbst beschäftigen, die stets als Beste wirken wollen und sich nur um sich selbst kümmern – weiter ansteigt. Doch die Entwicklung dürfte eher anders zu erwarten sein: Denn gelingt es, die Kompetenz des Wünschens und damit die eigenen Potenziale und persönlichen Ressourcen weiter zu fördern, kann dem Narzissmus und der Selbstinszenierung in Form einer neuen kraftvollen und nachhaltigen Form der Selbstwertsteigerung begegnet und damit eingedämmt werden. Im Sinne einer Selbstentwicklung steigt auf diese Weise der positive Umgang mit sich selbst wie auch mit den anderen, indem der Person ein erfüllenderes Lebensmodell mit neuen Denk- und Wahrnehmungsmöglichkeiten vor Augen geführt wird.

Auch für die Gruppe von Personen, die sich eher um die Wünsche der anderen kümmert als um ihre eigenen, stellt die Entwicklung der Wunschkompetenz eine wichtige Veränderung dar, denn wenn die eigenen Wünsche nicht bekannt sind, fällt auch ein angemessenes altruistisches Verhalten schwer und äußert sich dann durch die übermäßige Berücksichtigung der Wünsche der anderen in Form einer altruistischen Abtretung. Dieses aus der Psychotherapie bekannte Verhalten macht den Vorgang verständlich und erläutert, dass statt der eigenen Wünsche diejenigen der anderen erfüllt werden in der Hoffnung, darüber sein Bedürfnis nach Wunscherfüllung stillen zu können (Grawe, 2004; Gumz u. Hörz-Sagstetter, 2018; Wöller u. Kruse, 2010).

Gelingt durch die Kraft des Wünschens stattdessen die Entwicklung des eigenen Selbst und damit der Selbstwertsteigerung, verringert sich die Angst, als Person sozial oder emotional bedeutungslos und nicht auf der Höhe der Zeit mit ihren vielfältigen Ansprüchen zu sein. Stattdessen entwickeln sich Formen von Zufriedenheit und Sicherheit als weitere Selbst- und Gemeinschaftsressourcen.

Dieser Prozess ermöglicht eine neuartige Auseinandersetzung mit dem Wert Lebensqualität. Er orientiert sich schwerpunktmäßig nicht an einer konsumorientierten Bedürfnisbefriedigung, die mit der Anhäufung von Luxusgütern eher einem Akt der Sublimierung eigener Wünsche gleichkommen kann, sondern an den subjektiv erlebten qualitativen Zielen für sich selbst und die Gemeinschaft.

Die Grundlage des Wünschens hat sich entwicklungsgeschichtlich mit der Mutter-Kind-Bindung der Säugetiere und freundschaftlich motivierter Zuwendung herausgebildet. Die Wurzeln liegen in der Fähigkeit und dem Bedürfnis, Kontakt aufzunehmen (affiliative Empfindungen), dem Bedürfnis, zu lieben, und dem Bedürfnis, geliebt zu werden. Bedürfnisse wurden lange Zeit als solche betrachtet, die existenzielle Zuwendungen erforderten, ohne die ein Weiterleben infrage gestellt schien. So wurden insbesondere biologische Faktoren darunter gefasst, wie Nahrung, Sauerstoff, Sexualität, Erholung, Schutz vor Nässe, Kälte und Hitze. Aber auch (bio)psychische Faktoren wie Anregung durch sensorische Stimulation, Orientierung in Zeit und Raum, subjektiver Sinn, Informationen sowie biopsychosoziale Faktoren in Form von emotionaler Zuwendung, Hilfe, Rechte und Pflichten, Bedürfnis nach Bindung und Zugehörigkeit, Identität, Autonomie, soziale Anerkennung, Gerechtigkeit werden mittlerweile dazugezählt (Brisch, 2016). Mittlerweile belegt eine große Anzahl von Ergebnissen aus der Beratungs- und Psychotherapieforschung, dass die Entwicklung einer physiologischen und psychischen Konsistenz am besten gelingt, wenn die Person sich geliebt, erwünscht und verbunden fühlt mit den für sie emotional bedeutsamen anderen und sich dabei gleichzeitig selbst lieben kann, ohne gleichgültig, ablehnend oder sogar hasserfüllt gegenüber sich selbst zu sein (Wampold, Imel u. Flückiger, 2018).

Werden diese bedeutsamen Qualitäten blockiert, verlernt die Person immer mehr, sich darauf zu besinnen, was sie sich wünscht, und findet immer weniger den Weg zu sich selbst in Beziehung mit anderen. Dabei schließt die Verbundenheit mit sich selbst explizit die Verbundenheit zu den anderen nicht nur mit ein, sondern sie wird in der gegenseitigen Interdependenz sogar noch gefördert.

Dies widerspricht in mehrfacher Hinsicht der intensiven Zentrierung auf das eigene Ich und der heute vermehrt deutlich erkennbaren Form der Selbstbeachtung und Selbstverwirklichung auf Kosten anderer (Vater, Moritz u. Roepke, 2018). Wunschkompetenz stellt stattdessen die Basis dafür dar, um sich selbst bewusst zu werden, was wünschenswert ist, um mit sich selbst zu einem Frieden zu kommen und glücklich werden zu können. Dabei wird uns auch bewusst, dass es sich bei den anderen ähnlich verhält. Hierfür findet der Soziologe Heinz Bude das passende Beispiel, in dem er die Aktion heranzieht, in der einem Bettelnden etwas gegeben wird. Er sieht die Motivation des Gebenden in dieser Situation darin, dass er über den Akt des Gebens Selbstachtung gewinnt (Bude, 2019). Das Verhalten ist daher nicht an die Norm gebunden, sondern entspringt dem eigenen Selbstverständnis, in bestimmten Lagen etwas zu teilen. Wenn der Wert des Teilens und Gebens in das Selbstkonzept integriert wurde, kann dieser als Motivationsbasis in der beschriebenen Situation wirken, ohne abhängig von der äußeren, gesellschaftlich geformten Norm zu sein, die lediglich eine Vorstellung vom Geben als erstrebenswertes Ziel postuliert.

Danach besteht bei der Empathie die Gefahr, dass sie in erster Linie dialogisch hergestellt wird und dadurch im Sinne der hierarchischen gesellschaftlichen Verhältnisse auch missbraucht werden kann, während solidarisches Handeln triadisch wirkt, dadurch dass es um etwas Drittes geht, das geteilt wird und die Beteiligten dadurch gemeinsam verbindet.

Bude verweist weiter darauf, dass der Weg der Solidarität heute nur über das Selbst geht, da das Gefühl des kollektiven Kontrollverlusts durch privatisierte Lösungen zurzeit das untergründig beherrschende Gefühl in allen westlichen Gesellschaften ist. Heinz Bude nimmt Bezug auf George Orwell, wenn er Gerechtigkeit im Sinne einer allgemein geteilten Anständigkeit (common decency) als etwas auffasst, das über Solidarität gebunden und moderiert wird, indem explizite Rechte an implizite Pflichten gebunden werden.

Dies erfordert eine Selbstentwicklung, die durch den Aufbau von Selbstakzeptanz, Selbstfürsorge und Selbstmitgefühl in der Lage und bereit ist, den sozialen Kontakt so zu gestalten, dass sich eine authentische Basis des Miteinanders entwickeln kann (Germer u. Neff, 2013; Reddemann, 2019; Sammet, Dammann u. Schiepek, 2015). Dies ermöglicht dann auch »gefährliche Begegnungen«, in denen die Person sich dem anderen aussetzt, ohne zu wissen, wie es ausgeht (Bisky, 2019; Bude, 2019). Um aus dem »Ich-Dreh«, d. h. aus der Angstspirale herauszukommen, sind diese »gefährlichen« Begegnungen nach Bude Schlüsselmomente, die, so Bisky, »eine notwendige Weiterentwicklung im aktuellen Kulturkonflikt zwischen Solidarität und Selbstverwirklichung ermöglichen« (Bisky, 2019).

So viel sei hier schon einmal gesagt: Ein geübter Zugang sowohl zu den eigenen Wünschen und Bedürfnissen als auch zu den emotionalen Situationen, die Ängste, Wutgefühle, Hass oder traumatische Erinnerungen auslösen, bildet eine gute Grundlage, um sich über das eigene Selbst bewusst zu werden. Sie weder zu verleugnen noch vor ihnen wegzulaufen, schafft die Basis für die Entwicklung des eigenen Selbst (Germer u. Neff, 2013). Dies stellt die Voraussetzung dar, um vom »Radar-Mensch[en]« der heutigen Postmoderne wieder zurückzufinden zu sich selbst und den inneren Kompass zu nutzen, um sich bewusst zu werden, was einem etwas bedeutet und gut tut (Bude, 2015, S. 156). Für den »Radar-Menschen« ist dagegen das äußere Mitmachen ohne eine innere Beteiligung charakteristisch. Durch dieses Verhalten entledigt er sich der Angst um sich selbst und reiht sich stattdessen in die konformistischen Strömungen ein (Bude, 2015).

Da die Person stets eine Vorstellung vom eigenen Selbst kreiert (Stierlin, 1994), entwickelt sie in Verdrängungssituationen auch eine Vorstellung von dem Selbst, das sie nicht sein will und von dem sie auch nicht will, dass andere es (er-)kennen. Und genau diese Aspekte der Seele verbannt sie in die Schattenwelt und hält sie vor dem eigenen Selbst verborgen. Dieses Phänomen lässt sich durch die Anwendung des FächerModells zur Selbstentwicklung gut illustrieren, wenn nach den eigenen Wünschen gefragt wird. Diese Fragen lösen vielfach zunächst Irritationen oder gar Schweigen aus, oder es wird mit einer Negation des Problems geantwortet wie z. B.: »Mein Wunsch ist, mich nicht mehr über … zu ärgern«.

Den Personen ist in diesen Momenten nicht bewusst, dass sie hiermit eben nicht ihren Wunsch ausdrücken, den sie erfüllen können. In der sprachlichen Negation »nicht« wird eine tiefere Blockierung deutlich, denn das Unbewusste kann die »Nicht«-Vorstellung nicht verarbeiten und integrieren. In diesem starren Zustand verstärkt sich das Problem und die Person fixiert sich mit dem Festhalten an dem Nicht-Wunsch auf ihren Ärger darüber, dass der dahinterliegende, noch unbewusste Wunsch nicht erfüllt ist und keine wirkende Veränderung das Starrsein löst (Petzold, 2017).

Gelingt es der Person, einen geeigneten Weg zu finden, sich ihrer eigenen Wünsche bewusst zu werden (vgl. Teil B), und entwickelt darüber die Fähigkeit, diese Wünsche sich selbst und den anderen gegenüber auszudrücken, so führt diese Kompetenz zu einem gesteigerten Selbstbewusstsein, häufig verbunden mit der Reduktion von Scham sowie negativer Selbst- und Fremdverurteilung. Dieser Prozess geht oft einher mit einer wachsenden Bereitschaft, sich auch mit den schwierigen, »im Schatten« stehenden Aspekten auseinanderzusetzen (Jung u. Jung-Merker, 2011), um mit ihnen vertrauter zu werden. Je mehr die Person versteht, wie diese unterschiedlichen Aspekte in ihr arbeiten, und die Zusammenhänge begreift, umso größer wird das Potenzial des Mitgefühls für das eigene Selbst (Stichwort: Selbstfürsorge) wie auch für die anderen. (Reddemann, 2016)

An dieser Stelle sei explizit darauf hingewiesen, dass die Entwicklung der Wunschkompetenz sich nicht nur auf Einzelpersonen, sondern ebenso auf soziale Gruppen wie z. B. Teams oder Familien bezieht. In diesen Settings ist sowohl eine gute Beziehungsqualität als auch eine gemeinsame Aufgabenorientierung relevant. Diese Komponenten können kultiviert werden, indem Wünsche bewusst gemacht und ausgedrückt werden, sodass sich der Einzelne in der Gruppe und auch die Gruppe selbst einen Entwicklungsraum schafft. Dieser Raum wird erfüllt von der gegenseitigen Würdigung und dem Vertrauen, das in der bewussten Unterschiedlichkeit möglich geworden ist. Die Kompetenz, nicht im Problem stehen zu bleiben, sondern Wünsche äußern zu können, schafft die Voraussetzung zur Potenzialentfaltung bei jedem Einzelnen und in der Gruppe.

Die Bedeutung des Mitgefühls im Zusammenhang mit der Selbstentwicklung und die damit verbundenen Ebenen des Selbstbewusstseins und der Selbstwirksamkeit sind in den letzten Jahren durch eine Reihe neurowissenschaftlicher Erkenntnisse gestärkt worden. Betrachtet man z. B. das menschliche Gehirn in einem gesamtevolutionären Kontext, so haben alle Menschen die Aufgabe, das im Rahmen der letzten 50.000 Jahre geformte Gehirn mit seiner bewusstseinsfernen und seiner bewusstseinsfähigen Form der Steuerung möglichst effektiv zu nutzen. Während die implizite Steuerung durch eine Instanz in der Region des Mittelhirns, der Amygdala, stattfindet, bei der die sensorischen, motorischen und emotionalen Informationen mit nur 10–50 Millisekunden verarbeitet werden, läuft der Verarbeitungsprozess für bewusste Entscheidungen mit 500–600 Millisekunden deutlich langsamer ab (Cozolino, 2017). Daher sollte es das Ziel sein, diejenigen Impulse, die unbewusst verarbeitet werden und Schrecken sowie Ängste auslösen können, im Kopf und Körper bzw. im Bewusstsein zu integrieren und Formen zu finden, damit umzugehen – Formen, wie sie heute im Rahmen der Traumatherapie vorliegen (Geuter, 2015; Levine, 1999; Nijenhuis, 2016). Und zwar zum einen, um ein Mitgefühl für sich selbst entstehen zu lassen eingedenk der Tatsache, dass der Umgang mit den unbewussten Ängsten und Körpersensationen ein universelles menschliches Phänomen darstellt, zum anderen, um den Aufbau einer Wunschkompetenz zu unterstützen und so einen konstruktiven Umgang mit ihr zu initiieren, der zur Weiterentwicklung führen kann. Diese Erkenntnisse helfen, mit eigenen Konflikten und Ängsten umzugehen, die der Verstand stets neu produziert. Sie relativieren auf der einen Seite die daraus entstehenden Schwierigkeiten als ein allgemeingültiges menschliches Phänomen und schaffen auf der anderen Seite durch die sanften Formen der Integration die Grundlage für ein neues Verstehen, Begreifen und Verändern. Dies ermöglicht, an den Impulsen arbeiten zu können, anstatt sie weiter zu unterdrücken. Destruktive Gefühle sind danach kein Gift, das es zu eliminieren gilt oder das positiv umgedeutet werden sollte, sondern sie bilden eine Chance zur Bewusstmachung der mit ihnen verbundenen Wünsche. Verknüpft man die aktuelle Problemsituation mit dem dahinterliegenden Wunsch, lässt sich eine neue Form der Integration finden mit dem Effekt einer gesteigerten Akzeptanz des eigenen Selbst und der Chance, die Situation zur Selbstentwicklung zu nutzen.

Dies verdeutlicht, dass die Beschäftigung mit sich selbst stets einen Bezug zur eigenen Biografie beinhaltet und dabei nicht Halt macht vor den mit ihr zusammenhängenden schmerzhaften Erfahrungen. Daher umfasst die Entwicklung einer Wunschkompetenz nicht nur eine positive und freudvolle Perspektive, sondern sie kann die Person im Entwicklungsprozess auch mit Erfahrungen des Leids in

Kontakt bringen und dabei Erinnerungen freisetzen, die bis dahin möglicherweise nicht bewusst waren. Wie damit im Einzelnen umgegangen werden kann, illustrieren die Fallbeispiele in Teil B dieses Buchs.

1.3 Die Sinnhaftigkeit des Wünschens

Jeder Mensch erlebt die innere und äußere Welt durch die gemachten Erfahrungen und die dadurch entstandenen Einstellungen und Entscheidungen in seinem Leben. Menschen erleben die gleichen Situationen völlig unterschiedlich, weil sie auf andere Elemente achten, sich unterschiedlich erinnern und so die Situationen anders (re)konstruieren. Bei der Betrachtung und Bearbeitung von Lebenssituationen und -verläufen bilden die Konstruktionen von Wirklichkeit und nicht eine vermeintlich objektive Realität die Basis der Betrachtung (Rieforth u. Graf, 2014).

Immer dann, wenn Lebenssituationen widersprüchlich erscheinen, besteht die Chance, die Widersprüchlichkeit zu nutzen, um aus unterschiedlichen Perspektiven das Erlebte zu begreifen und durch eine andere Einstellung oder ein verändertes Verhalten Neues auszuprobieren. Wird dabei der Wunsch als Maßstab für die neue Entwicklung genutzt, so verbindet sich diese mit einem sinnvollen Verhalten für die Person.

Soziale Situationen und Zusammenhänge aus verschiedenen Perspektiven zu betrachten, stellt eine besondere Herausforderung dar und erfordert die Kompetenz, Entscheidungen aus der Balance zwischen Verstand und Gefühl heraus treffen zu können und dabei die Kompetenz zu entwickeln, handlungsfähig zu sein (Gigerenzer, 2008).

Im FächerModell zur Selbstentwicklung wird der Wunschentwicklung durch die Erarbeitung von unterschiedlichen Wahlmöglichkeiten ein großer Raum gegeben. Dies erlaubt der Person, neue Handlungsfreiheiten und Gestaltungsräume zu gewinnen. Dabei wirkt sich der entstehende Gedanken- und Gefühlsraum auf das Erleben der Selbstwirksamkeit förderlich aus und dient ebenfalls zur Steigerung des Selbstwerts der Person. Durch die Erweiterung um unterschiedliche Sichtweisen und die sinnvolle Ergänzung des zu berücksichtigenden Wunsches vergrößert sich die Möglichkeit, aus zwischenzeitlich festgefahrenen Mustern auszusteigen, sich in Bezug auf den Kontext und die mitbeteiligten anderen zu öffnen und sich selbst Entwicklung zu erlauben. Reflexionen mithilfe des Modells ermöglichen die Kompetenz des Fühlens (1. Wahrnehmungsposition), des empathischen Verstehens (2. Wahrnehmungsposition) und der Betrachtung der Gesamtsituation aus der Beobachterperspektive (3. Wahrnehmungsposition; Pörksen u. Thun, 2016). In der Metapher der »drei Schwäne« (Kannicht u. Schmid, 2015), die vom Beobachter am Himmel betrachtet werden, steht beim ersten Schwan das eigene Erleben des Fliegens im Vordergrund. Beim zweiten Schwan kommt neben dem Erleben des Fliegens die Einfühlung und der Bezug zum anderen Schwan hinzu, während beim dritten Schwan – neben dem eigenen Empfinden und der Interaktion mit dem Empfinden des anderen – noch die Betrachtung dieses Vorgangs aus einer Beobachterperspektive ergänzt wird. Diese Metapher versucht, die Gesamtsituation zu erfassen und dabei auch zu erkennen, wie die Zusammenhänge durch die Art der Erfassung des Beobachters mitgeprägt sind. Für die Entwicklung der Wunschkompetenz bedeutet dies, dass sie aus den neuen Ideen und Erkenntnissen der Person, den Rückmeldungen und kreativen Fragen der Prozessbegleiterin und aus der Reflexion des daraus entstehenden Prozesses entsteht. Die Betrachtung aus der Beobachterposition (3. Schwan) ermöglicht zusätzlich eine beschreibende und erklärende Sprache, auf welcher inhaltlichen Basis und auf welchem Hintergrund sowie mit welcher Erfahrung (Intuition) die Fragen und Aussagen getroffen werden. Dies geht über die reine Umsetzung der Handlungskompetenz hinaus und bezieht die daraus entstehenden Wechselwirkungen zwischen den Akteuren mit ein.

Durch diese neue Kunst der Selbstbeobachtung vergrößert sich einerseits die Distanz zum Anliegen, wodurch gleichzeitig Freiräume für unterschiedliche Perspektiven bei gleichzeitiger Vertiefung des eigenen Erlebens geschaffen werden. Andererseits wird dadurch die Vorstellung von einer Wirklichkeit, die unveränderlich und unabhängig von der Person existiert, infrage gestellt. Auf diese Weise verstärkt sich die Akzeptanz, dass Wirklichkeit nicht absolut, sondern ausschließlich in Beziehung existiert, und zwar zu mir selbst wie auch zu den anderen in gegenseitiger Abhängigkeit und Resonanz. Gleichzeitig wird dabei noch einmal deutlich, dass alles, was gesagt wird, von einem Beobachter gesagt wird (von Foerster, 2015). Dadurch bekommt jede Aussage eine subjektive Färbung und eine zusätzliche Dimension, die eine rein objektive Einschätzung unmöglich macht.

Dieses Verständnis einer interdependenten Wirklichkeit wird inzwischen in vielen Wissenschaftsbereichen geteilt. Danach ist jede Person gleichzeitig Teil eines größeren Ganzen (Rieforth u. Graf, 2014). Im Rahmen sozialer Systeme existieren keine klassischen Einheiten, sondern Entwicklung und Veränderung finden in Beziehungen statt. Die sich daraus ergebende Form einer zirkulären Kausalität ist vielfach beschrieben worden (Selvini Palazzoli, Boscolo, Cecchin u. Prata, 1981; Stierlin, 2004) und schafft die Basis für einen neuen Umgang mit Problemen, Wünschen und persönlichen Potenzialen. Danach lassen sich im Rahmen von Kommunikationsprozessen kein konkreter Beginn und keine lineare Abfolge in Form von kausalen Zusammenhängen nachweisen, und Erklärungen für bestehende oder zu erwartende Situationen weisen stets einen hypothetischen Charakter mit unterschiedlichem Grad der Berücksichtigung von bedeutsamen Wechselwirkungen auf. Wie interdependent Personen tatsächlich sind, zeigt sich u. a. darin, dass wir nicht nur bewusst, sondern auch unbemerkt von emotionalen Zuständen anderer angesteckt werden und diese unsere Handlungen mitbeeinflussen (Bauer, 2016).

Schaut man auf die bisherigen Erfahrungen, so verstärkt sich die Bedeutung des Wünschens für die Gestaltung eines sinnvollen eigenen Lebens. Folgende Prozesse lassen sich durch die Entwicklung der Wunschkompetenz zusammenfassen:

1. Die Person erlebt sich als stark und kompetent (Grawe, 2004).
2. Die Person hat gelernt, mit Herausforderungen konstruktiver umzugehen (Antonovsky, 1997).
3. Die Person hat die Erfahrung gemacht, selbstwirksam zu sein und so an der Situation etwas ändern zu können (Bandura, 1997).
4. Die Person verfügt über die Fähigkeit, sich selbst besser zu verstehen (Schulz von Thun, 2017).

Eine Veränderung, die von der Person gewollt und selbst initiiert wird, führt zu einer Stärkung des eigenen Selbstwerts und der Empfindung zunehmender Sinnhaftigkeit. Bei der Erlangung einer Wunschkompetenz orientiert sich die Person zunächst an inneren Bildern, Visionen, Reflexionen und Körpererinnerungen. Diese können sich im weiteren Verlauf konkretisieren, tragen allerdings auch die Möglichkeit in sich, Erfahrungen zu machen, die zunächst desillusionierend wirken. Dadurch können sich sowohl Hoffnung aufbauen, die sich aus der neuen Perspektive entwickelt, aber auch Überzeugungen, die im Licht einer kritischen Betrachtung wieder aufgegeben werden müssen. Alle diese Suchbewegungen und Veränderungsprozesse dürfen zur Entwicklung der Selbsterkenntnis genutzt werden, um so im Rahmen der Ausbildung von Wunschkompetenz nicht zur Optimierung im Sinne von Perfektion, sondern ganz im Gegenteil zur Entwicklung einer Ambivalenz- und Fehlerkultur beizutragen. Denn in diesem Prozess Fehler machen zu können, stellt einen eigenen Wert für die Entwicklung des eigenen Selbst dar, was durch die Erkenntnisse aus der salutogenetischen Perspektive (Antonovsky, 1997) wie auch der Resilienzforschung (Bonanno, 2004; Kalisch, 2017; Petzold, 2013; Wink, 2016) bestätigt wird.

Der gefühlte Zusammenhang zwischen den eigenen Wünschen und dem Entscheidungsverhalten zeigt sich vor allem darin: Je unklarer die Kenntnis und der Bezug zu den eigenen Wünschen ist, umso schwieriger findet die Person im Allgemeinen den »richtigen« Zeitpunkt für eine Entscheidung oder ist grundsätzlich kaum in der Lage, Entscheidungen zu treffen. Hinter dem Problem, wie die Person sich in einer bestimmten Situation verhalten soll, steht auf einer tieferen Ebene oftmals die Frage, ob überhaupt ein Wille zur Veränderung besteht oder nicht, verbunden damit, was die Person glaubt, was dann auf sie zukommt und was sie vielleicht vermissen wird, wenn sie dem Wunsch nachgibt. Das Thema des angemessenen Umgangs wirft somit das nächste Problem auf. Mit diesem Phänomen lässt sich im Rahmen des FächerModells gut umgehen, um zunächst wieder den dahinter verborgenen Wunsch zu entdecken.

Fügt man diese Erkenntnisse in den Rahmen der Selbstentwicklung ein, so ergibt sich daraus eine lebenslange Aufgabe, die eigenen Wünsche zu erkunden und zu reflektieren, um auf diese Weise

Mitgefühl für sich selbst und dadurch auch für die anderen zu entfalten. Weisheit und Mitgefühl stellen zwei Seiten derselben Medaille dar, die beide zusammen zu einem sinnvollen und erfüllten Leben führen.

Die Kompetenz, sich seiner Wünsche bewusst zu werden, schafft die Möglichkeit, zwischen Vergangenheit und Zukunft der Person zu vermitteln – nicht selten als Antagonistin zu einer kurzfristigen Kompromisslösung und dem häufig einseitigen Ziel, das Problem wegzubekommen. Sie stellt die ursprünglichste Form der aktuellen Bezogenheit zwischen Person und Umwelt dar, um einer möglichen und gewünschten Veränderung die Richtung zu geben. So ist es in Beratungs- und Therapieprozessen sinnvoll, davon auszugehen, dass kein Experte die Person mit ihren Lebensbedingungen, ihren inneren Abläufen und Wünschen besser kennt als sie sich selbst. Auf der Grundlage einer professionellen Lösungsabstinenz entspricht eine Haltung des Nichtwissens der Annahme, dass jedes menschliche System seinen eigenen inneren Regeln gehorcht, mit denen sich entsprechende Reaktionen auf die einzigartigen Lebensumstände erklären lassen (Kleve, 2011). Um die dahinterstehenden Zusammenhänge zu verstehen, braucht es jedoch zur Bewusstwerdung der eigenen Verhaltensweisen oftmals die Anwesenheit von anderen Personen (z. B. eines professionell geschulten Prozessbegleiters in der Rolle als Berater, Coach, Mediator, Psychotherapeut). Entsprechend der Grundidee von Martin Buber, nach der das Ich im Du entsteht, bekommt damit das Gegenüber die Aufgabe, eine konstruktive kommunikative Situation zu etablieren, in der die Person ihre bewussten und zum Teil verborgenen Wünsche wahrnehmen, erleben und selbst ausdrücken kann. Aus der kontinuierlichen Übung heraus gelingt es dann immer besser, theoretischer und praktischer Experte für sich selbst und seine Selbstentwicklung zu werden. Die angemessene Balance zwischen Phasen der Selbstgestaltung und der Integration reflexiver Prozesse mit anderen hat bereits vor mehr als 200 Jahren Wilhelm von Humboldt für den Bildungsprozess betont. Er wies darauf hin, dass Bildung als Teil von Selbstorganisation die Fähigkeit benötigt, Impulse individueller Anweisung und allgemeiner Ausbildung nicht nur zu verstehen, sondern für sich selbst in kreativer Weise umzusetzen (Wulf, 2016).

1.4 Der andere und mein Wunsch

Der Wunsch des einen trifft in der Regel auf den Wunsch des anderen und wird dort entweder freudig entgegengenommen oder aber als Konkurrenz oder Konflikt empfunden.

Da in unserer Kultur seit einiger Zeit ein verstärkter Trend in Richtung egozentrischer Verhaltensweisen festzustellen ist und eine auf Leistung orientierte kompetitive Gesellschaft im Vordergrund steht, mutet die Vorstellung, unterschiedliche Wünsche angemessen umsetzen zu können, zunächst etwas befremdlich an. Dagegen ist wichtig, sich bewusst zu machen, dass auch in einer Kultur der Kooperation kulturelle Entwicklung nur aus der Toleranz gegenüber Widersprüchen möglich ist. Nicht die Klarheit, sondern der Widerspruch stellt die Grundlage aller Entwicklung dar. Für die Entwicklung zu einer Wunschkompetenz ist es daher ein erforderliches Ziel, den Widerspruch in der Schwebe zu halten, denn dadurch entwickelt sich Potenzialität, die durch die gegenseitigen Anregungen gesteigert wird. Dies verlangt neue Formen der Kommunikation, um aus dem Dilemma von »Richtig« und »Falsch« herauszukommen. Neue Formen und Alternativen sind erforderlich, um nicht mehr ein Entweder-oder, sondern ein Sowohl-als-auch oder Wege der Klärung, die sich erst im Prozess abzeichnen (so wie es bei Beratungs- und Therapieprozessen üblich ist), zu entwickeln. In all diesen wunsch-, bedürfnis- und interessegeleiteten Verfahren stehen Prozesse im Vordergrund, sich von neuen Gestaltungsformen anregen zu lassen, um die unterschiedlichen Perspektiven einer Gruppe bzw. der am Thema Beteiligten zu (er)spüren. Die daraus gebildeten Neuerungen integrieren sich in das Eigene und werden so zu einem neuen Wir, im Sinne des Selbst (Ich und die anderen; Rieforth, 2018).

Bei der Integration der unterschiedlichen Sichtweisen und dem Dialog über mögliche Lösungswege ist es von entscheidender Bedeutung, sich auch Fehlern, Irrtümern und einseitiger Erwartungen und Forderungen bewusst zu werden. Dieses sich selbst und den anderen einzugestehen und zu entschuldigen, stellt eine wichtige Kompetenz dar: unterwegs zu sein, sich die eigenen Wünsche bewusst zu machen (statt eines neuen Dogmatismus), eine neue Form von Gelassenheit und Großzügigkeit zu entwickeln. Vergebung als

Haltung und Verhaltensweise wirkt dabei als Erlösung, sie befreit das Ich von der Omnipotenz der eigenen Maßstäbe und nimmt der Vergangenheit die Macht, Potenzialität zu rauben. Die Bewusstheit der eigenen Wünsche, die Erkenntnis unseres Selbst stellt eine gute Voraussetzung dafür dar, auch die Schattenseiten in der anderen Person zu erkennen – die wie die Sonnenseiten in jedem ruhen –, achtsam mit sich selbst und den anderen umzugehen und sich verstehen zu wollen.

Betrachtet man die Interdependenz zwischen dem eigenen Wunsch und den Auswirkungen auf die anderen, besteht die aktuelle Herausforderung darin, von der einzelnen Person zur Gemeinschaft zu kommen (Bude, 2019; Eurich, 2016). In Zeiten, in denen die menschliche Existenz vor allem durch ökologische und politische Konflikte auf dem Prüfstand steht, erscheinen Entwicklungsorientierungen sinnvoll, die das kollektive Bewusstsein auf eine nächste Ebene führen: Ein weiterer evolutionärer Schritt wird benötigt, bei dem die Weltgemeinschaft einen neuerlichen Wertewandel und eine überzeitliche Ethik zur Sicherung der Zukunft durchläuft (Eurich, 2015). Die dabei vorherrschende Haltung sollte gekennzeichnet sein durch Werte und eine überzeitliche Ethik – im Unterschied zu einer Moral, die ein Ausdruck ihrer Zeit ist. Interessant ist bei einem Blick in die Geschichte dabei die funktionale Aktualität der vier Kardinaltugenden, die Thomas von Aquin aus den Erkenntnissen von Sokrates und Aristoteles abgeleitet hat (Berger, 2004):

- *Klugheit* als ein tiefes Ruhen im eigenen Selbst. Es übersteigt die einzelne Person, ist nicht zu verwechseln mit Intelligenz und führt die Person zur Glückseligkeit (Eudämonie).
- *Gerechtigkeit* als die Tugend, nach der einerseits jeder Mensch von sich etwas für die Gemeinschaft erbringt und andererseits die Gemeinschaft etwas für die Person leistet.
- *Tapferkeit* als die Tugend, angemessen und richtig zu handeln und stets mit einer klaren Haltung und einer ganzheitlichen Konsequenz sich dafür einzusetzen, nicht zurückzufallen hinter dem, was die Person in ihrer Tiefe als wahrhaftig erkannt hat.
- *Das rechte Maß,* das die Form bezeichnet, die wir brauchen, um als Person mit dem Leben eins zu sein. Im Sinne von Konvivialität (Illich, 2014) wird der ethische Wert an die Stelle des tech-

nischen Wertes gesetzt, und die Qualität eines freundlichen, ja heiteren Miteinanders im Sinne einer Gemeinschaftlichkeit steht im Vordergrund.

Als ein weiterer bedeutsamer Vertreter der Wertekultur mit der Auswirkung auf die Kompetenz, sich der eigenen Wünsche bewusst zu werden, kann, wie bereits einleitend erwähnt, Viktor Frankl gelten. Er unterschied drei Zugangswege zu den Werten, die dazu beitragen, dass sich die Person im Rahmen ihrer Selbstwirksamkeit für jene Situationen einsetzt, die ihrem vitalen und geistigen Leben förderlich sind (Frankl, 1987a, S. 81 ff.). Danach wählt die Person neben den allgemeinen Werten des Zusammenlebens die für sie bedeutsamen personalen Werte als Orientierungspunkte für ein sinnerfülltes Leben aus. Diese Werte sind radikal subjektiv und beziehen sich individuell auf die Person und die Situation. Die Werte lösen Leidenschaft und Begeisterung bei der Person aus und sind bei der Entwicklung der Wunschkompetenz ein bedeutsames Korrektiv im Sinne des *Wofür,* denn der Wunsch sollte im Verhältnis zum personalen Wert nachvollziehbar und sinnvoll sein – Wunsch und Wert sollten sich gegenseitig in ihrer Wirkung bestätigen. Frankl (1987b) formulierte in seinem Ansatz der Logotherapie diese personalen Werte, die das Selbst entscheidend mitbeeinflussen, folgendermaßen:

- Zunächst die *Erlebniswerte* (vita contemplativa) als Grundlage, mit denen die Person die Welt erfährt. Darunter fallen alle Situationen des täglichen Lebens, in denen die Person genießt (Natur, Reisen, Hobbys) oder in denen sie sich auf die Begegnung mit anderen Menschen einlässt. Werte, die nicht gewusst, sondern erlebt werden und bei denen die Person sich aktiv verhält, um es (das Bedeutsame für das Selbst) zu erreichen.
- Daneben die *schöpferischen Werte* (vita activa), die eine Person verwirklicht, wenn sie etwas ins Leben ruft, wenn sie etwas Neues schafft oder gestaltet und dadurch die Welt kreativ bereichert (ein von der Person selbst gewähltes Projekt, für das sie Verantwortung zeigt).
- Die dritte Form bezeichnet die *Einstellungswerte* und unterscheidet eine äußere von einer inneren Freiheit der Person, die sie bei der Bedeutungsgebung von Situationen und Erfahrungen hat.

So besitzt die Person beim Umgang mit Schicksalsschlägen zwar nur einen sehr begrenzten Handlungsspielraum, um ihr Schicksal im Sinne der Selbstwirksamkeit zu bestimmen, allerdings behält sie stets die Möglichkeit, zu wählen, welche Einstellung sie dazu einnimmt und wie sie mit diesem Schicksal umgehen will. So kann sie mit ihrer Einstellung ein Zeichen setzen und diese schicksalhafte Situation nicht einfach nur passiv annehmen, sondern auch aktiv ihr Leben innerhalb dieser Gegebenheiten gestalten (vgl. Frankl, 1984, S. 202).

Demnach ist die Entwicklung von Wunschkompetenz ein nicht endender Erkenntnisprozess, der ähnlich einer Erkundung eines fremden Landes, in dem man erstaunliche Entdeckungen macht, das Profil der Person kontinuierlich erweitert. Wunschkompetenz ist daher keine Form der Kompetenz, bei der es darum geht, sich die Fähigkeiten in alter Manier zu erarbeiten, sondern ein Prozess, der sich dadurch auszeichnet, dass man sich offen den Problemsituationen stellt und dadurch die damit verbundenen eigenen Wünsche und Potenziale entdeckt – so, als wenn man die Auswahl hat, zwischen verschiedenen (Lebens-)Türen zu wählen, von denen es eine zu öffnen gilt, um sein Leben weiter sinnvoll zu gestalten.

In einer solchen Situation ist einzig der Verstand als Wegweiser überfordert, die für die Person richtige Tür zu erkennen. Durch die Entwicklung der Wunschkompetenz wird der Prozess für die Auswahl entscheidend gefördert, sodass Denken, Fühlen und das eigene Selbst zusammenwirken können.

Wünschen bedeutet also nicht, zügellos seine Emotionen oder Stimmungen auszuleben und dabei die anderen unangemessen zu begrenzen oder vielleicht sogar in ihrer Selbstentwicklung zu verletzen. Es bedeutet auch nicht, alles für sich zu beanspruchen, um dann in einer »Tyrannei der Intimität« zu versinken. Auch die Abwendung kleinerer Übel steht nicht im Vordergrund und mit ihr die Gefahr, durch eine allzu gute Versorgung eher träge zu werden (von Cube u. Alshuth, 1996). Denn das Streben nach Verwöhnung und die Vermeidung von Unlust sind so alt wie die Menschheit. Dabei steht Verwöhnung in der Kritik als Hauptursache für das Fehlverhalten der zivilisierten Menschen, die zwangsläufig zu wachsenden Ansprüchen und Aggression führt (Rosa, 2016). Von Cube und Alshuth (1996, S. 115) differenzieren Anspruchsverwöhnung im Sinne von Sofortbefriedigung und Anstrengungsverwöhnung als Vermeidung von Anstrengung. Während ein angemessenes Triebverhalten gekennzeichnet ist durch die drei Stufen »Anwachsen des Triebes«, »Auslösen von Such- und Orientierungsverhalten mit Anstrengung« und »Reduktion von Unlust und anschließende Ausführung«, kommt es durch die Verwöhnung zu einer raschen Befriedigung durch das Überangebot von Reizen ohne Anstrengung und Engagement für die Sache. Dadurch wird nur mäßige Lust ausgelöst, die Triebstärke kann nicht lange wachsen und führt so nicht zu großer Spannung. Die Anstrengung des Such- und Orientierungsverhaltens entfällt und hinterlässt ungenutzte Aktionspotenziale, die ansonsten für das Appetenzverhalten bedeutsam sein könnten. Dies mündet in einen Zustand der aggressiven Langeweile, und der Mangel an Aktivität führt zu einem weiteren Anstieg der Potenziale. Daher werden immer höhere Reize (Reizsteigerung) gesucht, sodass bei gleichzeitiger Steigerung der Ansprüche (von Cube u. Alshuth, 1996, S. 117 ff.) die Ansprüche nicht mehr erfüllt werden können und es dadurch zu weiterer Frustration und Aggression kommt.

Findet eine Überversorgung statt, reduziert sich die Möglichkeit, sich seiner eigenen Wünsche bewusst zu werden (Rosa, 2016). Die Gefahr des Selbstmitleids steigt, und es beginnt ein Kreisen um die eigenen Probleme, ohne sich wirklich helfen zu lassen. Die Folge ist oft eine Form von Traurigkeit, die lähmt und dazu führt, daran festzuhalten und sie zu nutzen, um nichts ändern zu müssen. Die daraus resultierende Stimmung trägt egozentrische Züge und ist nahe an Ärger, Lustlosigkeit und Trägheit. Die Verantwortung für die Situation wird nach außen zu den anderen verschoben. Der Wunsch besteht in diesem Fall darin, dass sie sich ändern sollen, um die eigene Situation wieder erträglich zu finden. Bei dieser Form der eigenen Wünsche ist ihre Auswirkung auf die anderen nicht konstruktiv, sie führt eher zu einer Verschlechterung der Beziehung zu ihnen und zur Person selbst.

Schaut man sich die Entwicklung von Wünschen in der Zusammenfassung an, so lassen sich folgende Handlungsempfehlungen für die Interaktion im Umgang mit eigenen und fremden Wünschen erfassen:

- eigene Bedürfnisse spüren und benennen;
- Bereitschaft, sich damit zu befassen;
- den damit verbundenen Wunsch herausfiltern;
- den Wunsch konkretisieren;
- den Wunsch vorwurfsfrei formulieren;
- den Wunsch des anderen hören im Sinne des aktiven Zuhörens;
- Verständnis für seinen Wunsch beim Gegenüber sichern;
- den Wunsch anderer wohlwollend aufnehmen, echtes Interesse zeigen;
- eigene Möglichkeiten und Bereitschaft zur Wunscherfüllung prüfen.

1.5 Der Unterschied zwischen Erwartung und Wunsch

Wunsch, Wille und Erwartung – dies sind Begriffe, die oft synonym gebraucht werden und doch Unterschiede machen. Ein Wunsch kann stets gebildet werden, sich verändern oder bestehen bleiben, ohne dass damit konkretes Tun oder Geschehen verbunden sein muss. Ein Wille wird in der Regel damit verknüpft, auch zur Tat zu schreiten. Und eine Erwartung stellt eine Situation dar, in der eine Person eine Annahme darüber hat, was ein anderer oder andere zu tun wünschen (antizipatorische Erwartung) oder tun sollten (normative Erwartung). Erwartungen, die als Anspruch empfunden werden, erschweren die Form des Zusammenlebens und sind oft die Grundlage für Konflikte. Werden sie in der Sache überzogen kommuniziert, drücken sie oft die Unreife der Person aus, für die Erfüllung eigener psychischer Belange andere zu benutzen.

Das Wünschen öffnet dagegen den Raum dazwischen, den Raum der Vorstellung, den Raum der Sehnsucht. Selbstbewusstsein deutet somit auf die Fähigkeit der Person hin, sich selbst darüber bewusst zu werden, was ihr wichtig ist. Ein Wunsch muss nicht den anderen bekannt gemacht werden, sondern er bekommt seine Bedeutung zunächst durch die Person selbst. Im Kontakt mit den anderen und für weitere Entwicklungsprozesse kann es sinnvoll sein, davon zu erzählen und damit erkennbar zu werden. Es ermöglicht den Austausch und damit die Reaktion auf den Wunsch und schafft somit die Basis für den Prozess der Verständigung.

»Wunschlos glücklich«, wie der Volksmund sagt, also am besten gar nichts wünschen, stellt somit nicht das Ziel des Wünschens dar, sondern vielmehr das rechte Maß – eine der in Unterkapitel 1.4 erwähnten Kardinaltugenden von Thomas von Aquin. Denn zu viele oder überzogene Wünsche führen zu einer destruktiven Entwicklung des Selbst und können die Ursache von Traurigkeit sein. Erwartungen erhöhen den Druck auf sich selbst und die eigene Umwelt durch die oft unangemessenen Wünsche an die anderen. Dies führt, wenn sie nicht erfüllt werden, dazu, sich gekränkt, beleidigt und frustriert in die Traurigkeit zurückzuziehen, um auf diese Weise die Zuwendung der anderen zu erzwingen In diesem Fall kehrt sich das Abhängigkeitsverhältnis um, das Ezra Bayda (2015) für den egozentrischen Menschen beschrieben hat: Die Person macht sich abhängig von den Gefühlen und Aktionen der anderen. Diesen Typus, der unfähig ist, eigene Wünsche zu entwickeln und seinen eigenen Wünschen zu folgen, hat Fritz Riemann (1992) als depressive Persönlichkeit mit einer Angst vor der Selbstwerdung beschrieben. Danach halte der Depressive an dem Glauben fest, dass der Mensch ausschließlich gut sei und sich damit nach Harmonie sehne. Diese Sehnsucht versuche er tugendhaft zu erreichen und strebe daher im scheinbaren Zeichen des Altruismus nach Bescheidenheit, Verzichtbereitschaft, Friedfertigkeit, Mitgefühl und Mitleid. Da sein Verhalten eine angemessene Form weit übersteige und in überwertige Bescheidenheit, Überanpassung, Unterordnung bis zur Selbstaufgabe und hörige Verhaltensweisen eskaliere, würden eigene Wünsche aufgegeben. Durch den Verzicht auf das Selbstsein versuche ein solcher Depressive (nach Riemann), die eigene Verlustangst und die Angst vor der Einsamkeit zu bannen und sich so der gefürchteten Individuation zu entziehen. Dadurch könnten sich die eigenen Wünsche, Impulse, Affekte und Triebe nur begrenzt entwickeln und für das eigene Leben genutzt werden. Die Person sei darauf angewiesen, dass Wünsche und Erwartungen, die sie weiterhin hat, von anderen erfüllt werden. Die Hoffnung bestehe darin, zu bekommen, ohne selbst nehmen zu müssen. Diese Situation mache abhängig und berge durch die unausgesprochenen Erwartungen eine große Gefahr, enttäuscht zu werden. Erst die Kompetenz, Wünsche für sich zu erkennen, auszudrücken und auch umzusetzen, schaffe die Voraussetzung für ein selbstbestimmtes Leben (Riemann, 1992).

1.6 Was das Wünschen erschweren kann

Das Entwickeln einer Wunschkompetenz bringt eine Reihe von Veränderungen sowohl für die Person selbst als auch für die mitbetroffenen anderen mit sich. Da jede Veränderung unterschiedlichste Auswirkungen hat, von denen nur ein kleiner Teil vorab gewusst, geahnt und kontrolliert werden kann, bedeutet Veränderung stets, ein Wagnis einzugehen. Gleichzeitig stellt eine sinnvolle, aber nicht stattfindende Veränderung eine Schwächung der Stabilität dar, die zu einer neuen Form der Problementwicklung führen kann.

Gelingt es, die Entwicklung von Neuem mit eigener Vorstellungskraft und Imaginationsfähigkeit zu stärken, wird das Selbstkonzept angeregt, bestehende Muster zu hinterfragen und Vorbereitungen für Veränderungen zu treffen. Die Struktur des FächerModells stellt dafür eine Basis dar, da durch die unterschiedlichen zeitlichen Ebenen (Gegenwart, Vergangenheit und Zukunft) in Verbindung mit den vier Bereichen »Problem«, »Wunsch«, »Potenzial« und »Selbstentwicklung« gewünschte Veränderungen angeregt werden können.

Konkrete Veränderungen fallen oft viel schwerer als gedacht, und häufig ist die Person eher Experte für die Veränderungen von anderen als der eigenen. Gründe dafür liegen aus Sicht der Beratungs- und Psychotherapieforschung vielfältig auf der Hand (Wampold et al., 2018). Dazu gehören z. B. unbewusste Konflikte im Rahmen der eigenen Biografie oder entwickelte Selbstkonzeptpotenziale, die durch eine unbewusste Loyalität nicht gelebt werden, um die gefühlte Zugehörigkeit zu einem relevanten System (Herkunftsfamilie, Partnerschaft, Organisation) nicht zu verlieren. Auch die Angst vor dem Scheitern ist oft genug mit ein Grund dafür, die eigenen Wünsche, Bedürfnisse und Interessen nicht bewusst werden zu lassen.

Angst und Abwehr spielen für das Misslingen von Veränderungsprozessen daher eine bedeutsame Rolle (Riemann, 1992), sie führen nicht selten zu einem reaktanten Verhalten, das den Prozess behindert oder sogar verhindert. Durch die wahrgenommene Freiheitseinschränkung reagiert die Person nicht in der von ihr gewünschten Absicht, sondern in der Motivation, dagegen zu sein, und begünstigt auf diese Weise die Entstehung emotionaler Widerstände sowie von Gewohnheiten und eingefahrenen Abläufen, die es erschweren, das Gewünschte in die Welt zu bringen. Im alltäglichen Zusammenleben von Personen in privaten wie auch in organisationalen Strukturen laufen in vielfältigen Situationen unbewusst psychische Prozesse ab, die den Austausch von Wünschen eher behindern und durch die vertretenen inhaltlichen Positionen Probleme und Konflikte tendenziell verstärken.

Die Grundlage für das Wünschen ist das Fühlen, und die Grundlage dafür ist die Beachtung des eigenen Selbst. Nur so kann die Erregung gespürt werden, die aufkommt, wenn die Person etwas braucht, etwas stört oder sie etwas besonders mag und davon gern noch mehr hätte. Die Kompetenz, sich selbst beachten und beobachten zu können, sichert die Grundlage für die Person, um herauszufinden, was ihr guttut. Durch die Empfindung bekommt die Situation für sie eine Bedeutung (Gendlin, 1978). Da jedoch die Gefahr besteht, dass den Dingen oder Situationen reflexhaft immer wieder die gleiche Bedeutung gegeben wird, braucht es Bewusstheit.

Ansonsten kann es zu Verzerrungen der Wahrnehmung der aktuellen Situation durch unterschiedliche Phänomene kommen. Zum einen zu einer Form der Internalisierung, bei der die Person davon ausgeht, dass Personen in der Gegenwart sie so behandeln wie dies für sie bedeutsame Personen in der Vergangenheit getan haben. Dies kann dann in dem Fall, in dem die Person in ihrer Biografie schlecht behandelt wurde, dazu führen, dass sie daraufhin die entsprechenden Situationen in ihrem aktuellen Leben meidet oder im umgekehrten Fall zu gutmütig und ungeschützt den Menschen begegnet. Ebenso kann es im Rahmen einer verzerrten Wahrnehmung zu einer Form der Identifizierung kommen, bei der sich die Person selbst so verhält wie sich die für sie bedeutsamen Personen früher verhalten haben. Im Falle einer Introjektbildung behandelt sich die Person selbst so wie die anderen sie früher behandelt haben (Rudolf, 2010). Dies kann dann z. B. zu einem extrem kritischen oder sogar schädigenden Verhalten sich selbst gegenüber führen. In diesen Fällen steht in der Arbeit mit der Person zunächst die Entwicklung einer inneren Erlaubnis für die Entwicklung von Wünschen im Vordergrund.

In der Arbeit mit FäMoS kann den Gefühlen in der aktuellen Situation durch die Beachtung der unterschiedlichen Segmente (»Vergangenheit«, »Gegenwart«, »Zukunft«) eine jeweils angemessene Bedeutung gegeben werden, damit die Person nicht von ihnen unbewusst dominiert wird.

Die Unfähigkeit, sich selbst etwas zu wünschen, wird zudem durch eine zunehmende Ökonomisierung unseres Lebens unterstützt, durch die Tendenz unserer Gesellschaft, sich selbst zur Ware zu machen (Han, 2016; Strenger, 2016). In diesem Zusammenhang spricht Carlo Strenger (2016) von einer Ich-Kommodifizierung, die nicht in erster Linie psychopathologischer Natur ist, sondern sich als existenzielles Unbehagen auswirkt, nur Teil eines globalen, undurchschaubaren Infotainmentsystems zu sein. Dem Dasein wieder einen Sinn zu verleihen und dem eigenen Leben einen Sinn zu geben, um zu wissen, *wofür* man leben will, stellt danach Sprengstoff für die aktuelle Wirtschaft dar, die nicht den Einzelnen danach fragt, was für ihn sinnvoll ist und ob er das, was er tut, auch tun will. Die Frage nach dem Sinn und der Würde sind aus wirtschaftlicher Sicht tabu, und die dadurch entstehende Inkohärenz kompensiert die einzelne Person durch den Ersatzwunsch, bedeutsam sein zu wollen – erkennbar an großen Autos, Häusern, Markenartikeln oder besonderen Berufsrollen im gesellschaftlichen System. Die Frage danach, wer ich sein will, gerät aus dem Blick. Da die übergeordnete Orientierung mehr und mehr einer kurzfristigen Gewinnmaximierung geopfert wird, entwickelt sich die Haltung eines verunsicherten Individuums, das immer weniger in Beziehung zu sich selbst und den anderen steht und sich dabei nicht fragt, wer es sein will und wofür es hier ist. Das Selbstbild verschwimmt dabei immer mehr, und die Fähigkeiten, das Leben wieder in die eigenen Hände zu nehmen, reduzieren sich. Die Reduktion auf äußere Umstände und der gleichzeitige Verlust von traditions- oder innengeleiteten Werten behindern die Entwicklung einer eigenen Sicht.

Durch die Entwicklung der Wunschkompetenz und den Einsatz des FächerModells besteht die Chance, das Vertrauen in die eigene Selbstentwicklung wieder zu wecken und die Angst zu nehmen, sich vom gesellschaftlichen Druck zu befreien. Dies erfordert keine Belehrung, sondern neue Möglichkeiten der persönlichen Erfahrung und ihrer Reflexion, wie sie im Rahmen des Modells zur Verfügung stehen. Durch die Bewusstmachung der eigenen Wünsche steigt die Lust am eigenen Nachdenken und Fühlen wieder an, und die Gefahr verringert sich, zum Objekt gemacht zu werden, das im Rahmen der gesellschaftlichen Zwänge nur zu funktionieren hat.

Die damit verbundene Potenzialentfaltung stellt nicht in erster Linie eine Frage der Anstrengung oder eine Verhaltensvorgabe durch andere dar, sondern eine Anregung an das eigene Selbst, aufzuwachen und gemeinsam mit anderen den persönlichen Sinn und die Würde zurückzuerobern.

Neben dieser gesellschaftspolitischen Sicht weist die psychologische Forschung darauf hin, dass die (Nicht-)Erlaubnis für das Benennen der eigenen Wünsche auch mit bewussten und unbewussten Schamimpulsen in Beziehung gesetzt werden kann (Ciompi, 2014; Lammers, 2016; Tiedemann, 2010). Wenn Personen davon ausgehen, dass eine Erfüllung ihrer Wünsche nur gerechtfertigt ist, wenn sie ohne Fehl und Tadel sind, stellt sich oft das Gefühl ein, etwas nicht zu verdienen oder nicht ausreichend autorisiert oder bedeutsam genug zu sein.

Das Phänomen des Nichtwünschens berührt auch die Frage nach der Bereitschaft, Verantwortung für seine Wünsche zu übernehmen und Situationen, geleitet durch den eigenen Wunsch, aktiv mitgestalten zu wollen.

Alle diese Gründe behindern nicht nur die betroffene Person, sondern auch die anderen am Prozess Beteiligten. Da in diesen Fällen die Menschen nicht wirklich deutlich machen, was ihnen wichtig ist, führt diese Situation im sozialen Kontakt durch das Umfeld zu einer falschen Einschätzung des gezeigten Verhaltens.

Grundlage für die Motivation, sich die eigenen Wünsche bewusst zu machen, ist eine neue Freundschaft mit dem eigenen Selbst. Dazu gehört das bewusste Wahrnehmen, das (Nach-)Empfinden eigener Gedanken, Gefühle und Impulse sowie die Bewusstheit über die eigene Person mit den zum Selbstbild gehörenden Bewertungen. Diese Kompetenz zur zusätzlichen Reflexion aus der Sicht eines Beobachters (Metaebene) ermöglicht entsprechend der subjektiven

Sicht auf die Welt die Bestimmung des eigenen Standorts und fördert damit die Selbstakzeptanz. Neben der Empathie als Ressource, den anderen wahrzunehmen, entwickelt die Person dadurch eine Form der Empathie für sich selbst als zusätzlichen Entwicklungsraum (Rieforth u. Beermann-Kassner, 2017).

Die Wunschkompetenz stellt daher die Basis dar, sich der eigenen Bedürfnisse und Wünsche bewusst zu werden, um die damit verbundenen motivationalen Beweggründe transparent und klar zu erleben. Gelingt dieses, so nähert man sich den subjektiv bedeutsamen Veränderungen und fördert damit zugleich seinen Selbstentwicklungsprozess.

2 Wunschkompetenz

»Ich weiß genau, was ich mir wünsche« bzw. »Ich weiß überhaupt nicht, was ich mir wünsche« – zwei Aussagen, die häufig getroffen werden, aber in den allermeisten Fällen nur zu einem Teil zutreffen. Viele Menschen erkennen nicht, ob es sich um ihre eigenen oder fremde Wünsche sowie Erwartungen an sich selbst oder andere handelt, mit denen sie sich beschäftigen. Ebenso stellt sich häufig die Frage, ob der Wunsch wirklich das ausdrückt, was die gewünschte Veränderung beinhaltet, oder eher das bezeichnet, was der Motivation entspricht, etwas nicht mehr zu wollen. In diesen Fällen, in denen man sich etwas wünscht, was nicht mehr eintreten soll – z. B. »Ich will mich *nicht* mehr ärgern«, »Für diese Aufgaben will ich *nicht* mehr zur Verfügung stehen«, »Ich will mich *nicht* mehr um … kümmern« –, hat man all das schon gedanklich getan, was man nicht mehr möchte, indem man es sich vorgestellt oder ausgesprochen hat. Dadurch, dass die Person sagt: »Ich will mich nicht mehr über etwas ärgern«, ärgert sie sich bereits darüber. Denn, um etwas nicht mehr zu tun, muss man es sich zunächst vorstellen, und dann hat man sich schon selbst in den Gefühlszustand gebracht, den man zu vermeiden gesucht hat. Wünschen sieht zunächst so einfach aus, hält aber eine Reihe von Herausforderungen bereit, die erst beim näheren Wahrnehmen, Fühlen und Spüren deutlich werden.

Nur in dem Fall, dass der Wunsch den persönlichen Beweggründen entspricht, zu denen sich die Person hingezogen fühlt, lohnt es sich, mit Mut, Kraft, Ausdauer und Disziplin ans Werk zu gehen, um die gewünschte Veränderung zu erreichen und mit Motivation und Energie darauf zuzusteuern. Ich verwende seit mehreren Jahren den Begriff »Hinwendungsenergie« im Gegensatz zur »Abwendungsenergie«, um auf den Unterschied bei der Entscheidung der Person aufmerksam zu machen.

Bei der *Abwendungsenergie* geht es um ein Nein, um ein Nicht-mehr im Sinne einer Negation, das gleichzeitig aber keine Richtung vorgibt, die erwünscht ist. Antwortet man z. B. einem Taxifahrer auf die Frage, wohin man möchte: »Ich möchte *nicht* nach Ulm«, wird dies bei ihm vielleicht Verwunderung oder Ärger auslösen, oder er bittet die Person Platz zu nehmen und fährt mit ihr nach Frankfurt, Würzburg und dann wieder zurück und sagt schließlich: »Ziel erreicht, wir waren *nicht* in Ulm.«

Bei der *Hinwendungsenergie* stehen dagegen der Wunsch und die Richtung, denen sich die Person zuwenden möchte, im Fokus. In diesem Fall stellt sich auch eine Vision der erfüllten Wunschvorstellung ein, die als intrinsische Motivation dient und das Vertrauen in sich selbst stärkt. Gestützt durch die aktuellen Erkenntnisse der Psychoneuroimmunologie (Grawe, 2004; Schubert, 2015) werden diese Auswirkungen der Annäherungs- und Abwendungs- bzw. Vermeidungssysteme im Sinne einer psychosomatischen Verknüpfung bestätigt. Wird eine Situation von einer Person als nicht gewollt oder sogar bedrohlich eingestuft, wird das motivationale Abwendungssystem mit dem Angstzentrum in der Amygdala angeschaltet und führt so zu einer Erhöhung des Sympathikotonus und der Hemmung des Parasympathikus (Grawe, 2004; Petzold, 2013; Porges, 2017). Gelingt es der Person nicht, aus dem Abgrenzungsmodus herauszukommen, so bleibt der erhöhte Sympathikotonus erhalten und zwar nicht im Akut- sondern im Langzeitmodus und führt u. a. zu einer erhöhten Kortisolausschüttung (Schubert u. Singer, 2015).

Daher geht es im Rahmen der Wunschkompetenz eben nicht um das Erlernen von resilienten Copingstrategien, sondern um die Fähigkeit der Bewertung einer Situation und der damit verknüpften Verhaltens- und Einstellungsweisen, um so durch die eigene Kompetenz zu dem damit verbundenen Wunsch zu gelangen.

Sich in der Wunschkompetenz zu üben, bedeutet für die Person, ein neues Denken über sich selbst und ihr Leben zuzulassen und es zu kultivieren. So kann sie sich bewusst machen, was sie als sinnvoll erachtet, sie erfüllt und ihr das Gefühl gibt, das Leben sinnvoll zu gestalten.

Die Weiterentwicklung des eigenen Selbst stellt einen inneren Reifungsprozess dar, der jederzeit möglich ist und durch äußere und innere Impulse an Attraktivität gewinnt, ohne dass dabei das Alter in erster Linie entscheidend ist. Ausgangspunkt hierbei ist das eigene

Erleben. Oft ist es eine Begegnung, ein Verhalten, eine Situation, eine bevorstehende Entscheidung, (un)ausgesprochene Erwartungen oder Ähnliches, die als problematisch erlebt werden, sodass der entstehende Leidens- oder Veränderungsdruck zu intensiv und nicht mehr aushaltbar werden kann. Wird diese Situation genutzt, um die damit verbundene Veränderung zu erfassen, kann der Wunsch entweder in einem bewussten Prozess durch die Person selbst oder mit begleitender und beratender Hilfe erfahrbar gemacht werden, um Verstand und Gefühl wieder in Einklang zu bringen.

Als problematisch erlebte Situationen, wie oben beschrieben, können stattdessen auch eine Verdrängung bestärken, wenn die Person sich bereits im negativen Fühlen befindet, wenn sie sich z. B. als nicht handlungsfähig erlebt. In diesen Momenten geht die innere Vorstellung von sich selbst nahezu automatisch mit einer Selbstabwertung einher und befördert die Abgrenzung, womit das Sich-Hinwenden auf ein positives und gewünschtes Selbstbild erschwert ist.

Da die Vorstellung vom eigenen Selbst auf dynamische Weise kreiert wird, kann in dem Erleben von Negativem auch das Selbst an eine Negation geknüpft sein, indem die Person sich dasjenige Selbst vorstellt, welches sie zum einen nicht sein will und das zum anderen von den Mitmenschen nicht kennengelernt oder erkannt werden soll. Diese Aspekte des Selbst können dann auch vor dem eigenen Selbst verborgen werden, sodass sie der Person nicht mehr bewusst und zugänglich sind.

Durch die Entwicklung einer Wunschkompetenz wird der Zugang zu den eigenen Wünschen und Bedürfnissen wieder geschaffen, und die dadurch entstehenden Vorstellungen, Visionen und sinnvollen Handlungen können neue und bedeutsame Gefühle und Empfindungen auslösen, die, wenn sie gezeigt und nicht verleugnet werden, als Grundlage für die bewusste Entwicklung des eigenen Selbst dienen. Gelingt es, die eigenen Wünsche wahrzunehmen und sie auch im Beisein anderer auszudrücken, führt diese als Wunschkompetenz zu bezeichnende Neuorientierung auch zur Reduktion von Scham sowie von Selbst- und Fremdverurteilung. Gleichzeitig verhilft die neue Kompetenz dazu, sich der eigenen Wünsche bewusst zu werden, sich auch seinen bisher unbewussten Aspekten zuzuwenden und mit ihnen vertrauter zu werden. Je mehr diese Zusammenhänge verstanden werden, umso größer wird das Potenzial, Mitgefühl für sich selbst und andere zu entwickeln. Der sich daraus entwickelnde Wunsch nach Wiederherstellung der Verbindung zu dem, was die Person als wesentlich ansieht, um Verstand und Gefühl wieder in Einklang zu bringen, tritt in den Vordergrund (Gigerenzer, 2008). Die damit verbundene Entwicklung von Selbstbewusstheit und Selbstmitgefühl unterstützt die Person dabei, ihre sozialen Kontakte so zu gestalten, dass sich eine authentische Basis des Miteinanders entwickeln kann (Germer u. Neff, 2013; Neff et al., 2018).

Wichtig zu wissen ist jedoch, dass affiliative Reaktionen (Verhaltensweisen, die den Wunsch nach Kontaktaufnahme signalisieren) stets mit biografischen Erfahrungen verbunden sind, wozu auch schmerzhafte gehören. Die Entwicklung einer Wunschkompetenz beinhaltet insofern nicht nur eine positive und freudvolle Perspektive, sondern bringt die Person auch in Kontakt mit dem erfahrenen Leidvollen im Leben und legt dabei Dinge frei, die bis dahin möglicherweise nicht bewusst waren. Wie damit im Einzelnen umgegangen werden sollte, erfahren Sie anhand von Beispielen in Teil B (Kapitel 6).

2.1 Eigenschaften der Wunschkompetenz

Nach Brockhaus – Die Enzyklopädie (2001) bezeichnet der Wunsch ein Verlangen bzw. das Herbeisehnen eines Erlebenszustandes, das im Unterschied zum Wollen die Möglichkeiten der Realisierung des Zieles weitgehend unbeachtet lässt und das Ziel erwartungsvoll vorwegnehmen kann (s. a. Heindrichs, 2003). Ein Wunsch empfängt Botschaften der Person von innen heraus, aus dem Körper, der Seele und dem Geist und ist in der Lage, Zuversicht, Richtung, Bedeutung, Sinn und Entwicklung zu spenden. Analog den Fischern auf den Osterinseln, die sich auf dem Wasser zur Navigation am Polarstern orientieren, verhält es sich mit dem Wunsch. So wie der Polarstern hilft, neue Räume zu erkunden und sich dabei zu orientieren, so können Wünsche dem Verhalten die Richtung geben bzw. die »richtige Tür« zeigen, um zu einem für die Person sinnvollen Leben zu kommen.

Hinter dem Wunsch befindet sich vielfach eine Sehnsucht, die meist mit einer subjektiv hohen Ambition der Person verbunden ist und gleichzeitig die Chance zur persönlichen Weiterentwicklung beinhaltet.

Durch den Wunsch öffnet sich der innere Raum der Person, macht die Suche weich und groß durch die Integration der bewussten und unbewussten Anteile. Durch die Orientierung auf den Wunsch wendet sich die Person dem eigenen Leben zu. Es füllt sich und gibt Sinn. Was sinnvoll ist, belebt die Sinne.

2.2 Entwicklung von Wunschkompetenz – der Prozess der bewussten Balance

Betrachtet man aus der Perspektive der westlichen Kultur den Umgang mit den eigenen Wünschen, geschieht dies oft in dem Dreieck von Wollen, Sollen und Können. Um eine für die eigene Person angemessene Balance zu erzeugen, ist eine lebenslange Arbeit an uns selbst erforderlich, um nicht zunehmend von den an uns gestellten Erwartungen und scheinbar so bedeutsamen Zielen, die es zu befriedigen gilt, vereinnahmt zu werden. Dies kann ich aus eigener Erfahrung als Psychotherapeut, Coach, Supervisor und (Konflikt-) Berater wie auch aus meinem persönlichen Erleben als Mensch im Alltag bestätigen. Verstärkt durch die zahllosen Ziele von außen, die es zu erreichen gilt, und der von außen vorgegebenen Orientierung darauf durch bestimmte Hinweisreize (Priming), übernehmen wir die Kontrolle scheinbar selbst, indem wir uns kritisch mustern und daran messen (lassen) (Bauer, 2015). Während die Gedanken (noch) unsichtbar sind, zeigen sich die Gefühle körperlich. Dabei sind die Ursachen für unsere Gefühle meist schwer nachvollziehbar. Oft scheinen sie aus dem Nichts zu kommen, und kleine, unbedeutende Ereignisse können starke Emotionen auslösen. Dabei handelt es sich oft um emotionale Reaktionsmuster aus früher Kindheit, die der Person nicht bewusst sind. Sie entsprechen daher oft nicht der angemessenen Reaktion auf die aktuelle Situation, sondern sind Kopien unserer damaligen biografischen Umwelten und der dort gemachten Erfahrungen. Diese Situationen sind gekennzeichnet durch ein Spüren, dem etwas Altes, Unverarbeitetes anhaftet und das deshalb die Dimension des persönlichen Fühlens – als die Person, die ich jetzt bin – im Sinne eines Nachspürens nicht erreicht. Dieses persönliche Fühlen ist jedoch notwendig, um die Bedeutung der eigenen situativen Reaktion zu erkennen und verstehend wie mitfühlend in die eigene Geschichte und das eigene Erleben zu integrieren.

Da Emotionen für unser Erleben und Reagieren so entscheidend sind, lohnt es sich, einen Blick in die aktuelle Forschung dazu zu werfen. Nach Veronika Brandstätter und Kollegen zeichnen sich Emotionen durch subjektiv erfahrbare Komponenten, den Gefühlen, und objektiv erfassbaren Komponenten aus (Brandstätter, Schüler, Puca u. Lozo, 2018). Emotionen ermöglichen dem Menschen, sich an seinen Lebensraum anzupassen, und geben der Umwelt eine Bedeutung. Die Motivation für ein auf Veränderung gerichtetes Verhalten ist stets von einer Emotion begleitet. Insgesamt werden bei Emotionen fünf Komponenten unterschieden: Dabei stellt das Gefühl die subjektive Komponente dar (1), während Wahrnehmung und Deutung die kognitive (2), Mimik, Gestik und Stimmlage die kommunikative (3), Herz- und Atemfrequenz sowie die Veränderung der Blutgefäße die physiologische (4) und Motivation die verhaltensvorbereitende Komponente (5) abbilden (Cowen u. Keltner, 2017).

Das Gefühl als subjektive Komponente der Emotion bildet gleichzeitig die Basis für menschliches Handeln. Da eine Emotion stets an ein Objekt gebunden ist, findet gleichzeitig immer bewusst oder unbewusst eine Wahrnehmung und Deutung der Situation statt, z.B. im Sinne einer Angst vor oder einer Freude auf etwas. Die durch die Emotion geprägten Vorstellungen können reale Objekte beinhalten, aber auch Gedanken und Situationen aus der Vergangenheit sowie aus der vorgestellten Zukunft.

Nur wenn die Objekte eine Bedeutung haben, also motivational für die Person relevante Objekte darstellen, lösen sie Emotionen aus. Emotionen dienen somit als Grundlage der Kommunikation und zusätzlich als Motivation, um durch Handlungen das emotionale Empfinden zu verbessern oder zu vermeiden. Je nach Gefühl kommt die Person in Stimmungslagen (z.B. eine große Niedergeschlagenheit), in denen sie sich nur an bestimmte Informationen erinnern kann, die zu dieser Emotion passen (Ekman, 2004).

Daher kommen der Bewusstheit der eigenen Gefühle und der Fähigkeit, diese in Worte zu fassen, eine besondere Bedeutung zu, um durch die Reflexion der aktuellen Situation eine angemessene Korrektur durch die Umwelt und das Erleben der anderen zu bekommen und nicht auf die alleinige innere Bedeutungsgebung und Bewertung angewiesen zu sein. Bei einem entsprechenden Abwehrverhalten der Person, die von außen gegebenen Relativierungen der Wahrnehmung und Deutung aufzunehmen, findet keine Veränderung des einmal entwickelten Selbstbildes statt, sondern stattdessen eine erneute Bestätigung, die keine Veränderung zulässt.

Dies zeigt sich beispielsweise bei der Bearbeitung der Problemsituation mithilfe des FächerModells zur Selbstentwicklung (vgl. Abbildung 1, S. 21) im Bereich »Problem« in der Form, dass die Person nicht nur die Situation in der Gegenwart, sondern auch für die Vergangenheit wie auch für die prognostizierte Zukunft als problematisch schildert: »Das ist ein Problem, das war schon immer ein Problem und das wird immer ein Problem bleiben.« Diese Aussage und die dahinterliegenden Wirklichkeitsüberzeugungen zeigen, dass die Person im Konflikterleben häufig von ihren Emotionen so überwältigt worden ist, dass der Eindruck entsteht, die Gefühle haben die Person in Besitz genommen und nicht die Person die Gefühle. Ein ähnliches Phänomen stellt ebenfalls eine Schwierigkeit in der Entwicklung von Veränderungsprozessen dar, nämlich wenn man die eigene Befindlichkeit in ihrer Bedeutung überschätzt und sich so abhängig von den eigenen Gefühlen macht (Rudolf, 2010).

Für die Entwicklung von Wunschkompetenz braucht die Person Achtsamkeit, um herauszufinden, was ihr wirklich wichtig ist. Dazu dienen die Möglichkeiten, aus dem Alltag einen Schritt herauszutreten, um in die Reflexion zu kommen und über diese Form der Stille die Aufmerksamkeit nach innen zu richten und die Gedanken zu sortieren. Mut, um den ersten Schritt zu machen und den Weg zu beginnen, gehört ebenso dazu wie die Erlaubnis, zu scheitern, denn Scheitern ist die andere Seite des Erfolgs. Persönlicher Erfolg bemisst sich nicht daran, dass alles gelingt, sondern dass die Person Mut bewiesen hat, sich getraut hat und dabei sich selbst vertraut hat.

In einer Gesellschaft, in der es einerseits viele Angebote für Glück, Freude und gute Lebensbedingungen gibt, besteht andererseits die Aufgabe für jeden darin, zu überlegen, wie man trotz der vielen extrinsischen Angebote und Wertvorstellungen ein Experte für sich selbst wird, um zu erkennen, was einem selbst als sinnvoll erscheint.

Bei der Entwicklung einer individuellen Wunschkompetenz steht das Ziel im Mittelpunkt, sich zunehmend darüber bewusster zu werden, wie bedeutsam es ist, die eigenen Bedürfnisse und Wünsche ernst zu nehmen und im Sinne von Selbstmitgefühl (Neff et al., 2018; Reddemann, 2019) die eigenen – sowohl stärkenden als auch destruktiven – Überzeugungen in sich zu erkennen. Da bei der Bewusstwerdung der eigenen Wünsche eine Spannung zwischen Potenzial einerseits und Abwehr andererseits vorliegen kann, besteht die Herausforderung darin, diese Diskrepanz auszuloten und zwischen beharrenden und verändernden Kräften zu vermitteln (Rieforth u. Graf, 2014, S. 68 f.).

Für diesen Prozess hat es sich als sehr hilfreich herausgestellt, sich mit seinem eigenen Glaubens- und Wertesystem gut auszukennen, denn eine Reihe interner Überzeugungen über sich selbst sind so automatisiert, dass sie für den Betroffenen zum Teil nur mit externer Unterstützung bewusstseinsfähig werden (wie Fallbeispiele in Teil B illustrieren). Der Entwicklungsprozess einer Wunschkompetenz zeigt immer wieder, dass dabei kognitive sowie gefühlsmäßige und körperbezogene Impulse gleichwertig einbezogen werden müssen – unabhängig davon, ob die Musterveränderung in kleinen Schritten verläuft oder (wie in manchen Fällen) im Sinne einer plötzlichen Veränderung (Schiepek u. Matschi, 2013). Die unbewussten Verstrickungen wirken auf unterschiedlichen Ebenen und benötigen besondere Bedingungen, um bewusstseinsfähig zu werden. Dazu zählt sicher auch der möglichst bewusste Umgang mit den Zeitenabfolgen von Vergangenheit, Gegenwart und Zukunft. Auch wenn die Person immer nur im Hier und Jetzt, in der Gegenwart handlungsfähig ist und keine Sekunde davor und keine danach, wirkt die Vergangenheit durch die spezifischen Erinnerungen auf sie ein und die scheinbare Zukunft wird über die subjektiven Erwartungen antizipiert.

2.3 Wunschkompetenz als Schlüssel im Veränderungsprozess

Die Erfüllung von Wünschen steigert in der Regel die Vitalität. Wenn die Person sich gemäß ihrem Wunsch in einem Entscheidungsprozess (z. B. im organisationalen oder auch familiären Kontext) klar zu ihrer Perspektive ausdrücken und positionieren kann, dann löst das Freude und Zufriedenheit aus, die sich körperlich in guter Erregung wie auch Entspannung zeigen können. Das Besondere an der funktionalen Wirkung des Wunschprozesses ist, dass er auch ohne das Moment der Erfüllung als bedeutsam für Lebensglück und persönliches Wachstum erlebt werden kann.

Der Wunschprozess ist ein dynamisch-multidimensionaler Prozess, der sowohl Geduld und Ausdauer als auch die Beachtung der kleinen Dinge – wie Selbstverständlichkeiten im Verhalten – erfordert. Er umfasst dabei auch die Kultivierung der Selbstwertschätzung. Dies ist ein Lernprozess, der darin besteht, sich anzunehmen, sich aus unterschiedlichen Perspektiven zu beobachten, sich dabei besser kennenzulernen, sich selbst zu überraschen, zu zweifeln und zu staunen und alles, was dazu gehört, einerseits wohlwollend zur Kenntnis zu nehmen und andererseits die Verantwortung für die daraus entstehenden gewünschten Veränderungen zu übernehmen.

Diese Haltung verweist darauf, dass viele bedeutsame Errungenschaften zum Lebensglück und persönlichen Wachstum möglich sind und erfolgen können. Durch das eigene stimmige Veränderungstempo, das Gespür für den passenden Rhythmus, ergibt sich das Glücklichsein über das Vorwärtskommen an sich und die Anzahl der gemachten Erfahrungen. Der Wunsch hilft dabei – wie der Polarstern – als attraktiver Magnet, die Richtung zu weisen.

Während bei Sigmund Freud die Zentralthese darin besteht, den Traum als einen Versuch der Wunscherfüllung zu betrachten, weist Brigitte Boothe (1998) darauf hin, nicht wie Freud von einem ich-dystonen Traumbericht auszugehen, sondern die Gedanken, Bilder und Prozesse im Sinne eines »Als-ob« in ein emotional engagiertes ich-syntones Gebilde für die Person umzuwandeln. Durch diese Wandlung bestünde die Möglichkeit, die Einfälle des Träumers in dem zumeist häufig nicht erschlossenen Traumgebilde als eigene und emotional bedeutsame Geschichte zu nutzen.

Dies entspricht dem Vorgehen im Rahmen des FächerModells, in dem sämtliche Geschichten – einschließlich der berichteten Träume – zum Aufbau einer Kompetenz zur Entwicklung von Wünschen genutzt werden. Durch die vier Bereiche *Problem, Wunsch,*

Potenzial und *Selbstentwicklung* – mit den Segmenten *Gegenwart, Vergangenheit* und *Zukunft* – wird durch die inhaltliche Vertiefung, den bewusst werdenden Unterschieden zwischen den Segmenten und ihre Interdependenz die Kompetenz zur Entwicklung und Umsetzung von Wünschen gesteigert, um das eigene Leben sinnvoll zu gestalten.

Der Wunsch an sich stellt dabei ein Begehren ohne Kraftanstrengung zur Hervorbringung des Objekts dar. Er folgt damit nicht dem Gesetz der Zielerreichung, das eindimensional auf die Zukunft ausgerichtet ist, sondern ermöglicht als sinnstiftendes Dazwischen auf prozessierende Weise, an Vergangenes und visioniert Zukünftiges anzuknüpfen. Der Wunschimpuls entsteht aus dem Gefühl des Vergnügens, der Hoffnung, der Vorfreude oder Wehmut und Trauer. Bei der Wunschorientierung ist die Person bereit, zu empfangen, während sie sich bei der Zielorientierung handlungsbereit zeigt.

Die empfangende Haltung ist auch körperlich ein wacher Zustand, dessen Potenzial sich in seiner bewussten Offenheit ausdrückt und sich durch das Fokussiertsein bereits auf das Erwartbare einstellt.

Während Wünsche aus psychoanalytischer Sicht lange Zeit als Repräsentanten des Triebes galten und diese im Unterschied zu den Bedürfnissen, bei denen es um die Befriedigung ging, stets zu deuten waren, stellt heute die besondere Qualität des Wunsches nach Boothe (1998) zunächst eine erhoffte und ersehnte Freude dar. Wunscherfüllung steht daher als Basis für den Lebensgenuss und die Möglichkeit, das erwünschte indifferente Objekt »zum Leuchten« zu bringen (Boothe, 1998, S. 205 f.). So zeigt sich in der Wunschentwicklung die »Tür« zum »besonderen Moment und Gegenstand«, die den Weg freimacht für die Entwicklung des eigenen Selbst. Das Wunschobjekt kann dabei ein Wunsch sein, der zur Erfüllung führt, oder auch eine Sehnsucht, die der Orientierung dient und eine Entwicklung unterstützt, die dem Wunsch nach mehr Würde, Liebesfähigkeit oder Gelassenheit zur Umsetzung verhilft. Stets stellt dies die Leistung der Person dar, die den Moment oder das Objekt auswählt und gestaltet. Die dafür notwendige Fähigkeit findet sich in der Wunschkompetenz als Grundstein für die Selbstentwicklung wieder.

Daher kann für die weitere Entwicklung der nächste Schritt (die relevante Tür) nur von der Person (bzw. den Personen) selbst gefunden werden. Allein die gute Absicht, einen anderen Menschen aus der Verstrickung seines psychischen Elends befreien zu wollen, kann nur zum Teil das erfassen, was für diese Person Freude, Glück und Sinn des Lebens bedeutet. Die (Er)Lösung kommt nicht von außen, sondern immer von der Person selbst – die andere kann sich nur als Begleiterin, Anregende und Mitfühlende zur Seite stellen. Das Mitgefühl für die Situation, die Struktur und die Kreativität des Modells zur Selbstentwicklung machen es möglich, der Person Anregungen für ihren eigenen Weg zu geben, um dadurch Selbstwirksamkeit zu erfahren.

Die Beratungs- und Therapieforschung belegt, dass der Erfolg von Therapie und Beratung entscheidend davon abhängt, inwieweit es dem Therapeuten bzw. Berater gelingt, sich mit dem Klienten ein Bild davon zu machen, welches für ihn die Quellen der Freude sind, so verborgen sie auch sein mögen (Wampold et al., 2018). Daher stellt die Entwicklung der Wunschkompetenz den Nährboden einer zugleich elementaren wie sublimen Fertigkeit dar, dem Leben Wert zu geben in einer subjektiven Kunst des Genießens. Diese Zuwendung zum Leben entwickelt eine positive Vitalität, die in der Lage ist, Misslichkeit, Not und Leid zu überbrücken, den Wechselfällen des Lebens mit Zuversicht zu begegnen und Irritationen und Empfindlichkeiten bei auftretenden Problemen durch die Transparenz der Wünsche in Freude und Genuss zu formen. Die dadurch entwickelte Kraft spiegelt sich in dem Vertrauen der Person zu sich selbst und innerhalb ihrer Beziehungen zu den anderen wider.

Gleichzeitig zeigt sich in der Entwicklung einer Wunschkompetenz stets die Dialektik zwischen dem darin enthaltenen Potenzial, sinnvolle Prozesse für die Person zu initiieren, und der Angst vor Veränderung. Der Mut zur Veränderung hängt dabei vor allem von der Kraft und der Form des Vertrauens ab. So unterscheidet Hartmann (2011) z. B.:

- Urvertrauen, als Form des psychologischen Vertrauens, so wie ein Kind es gegenüber seinen engsten Bezugspersonen empfinden kann,
- primitives Vertrauen als eine zunächst oberflächliche Form bei einer ersten Begegnung von Personen

- und Weltvertrauen als eine Form des existentiellen Vertrauens für ein Leben in Zuversicht.

Vertrauen als Phänomen reduziert sowohl vorhandene Komplexität und erleichtert gleichzeitig Kooperation oder macht sie erst möglich. Vertrauen schafft die Grundlage, sich frei zu fühlen von den Motiven der anderen, nicht nachdenken und sich absichern zu müssen und dabei Umwege zu gehen, sondern sich nach eigenen Vorstellungen und Impulsen zu verhalten, um so Veränderungen anzustoßen. Dies schafft ein spontanes und reflexionsfreies Welt- und Urvertrauen, das ohne Suchen nach Gründen für dieses »deutliche Bewusstsein« auskommt und keine Verstärkung aus dem sozialen Umfeld braucht.

Von Niklas Luhmann (2014) stammt die Aussage, dass ohne jegliches Vertrauen der Mensch morgens sein Bett nicht verlassen könne, da alles möglich wäre und die Konfrontation mit der Komplexität der Welt nicht ausgehalten werden könne.

Durch Vertrauen entstehen nach Luhmann mehr Möglichkeiten des Erlebens und Handelns, auch wenn der andere die Welt anders erlebt und die Person damit radikal verunsichern kann. Um die Welt offen zu halten und die Identifikation von Sinn und Selbstsein als neuartige Dimension der Komplexität zu erfassen, bedarf es nach Luhmann (S. 6 ff.) der erlebten (wahrgenommenen) und verstandenen subjektiven Ichhaftigkeit des anderen Menschen wie auch der eigenen Selbstwahrnehmung. Auf der Basis von Vertrauen entwickelt sich über die Kompetenz des Wünschens das eigene Potenzial des Lebens. Dieser Prozess kann phasenweise von einer gewissen Einsamkeit begleitet sein. Das Nichtwünschen ermöglicht dagegen den Kontakt zur Gemeinschaft, macht die Person allerdings in der Regel unglücklich.

Vertrauen und Wunsch stellen zwei Dimensionen dar, durch die Vergangenheit und Zukunft für eine als sinnvoll erlebte Gegenwart verbunden werden können. Damit eröffnen sie gegenüber (klassischen) lösungs- und zielorientierten Prozessen einen Raum, aus dem heraus nicht auf die unzähligen denkbaren Möglichkeiten in der Zukunft fokussiert wird. Vielmehr kann durch die Integration der eigenen Wünsche das Vertrauen gestärkt werden, sich selbst verändern zu dürfen und dabei gleichzeitig die Komplexität möglicher Konstellationen auf ein persönlich sinnvolles Maß zu reduzieren.

2.3.1 Die Bedeutung des Wunsches für die Veränderung – die Kunst des Loslassens

Wünsche loszulassen, kann sehr sinnvoll sein, denn nicht jeder Wunsch will erfüllt werden und ist für eine gute Lebensgestaltung sinnvoll. Dazu zählen Wünsche, bei denen die Person trotz großer Bemühungen über eine längere Zeit dem Erwünschten nicht näher kommt. Hier hilft meist eine Überprüfung des Wunsches auf seine Kongruenz mit eigenen Bedürfnissen und Werten oder auch darauf, ob die subjektiven Kosten einer persönlichen Veränderung nicht doch als zu hoch empfunden werden. Hier kann das Loslassen des bisher formulierten Wunsches Platz machen für Neues oder bisher noch zu wenig Beachtetes, woraus sich ein wichtiger weiterer Suchprozess mit sinnvolleren Wunschausrichtungen entwickeln kann.

Wie bereits deutlich geworden ist, steht die Entwicklung einer Wunschkompetenz nicht für eine magische Form der Erfüllung durch äußere Mächte, wie »den Himmel« oder »das Christkind«, sondern für den Aufbau einer Fähigkeit, die eigenen Wünsche für sich zu erkennen und dann mit den vorhandenen oder zu entwickelnden Potenzialen die gewünschte Veränderung zu erreichen. Dazu ist neben Ausdauer und Bereitschaft, sich dafür einzusetzen, auch Loslassen erforderlich. Wenn sich der weitere Einsatz als nicht sinnvoll zeigt, gestaltet sich die exzessive Beharrlichkeit als hinderlich und führt nicht selten zu Frustrationen und depressiven Verstimmungen. Gleichzeitig verbrauchen diese Prozesse viel Kraft, Zeit und Energie und behindern den Aufbau neuer, angemessenerer Wünsche.

Die Fähigkeit, zu entscheiden, wann man einen Wunsch aufrechterhält und wann man ihn besser zugunsten eines anderen bzw. nächsten aufgeben sollte, stellt einen ganz wesentlichen Teilfaktor der Wunschkompetenz dar. Diese Kompetenz stärkt bei der Person den Eindruck, ihr eigenes Leben so einzurichten, wie es ihr entspricht, und das Vertrauen in sich selbst.

Untersuchungen im Bereich der Motivations- und Zielforschung bestätigen, dass die mangelnde Bereitschaft, Ziele aufzugeben, mit einer hohen emotionalen Belastung und Stressgefühlen verbunden ist, wohingegen sich eine Verabschiedung von unrealistischen Zielen durch ein hohes psychisches Wohlbefinden ausdrückt (Wrosch, Bauer, Miller u. Lupien, 2007). Mitentscheidend ist dabei die Passung des Ziels mit der Person, um Erfüllung und Zufriedenheit zu empfinden.

Da es gerade bei der Entwicklung von persönlich bedeutsamen Zielen sinnvoll ist, einen Zugang zu dem damit verbundenen Wunsch herstellen zu können, kommt der Kompetenz, den Wunsch zu erkennen, eine besondere Rolle zu. Je intensiver dies geübt wird, umso besser lernt die Person sich dabei kennen und wird sich bewusst, worauf es ihrem eigenen Selbst ankommt. Die Beschäftigung mit dem Wunsch hilft, eine bewusste und kluge Entscheidung zu finden, da ein Wunsch im Unterschied zu den Zielen das größere Ganze der Person erfasst und auf der Schwelle zwischen Bewusstem und Unbewusstem Themen und Wertedimensionen transparent macht, die für die gewünschte Veränderung bedeutsam sind. Ebenso ermöglicht die Freiheit des Wunsches, ihn konkret umzusetzen oder ihn nur in Gedanken und inneren Bildern durchzuspielen (in der Rolle des »frommen Wunsches«). Im Gegensatz dazu werden konkrete Ziele, die nicht erreicht werden, oft als Scheitern empfunden und bewertet, wenn sie losgelassen werden.

Die Fokussierung auf einen Wunsch ermöglicht weiterhin die Berücksichtigung von verschwommenen, bildhaften, nur begrenzt oder in Teilen realistisch erfassbaren Themen, die in der näheren Auseinandersetzung auf die eine oder andere Weise konkretisiert werden können. Die Forschung unterstützt diese Erkenntnis, indem sie herausgefunden hat, dass Personen, die in erster Linie an einzelnen Vorhaben ihren Erfolg oder Misserfolg bewerten (lageorientierte Menschen), viel eher ins Grübeln kommen, wenn ein Projekt nicht so gut läuft, als handlungsorientierte Menschen, die weiter entscheidungsfreudig und nach vorne gerichtet bleiben (Kuhl, 1992).

Personen, die aus ihrem eigenen Selbstbild heraus keine Fehler machen und keinen Misserfolg haben dürfen, tun sich ebenfalls schwerer damit, etwas aufzugeben, als diejenigen, die etwas erreichen und Erfolg haben wollen.

Ähnlich wie bei Kindern, die ihre Pläne und Aktivitäten oft sehr spontan verändern, stellt der Wunsch eine besondere Möglichkeit dar, sich ohne innere Begrenzung dem zu nähern, was einem in der Situation entspricht. Der Wunsch stellt die Möglichkeit dar, sich mit echtem Interesse und Leidenschaft die gewünschte Veränderung vorzustellen, um sich dann erst im nächsten Schritt mit den Möglichkeiten der Umsetzung zu beschäftigen. Dies entwickelt – ähnlich wie im Kindesalter – auch im späteren Leben ein persönliches Engagement, um sich dafür einzusetzen, was der Person wichtig ist. Wird dies trainiert, kann es zur Identitätsfindung genutzt werden, indem die Person ein flexibles Selbstkonzept aufbaut und in unterschiedlichen Situationen ausprobiert. Dies wirkt sich in der Folge auch konstruktiv auf Handlungskrisen aus, da durch das erworbene Vertrauen Schwierigkeiten als mögliche Präferenzen und Optionen wahrgenommen werden und die Person durch die zu treffenden Entscheidungen eine weitere Stärkung ihrer Identität und Selbstwirksamkeit erfährt.

So stellt das Aufgeben und Loslassen eine ganz eigene Form der Wunschgestaltung dar und will insoweit gelernt sein, als dass die Person sich im Prozess immer wieder bewusst macht, wofür der Wunsch bedeutsam ist und welche Auswirkungen sein Beibehalten oder Loslassen hat.

2.3.2 Die Bedeutung des Unbewussten bei der Entwicklung der Wunschkompetenz

Die Bedeutung des Unbewussten erwächst aus der sinnvollen Organisation des Zusammenhangs von Verhalten und Erleben. Auch wenn das Unbewusste kein direkt zugängliches Phänomen darstellt, handelt es sich dabei nicht – wie vielleicht früher gedacht wurde – um ein störendes Phänomen aus den ersten Lebensjahren, sondern um einen freudvollen Verbündeten für ein sinnvolles Leben. Daher spielt das Unbewusste für die Entwicklung der Wunschkompetenz eine besondere Rolle, um die gedanklichen und gefühlsmäßigen Zugänge und Perspektiven wie auch die inneren und äußeren Dialoge zu fördern und darüber eine größere Stimmigkeit zwischen dem gewünschten Erleben und dem dazugehörigen Verhalten zu erreichen.

Diese konstruktivistische Sichtweise wird längst nicht uneingeschränkt geteilt. So lässt sich in den zahlreich vorliegenden Publikationen wie auch in eindeutig lösungsorientierten Ansätzen zur

Entwicklung einer besseren Lebensqualität häufig eine kritische und abwehrende Haltung gegenüber der Idee des Unbewussten erkennen. Sie lässt sich als Angst davor beschreiben, quasi durch das Unbewusste fremdgesteuert zu werden und trug in den letzten Jahren vielfach zur Überbetonung einer Lösungsorientierung mit vorrangig rein kognitiv bewusst zu entwickelnden Mechanismen bei, um alle Unwägbarkeiten auszuschalten.

Dieser Weg stellt sich allerdings auf längere Sicht häufig als zu einseitig und zu sehr am Außen orientiert dar und weicht somit weit von der Entwicklung einer Wunschkompetenz ab, die eindeutig über eine rein mentale Vorstellung hinausgeht. Denn gerade durch den Kontakt zum eigenen Unbewussten öffnet sich der Weg zu den eigenen Potenzialen und damit auch zur individuellen Entfaltung und eigenen Geschichte.

Für die reduzierte Nutzung unbewusster Prozesse und ihnen entgegengebrachte Vorbehalte tragen vermutlich auch traditionelle psychotherapeutische Konzepte eine Mitverantwortung, die diese Prozesse lange Zeit als aus frühkindlicher Biografie entstandene blinde Flecken deuteten, die sich bei Personen in Form von pejorativen Sprachmustern äußern, verbunden mit einem nachhaltigen und nur schwer veränderbaren Lebensstil, der wiederum nur durch einen langwierigen therapeutischen Prozess zu verändern sei (Rieforth u. Graf, 2014, S. 107).

Dies führte zu einer tendenziellen Infragestellung und Vernachlässigung des Unbewussten und damit zum Verlust einer wichtigen Voraussetzung für das Entdecken von Wünschen, häufig mit der Vorstellung verbunden, Lösungen ohne die Integration des Unbewussten besser und schneller erreichen zu können. Die dadurch reduzierte Einschränkung der Veränderungspotenziale fokussierte sich in erster Linie auf eine Selbstoptimierung im Sinne von Selbstsicherheit, die sich zunächst an äußeren Zielen und Werten orientiert und damit zu scheinbar objektiven Zielen führt, die das eigene innere und einzigartige Selbst nicht in angemessener Weise berücksichtigt. Eine Stärkung im Sinne des Selbstvertrauens erfordert jedoch auch die Integration der tieferen Schichten der Selbstentwicklung, so wie sie beispielsweise auch im Rahmen der achtsamkeitsorientierten Ansätze deutlich geworden ist (Neff et al., 2018).

Ein Konzept zur Wunschkompetenzentwicklung auf der Grundlage der Beratungs- und Psychotherapieforschung verbindet daher Bewusstes und Unbewusstes miteinander und macht das Unbewusste wieder gesellschaftsfähig, damit die Person der Experte seines Selbst bleibt mit der Möglichkeit der persönlichen Weiterentwicklung.

Jede soziale Situation ist geprägt durch ihre bewussten und beobachtbaren Elemente sowie durch relationale unbewusste Anteile, die z. B. verantwortlich sind für die empathische Übereinstimmung der Beteiligten, deren Nähe und Verbundenheit, Distanz, Abweisung und Ablehnung. Aktuelle Forschungsergebnisse sprechen von ca. 60 Prozent, die nonverbal ausgehandelt werden, wovon ein Großteil implizit, vorbewusst und unbewusst verarbeitet wird (Gumz u. Hörz-Sagstetter, 2018).

Was zwischen den Personen geschieht, wird von den Beteiligten ständig beobachtet und bewertet, sodass etwas Drittes entsteht, nämlich eine Beziehung. Damit bekommt das Unbewusste eine neue Form, einen neuen zusätzlichen Ort nicht innerhalb der Person, sondern im Raum zwischen den Personen. Relational, also gemeinsam im Beziehungsgefüge, werden unablässig raumzeitliche Muster geschaffen und gestaltet, die nicht oder nur zum Teil bewusst wahrnehmbar sind und Auswirkungen haben auf die Dynamik der Beziehung wie auch auf jede einzelne Person.

Zur Bedeutung des Unbewussten und seiner wissenschaftlichen Anerkennung haben einige Forschungsarbeiten aus dem Bereich der Neurowissenschaft beitragen können. Dazu zählen die Erkenntnisse über das prozedurale und das emotionale Gedächtnis (Cortina u. Liotti, 2007; Markowitsch, 2009; Roth, 2003). Hierbei konnte nachgewiesen werden, dass motorische Fähigkeiten und emotionale Erfahrungen so abgespeichert werden, dass sie sowohl unbewusst als auch jederzeit abrufbar sind. Das Priming-Konzept von John Bargh (2007) konnte subliminale Reize feststellen, die unterhalb der Wahrnehmungsschwelle liegen, gleichzeitig jedoch die Wahrnehmungs- und Handlungsbereitschaft einer Person beeinflussen.

Diese neurowissenschaftlichen Erkenntnisse stellen für die Selbstentwicklung und den Aufbau der Wunschkompetenz einen sinnvollen Bezugsrahmen dar. Dabei geht es nicht darum, das Unbewusste in jedem Fall ins Bewusstsein zu bringen, sondern es vielmehr als

Quelle hilfreicher Erkenntnisse einzubeziehen, worüber ein sensibles Verstehen für die eigene Person ermöglicht und angemessene integrative Formen im Prozess der Wunschgestaltung entwickelt werden können. Eher fördern diese Erkenntnisse, ein sensibles Verständnis für die eigene Person aufzubringen und in angemessener Weise dieses Verständnis in die Wunschgestaltung zu integrieren.

Harry Sullivan sprach davon, das Unbewusste nicht nur als individuellen Persönlichkeitsanteil in vertikaler, sondern auch auf horizontaler Ebene zwischen den Interaktionspartnern zu verorten (Conci, 2005). Im Sinne einer interpersonalen Perspektive sprechen mehrere Autorinnen und Autoren (Altmeyer u. Thomä, 2006; Bohleber, 2013; Buchholz u. Gödde, 2013) von einem horizontalen oder resonanten Unbewussten, um die unbewusste Resonanz der Gehirne zweier Menschen zu beschreiben. Dies findet auch im Rahmen des Übertragungs- und Gegenübertragungsprozesses statt, durch den sich ein aktuelles Beziehungsunbewusstes konstelliert, das als Drittes im Zwischenraum der Interaktionspartner schwingt und die Melodik, Rhythmik und Atmosphäre bestimmt. So bilden sich auf unbewusster Ebene im sozialen System sogleich Regeln, Muster und Strukturen aus, die den Beteiligten unbewusst bleiben und infolge des Zusammenspiels der Elemente und Personen eine neue emergente Gestalt des Systems bilden.

Für die Person findet daher unbewusst eine kontinuierliche Veränderung statt, da sie ein Leben lang durch die Begegnung mit anderen Menschen geformt und weitergestaltet wird. Der Mensch als soziales Wesen, das zum einen den interaktionalen Kontext seiner externen Umwelt nutzt, aber zum anderen auch mit sich selbst als internalem Partner im ständigen Austausch steht, gestaltet im Rahmen des relationalen Unbewussten seine Selbstentwicklung.

2.3.3 Von der Fähigkeit, dem Unbewussten mit Freude zu begegnen

Da das Unbewusste kein direkt zugängliches wissenschaftliches Konstrukt ist, besteht die größte Herausforderung darin, Möglichkeiten zu entwickeln, um es zu erkennen, und eine Haltung einzunehmen, in der es als weitere hilfreiche Informationsquelle Raum bekommen kann. Daher richtet sich die Aufmerksamkeit neben den jeweils dargestellten Inhalten vor allem auf die Räume zwischen den Aktionen und Phänomenen, die insbesondere in den Übergängen spürbar werden. Um diese Prozesse konstruktiv zu gestalten, ist eine besondere Kompetenz notwendig, die in der Begleitung des Prozesses durch Fragen und Interventionen hinausgeht. Die Entwicklung einer Wunschkompetenz setzt das Erkennen des prozeduralen Unbewussten voraus und erfordert eine spezielle Form der Aufmerksamkeit bei jeder Person, um sie in ihrer Entwicklung zu begleiten.

Das FächerModell zur Selbstentwicklung ermöglicht auch den Einbezug der Dimension des Unbewussten und unterstützt die Erfassung des aktuellen Problems, der Wünsche nach Veränderung der eigenen Lebenssituation sowie der Entfaltungsmöglichkeiten persönlicher Potenziale durch die Segmente in den drei Zeitdimensionen *Gegenwart, Vergangenheit* und *Zukunft.* In einem zirkulären Prozess können die unterschiedlichen Perspektiven bewusst gemacht werden. Durch die Struktur des Modells, in einem kontinuierlichen Prozess zwischen den Bereichen und Segmenten stets wechseln und thematisch neu fokussieren zu können, wird im Verlauf die psychische Substanz zur Entwicklung eines wachsenden Selbstvertrauens in die eigene Person aktiviert.

So kann die Person bis dahin unbewusste Erkenntnisse erfassen, die sich wiederum für ihre Selbstentwicklung und ihr Selbstvertrauen einsetzen lassen. Hierbei geht der Prozess über das Ziel, größere Selbstsicherheit zu erlangen, hinaus, da diese meist über die Bindung an äußere Werte, Ziele und Lösungen versucht wird zu erreichen.

Im Therapie-, Beratungs- oder Konfliktklärungsprozess lässt sich das Unbewusste oft an plötzlichen Musterveränderungen, Steigerungen, Hemmungen oder weiterem nonverbalen Verhalten (Stimme, Ausdruck, Körperbewegungen und -haltungen) erkennen. Dies zeigt sich durch die veränderte Körperhaltung, Stimmlage, Blickrichtung etc. in besonderer Weise, wenn die Person nach der Klarifizierung (Thiele, Bergmann, Berberich u. Wöller, 2018) der Frage auf ihren Wunsch angesprochen wird. Durch etwas Übung mit dem Modell können deutliche Unterschiede im Ausdruck der Person erkannt werden, wenn sie vom Bereich *Problem* in den Bereich *Wunsch* wechselt oder im laufenden Prozess vom Bereich *Wunsch* wieder in den Bereich *Problem* zurückgeht.

Dabei soll erwähnt werden, dass die im Unterkapitel 4.3 dargestellte Bodenversion des FächerModells der Person ermöglicht, sich im Prozess konkret auch physisch zu bewegen, sodass die Wahrnehmungs- und Empfindungsebene unmittelbar miteinbezogen und genutzt werden können. In den anderen Fällen, in denen Beratung und Therapie im Sitzen stattfindet, kommen die einzelnen Bereiche und Segmente in der Regel durch die innere Vorstellung beim Prozessbegleiter und der Person zur Anwendung. Die Beobachtung der Übergänge des Klienten von einem Bereich bzw. Segment zum anderen kann in solchen Fällen der diesem Buch beiliegende Fächer (FäMoS) leisten.

Diese Übergänge kann der Prozessbegleiter für sich nutzen, indem er die Person durch gezielte Fragen und Interventionen diesen Bereich weiter vertiefen lassen kann oder sie durch eine Anregung wieder in den von ihr verlassenen Bereich zurückholt. Diese Situationen verweisen darauf, dass die Szene stets vom Bewussten und Unbewussten mitgestaltet wird und sowohl der Person als auch der Prozessbegleiterin wichtige Informationen über den Zusammenhang von Verhalten und Erleben liefern kann. Diese Phänomene erkennen und mitnutzen zu können, stellt einen wesentlichen Teil bei der Entwicklung einer Wunschkompetenz dar.

Eine vertiefte Sensibilisierung lässt sich über die Erweiterung von Raum, Zeit und prozessualem Denken erreichen. Um auf diese Weise einen Prozess der Selbstentwicklung anzustoßen, erweitert sich bei der Entwicklung der Kompetenz, sich der eigenen Wünsche (wieder) bewusst zu werden (Wunschkompetenz), das bewusste Denken immer wieder durch das Schauen und Staunen, bevor es in das Handeln übergeht. Dies zeigt sich im FächerModell insbesondere in der Exploration des Wunsches und findet in der Wechselwirkung zwischen Gegenwart, Vergangenheit und Zukunft seine Entsprechung. Die Klärung des Wunsches in der Gegenwart kann, soweit vorhanden, durch die Exploration der vergangenen Erfahrung mit diesem Wunsch unterstützt werden. Stellen sich dabei innere Bilder, Erinnerungen, Gefühle und Körpersensationen (somatische Marker) ein, so bekommt die Person eine ganzkörperliche und sinnliche Rückmeldung über die Bedeutung ihres Wunsches in der Vergangenheit und kann diese mit der Echtheit (Kongruenz) ihres Wunsches in der Gegenwart abgleichen – zur Präzisierung des Wunsches im Hier und Jetzt.

Ähnlich einer intuitiven Auswahl von unterschiedlichen Möglichkeiten ist es für die Entwicklung der Wunschkompetenz bedeutsam, immer wieder einen offenen Raum anzubieten, ohne vorbestimmtes Ziel und ohne eine zu erfüllende Aufgabe. Durch die Offenheit der Situation wird die Abwehr der Person gemildert, ihr konkretes Denken reduziert sich und die Bedeutung der unbewussten Anteile wächst im Vergleich zu dem bewussten Wissen. Dies stellt ein wesentliches Merkmal für die Auswahl, den Einsatz und den Rhythmus der einzelnen Fragen im Rahmen des Modells dar (vgl. Kapitel 4).

Alle diese Phänomene dienen der Entwicklung des Selbst. Sie findet sich im FächerModell im Bereich *Selbstentwicklung* wieder und stärkt dort die gewünschte Veränderung und das Selbst der Person.

Da das Modell sowohl im Einzel- als auch im Mehrpersonensetting angewandt werden kann, zeigt sich dieser Zusammenhang auch für die Selbstentwicklung eines Teams, einer Abteilung oder anderer sozialer Systeme. Im Fall des Mehrpersonensettings werden die Fragen in Gegenwart der Beteiligten nacheinander allen Personen gestellt, ihre jeweiligen Reaktionen darauf erkundet und einbezogen, sodass ein zirkulärer Prozess der unterschiedlichen Perspektiven auf die jeweils subjektiv wahrgenommenen Probleme, Wünsche und Potenziale erfolgt. Das aktuelle Problem kann auf diese Weise sowohl in Bezug auf seine Bedeutung für das eigene Selbstkonzept und die gewünschte Selbstentwicklung als auch in Bezug auf die Bedeutungen für die anderen Personen in seinen Wechselwirkungen erfasst werden (Rieforth u. Graf, 2014, S. 134).

Durch die Erweiterung von Raum und Zeit entwickelt sich im Prozess durch den Übergang zu bildlicher Anschauung, insbesondere durch das Aufkommen von inneren Bildern und gefühlsmäßigem Probehandeln, Bedürfnissen und affektiver Rahmung, eine große Fülle von Möglichkeiten, aus denen sich Wünsche ableiten lassen und die Bereitschaft zur Veränderung.

Da Affekte stets an gelebte Erfahrungen gebunden sind (oftmals aus bedeutsamen Episoden der eigenen Biografie), bekommt das ausgewählte Material (Fragen, Positionen im Raum etc.) eine symbolische Bedeutung im Sinne einer gelebten Geschichte. Die Person wird durch die Auswahl und Wirkung der gestellten Fragen bzw. die Entwicklung des Prozesses in einen Zusammenhang zwischen Verhalten, Erleben und Reflektieren gestellt. Die bedeutsamen Zusammenhänge und die Quellen für die aktuelle Situation lassen sich in der Regel dabei einer anderen Zeit und einem anderen Kontext zuordnen. Die Segmente zu den unterschiedlichen Zeitdimensionen der drei Bereiche *Problem, Wunsch* und *Potenzial* im Modell erlauben eine jeweilige inhaltliche Tiefung des Bereichs und die bewusste Bearbeitung der Unterschiede zwischen den einzelnen Segmenten (Bateson, 1981). Dies macht Zusammenhänge transparent.

Dabei stellt das Unbewusste in dem Prozess der Entwicklung von Wunschkompetenz eine wichtige Voraussetzung dar, verdrängte Bedürfnisse und Wünsche aus der Vergangenheit gefühlsmäßig zum Ausgangspunkt gegenwärtigen Erlebens werden zu lassen, um so eine erweiterte Welt entstehen zu lassen, in der die vertrauten Ordnungen des Raumes um neue Bereiche angereichert werden und dazu beitragen, die alte Form zu verlassen.

Die Entwicklung von Wunschkompetenz vollzieht sich somit nur in kleinen Schritten in Abhängigkeit von den beschriebenen Kontextphänomenen. Ähnlich eines physischen Muskels ist die Öffnung des »emotionalen Muskels« in seiner Dehnbarkeit begrenzt und geht bei Überforderung wieder zu oder verkrampft sich schmerzhaft. Wunschkompetenz erfordert, sich der verborgenen Wünsche (wieder) bewusst zu werden, (wieder) größer zu werden im Denken und Fühlen und dabei Freude zu empfinden, Weite und Unbegrenztheit zu ertragen ebenso wie Verluste und Scheitern zu akzeptieren und sie in das eigene Selbstkonzept zu integrieren. Durch den Aufbau einer Wunschkompetenz entwickelt sich eine Vielzahl von Möglichkeiten, das eigene Leben zu gestalten und sich dabei auch Gefühle zu erlauben, die bisher nicht oder nur wenig im Lebenskonzept Raum gefunden haben.

Die eigenen Wünsche, den eigenen Atem, die Bewegung, die Emotion und die damit verbundenen Reflexe wahrzunehmen, schafft die Basis für ein Bewusstwerden entwicklungsfördernder Impulse, die im Rahmen der für die Person sinnvollen Veränderung zur Selbstentwicklung beitragen können. Die Angst vor Veränderung rückt vom Vordergrund in den Hintergrund, stattdessen wird der dahinterliegende Wunsch bewusst und die damit verbundene Motivation zu lustvollen Situationen: die Hinwendungsenergie gibt die Richtung an (vgl. Einleitung zu diesem Kapitel).

Die Kompetenz, sich der eigenen Wünsche bewusst zu werden, steigert die Integration von Fühlen und Denken und unterstützt die Auswahl hinsichtlich der Frage, welche Richtung bzw. welche »Tür« für eine sinnvolle Lebensgestaltung angemessen ist.

3 Wirkungsweise der Wunschkompetenz in Beratung und Psychotherapie

Schaut man sich die menschliche Evolutionsgeschichte genauer an, so wird erkennbar, dass sich tiefe Verbindungen zwischen Körper und Geist in Bezug zur Natur und der Qualität unserer Beziehungen zur Umwelt entwickelt haben. Bei aller technischen und sozialen Entwicklung, die es in den vielgestaltigen Formen von Kulturen gibt, wird der Mensch immer noch von uralten, säugetierischen und reptilischen Netzwerken gesteuert, die auch unsere Ängste, unsere Annahmen und Vorstellungen und unsere Vorurteile beeinflussen (Cozolino, 2017). Gleichzeitig bilden diese Netzwerke die Grundlage für die – relativ dazu gesehen – in jüngster Zeit entstandenen logischen, imaginativen und empathischen Fähigkeiten im sozialen Zusammenleben.

Die Problematik dabei ist, dass es sich bei der Evolution nicht um einen strategischen Plan, sondern in erster Linie um eine Anpassung an die jeweils gegenwärtigen Bedingungen handelt.

Das Gehirn funktioniere danach wie eine Suchmaschine, die unbewusst unsere Erinnerungen und motorischen, sensorischen und emotionalen Erfahrungen durchleuchtet, um für die gegenwärtige Situation passende Informationen zu finden. So bildet es eine Art Vorlage, auf der die Gegenwart abgebildet werden kann, und das heißt, vom Menschen erfahren wird (Cozolino, 2017). Letztlich stammen nur zehn Prozent der Realitätswahrnehmung aus der aktuellen Erfahrung des Äußeren. Die anderen neunzig Prozent bilden das Ergebnis der inneren Suche durch das interne neuronale Verarbeitungssystem im Kortex. Dieser Umstand ist bei der Therapie und Beratung von Veränderungsprozessen zu berücksichtigen.

Geht man vom Leitprinzip des menschlichen Organismus aus, dann strebt dieser in sicheren Zeiten nach dem, was das Leben erhält und fördert, und vermeidet gleichzeitig das, was das Leben in Gefahr bringt. Immer dann, wenn Gefahr droht, erfolgt eine Rückmeldung aus dem Mittelhirn, der Amygdala, die nach der Wahrnehmung der vermeintlichen Gefahr das exekutive Funktionieren der Person hemmt und damit die problemlösenden Fähigkeiten sowie die Emotionsregulation reduziert. Dies hat automatisch Einfluss auf die Bereitschaft, Risiken einzugehen, reduziert den Lernzuwachs für neue Dinge und Erfahrungen und hält nicht selten Verhaltensmuster aufrecht, um die scheinbar notwendige Sicherheit zu gewährleisten.

Die dabei entstehende Angst verschlägt der Person oftmals die Sprache und zieht Teufelskreise des Grübelns und der Nicht-Verbalisierung notwendiger Veränderungsmuster und -verhaltensformen nach sich. Dadurch manifestiert sich das Problem, und durch die Hemmung des für den sprachlichen Ausdruck zuständigen Hirnareals können höchst problematische Folgen für das Selbsterleben und die Beziehung zu den anderen entstehen. Dieses Verharren und Unvermögen, individuelle Muster im Denken, Fühlen und Handeln unterbrechen zu können, verhindert im Allgemeinen Wünsche wahrzunehmen, sich zukunftsausgerichtete Bilder ihrer Inhalte oder gar ihre konkreten Realisierungsschritte vorzustellen.

An diesem Punkt setzen jetzt die unterschiedlichen Formate für Beratung, Konfliktlösung und Psychotherapie an, um in Form von Sprache, Körperempfindung und eigenem Handeln wieder in eine Form der Selbstwirksamkeit zur Gestaltung neuer Möglichkeiten zu kommen.

Der sprachliche Ausdruck bewirkt eine Integration neuronaler Netzwerke sowohl emotionaler als auch kognitiver Art, die zu einer Unterstützung der emotionalen Regulation führt und den Aufbau sozialer Bindungen anregt. Die Fähigkeit, Gefühle wahrnehmen und in Worte fassen zu können sowie gemachte Erfahrungen in einer sinnstiftenden Form erzählen zu können (Narrative), stärkt das Selbstempfinden und stellt somit die verloren gegangene Verbindung mit sich selbst und den anderen wieder her (Wöller u. Kruse, 2010).

So stellen die unterschiedlichen Beratungs-, Therapie- und Konfliktlösungsverfahren stets einen Rahmen dafür dar, um das bisher Nicht-Ausgedrückte (wieder) zur Sprache bringen zu können. Dadurch kann sich im Prozess die Erstarrung aus dem Moment der Gefahr auflösen. Dabei kann das bisher Unbewusste der Person selbst und gegebenenfalls den anderen bewusst gemacht werden, um

Gedanken und Gefühle neu und sinnvoll zu integrieren und daraus eigene Wünsche zur Selbstentwicklung zu gestalten.

3.1 Modelle für Gesundheit und Wohlbefinden

Im Folgenden werden drei Modelle vorgestellt, deren Gemeinsamkeit es ist, sich mit dem Phänomen eines gesunden und bedürfnisorientierten Lebens zu beschäftigen:

Modell 1: Das *Modell der allgemeinen Psychotherapie* von Klaus Grawe (1995), das auf der Grundlage intensiver Forschungserfahrungen davon ausgeht, dass der Mensch nach Befriedigung seiner vier Grundbedürfnisse strebt:

- Dem Bedürfnis nach *Kontrolle/Selbstbestimmung,* das sich vor allem in dem Wunsch nach Vorhersehbarkeit und Kontrollierbarkeit zeigt, sowie durch die Freiheit zwischen Handlungsalternativen wählen zu können und nicht zuletzt in der Grundüberzeugung, dass das Leben Sinn macht.
- Dem Bedürfnis nach einem *positiven Selbstwertgefühl,* das verbunden ist mit der Empfindung, sich selbst als gut, kompetent, wertvoll und von anderen geliebt zu fühlen und sich in der Umgebung, in der sich das Individuum bewegt, zugehörig und unterstützt zu erleben.
- Dem Bedürfnis nach *Bindung,* das entwicklungsgeschichtlich durch die Bindungserfahrungen geprägt ist und hierbei die Prämisse zugrunde liegt, dass der Mensch als soziales Wesen auf Mitmenschen angewiesen ist. Diese Begleitung erfolgt von den ersten Lebensjahren an aus einer psychosozialen Abhängigkeit heraus über eine Phase der Anhänglichkeit zur Selbstständigkeit. Dabei ist das Bedürfnis nach Nähe zu einer bzw. mehreren Bezugspersonen und dessen Befriedigung mitentscheidend für den Aufbau von Grundvertrauen als Grundlage für die Entwicklung von Neugier und Mut, um selbst seinen Platz in der Welt zu finden. Das Streben nach Schutz, Sicherheit und Trost bleibt ein Leben lang bestehen und die Erfüllung dieses Strebens wirkt sich im Wechselspiel zwischen Sicherheit und Exploration auf die Entwicklung des eigenen Selbst förderlich aus.

- Dem Bedürfnis nach *Lustgewinn/Unlustvermeidung,* es stellt nach Grawe ein weiteres Grundbedürfnis dar und hat zum Ziel, Schmerz und weitere unangenehme Erfahrungen zu vermeiden und stattdessen nach lustvollen Situationen und Ereignissen im Leben zu streben.

Modell 2: Das Modell der *Salutogenese* von Aaron Antonowsky (1997), der drei Faktoren als Grundlage für die Entwicklung von Kohärenz sieht, die dem Menschen Wohlbefinden und Gesundheit ermöglicht, auch wenn die objektiven Kontextvariablen nicht günstig sind: Verstehbarkeit, Handhabbarkeit und Sinnhaftigkeit.

- *Verstehbarkeit:* Diese Komponente wird erlebt, wenn ein Großteil der Lebenserfahrungen und -ereignisse für die Person nachvollziehbar und eine angemessene Form von Bindungsqualität entwickelt ist – d. h. ein Gefühl von Zugehörigkeit, bei dem die Person innere und äußere Sicherheit erlebt.
- *Handhabbarkeit:* Diese Komponente ist verbunden mit der Erfahrung der Person, ihr eigenes Leben kontrollieren und durch eigene Aktivitäten und Überlegungen gestalten zu können (vgl. hierzu auch das Modell der Selbstwirksamkeit von Bandura, 1997; Grossmann, 2005).
- *Sinnhaftigkeit:* Die dritte Komponente steht in Verbindung mit dem Gefühl, ein als sinnvoll empfundenes und als bedeutsam bewertetes Leben zu führen. Die Akzeptanz der gemachten Erfahrungen, die Teilhabe an Entscheidungen, aber auch die Akzeptanz der Entwicklungen, die von der Person nicht direkt selbst zu beeinflussen sind (»Schicksalsschläge«), bilden dabei den Mittelpunkt. Der Umgang mit den Herausforderungen des Lebens und die Bereitschaft, sich für sinnstiftende Themen und Aktionen einzusetzen, zeichnet dieses Konzept in erster Linie aus.

Gelingt es, alle drei Komponenten auszuformen, indem eigene positive Antworten gefunden werden, entsteht ein *Erleben von Kohärenz,* das nach Antonovsky in einem hohen Maße zur Gesundheitsförderung beiträgt.

Modell 3: Das Modell *Psychologisches Wohlbefinden,* das auch die aristotelischen Überlegungen zur Eudaimonia – der gelungenen Lebensführung aus der »Nikomachischen Ethik« – aufnimmt. Carol Ryff (1989) hat hierzu sechs Säulen des Wohlbefindens aufgrund von multidisziplinären empirischen Untersuchungen, die sozialstrukturelle Faktoren einschließen, entwickelt. Die Professorin für Psychologie an der Universität Pennsylvania betont, dass erst im Zustand eines kongruenten Selbstempfindens die Person ihr Potenzial entfalten kann und damit zu Wohlbefinden kommt.

Im eudämonistischen Wohlbefinden stellt eine gelungene Lebensführung bzw. das gute menschliche Leben als Lebensstil die Grundlage dar. Während in einigen Veröffentlichungen Eudämonie teilweise mit »Glück« bzw. »glücklich sein« übersetzt wird, weist Ryff darauf hin, dass damit kein Gefühl oder emotionaler Zustand gemeint ist, sondern eine bestimmte Art zu leben. Im Fokus steht dabei, mit seinem »wahren Selbst« im Einklang zu leben und dabei sein volles Potenzial zu entfalten. Eine Person, die auf diese Weise ihr Leben gestaltet, verfolgt Lebensziele, die mit ihren eigenen Werten übereinstimmen, und ist daher bei der Umsetzung intrinsisch motiviert. Handlungen werden um ihrer selbst willen ausgeführt und sind nicht Mittel zum Zweck. Für Aristoteles stellte Eudämonie die höchste Tugend dar, das Ziel allen menschlichen Handelns. Ryff spezifiziert die folgenden sechs Aspekte für eine gute Lebensführung:

1. Positive Beziehungen zu anderen – mit der Fähigkeit, sich offen und aufrichtig mit ihnen zu verbinden.
2. Autonomie – mit der Fähigkeit, einen eigenen Stanpunkt zu entwickeln; um selbst Entscheidungen treffen zu können.
3. Selbstakzeptanz – mit der Fähigkeit, sich selbst zu akzeptieren, um ein positives Selbstbild zu entwickeln.
4. Persönliches Wachstum – mit der Fähigkeit, selbst Lernprozesse auszulösen und offen zu sein, um zu lernen.
5. Kontrollierbarkeit der Umwelt – mit der Fähigkeit, schwierige Situationen in der Umwelt zu bewältigen und konstruktiv darauf einzuwirken.
6. Sinnhaftigkeit des Lebens – mit der Fähigkeit, sich Ziele zu setzen, um damit Orientierung im Leben zu schaffen.

In den sechs Bereichen stehen das Moment der Selbstwirksamkeit und der Selbstachtung sowie die Gestaltungsmöglichkeiten im Sinne einer persönlichen Orientierung im Vordergrund. Die Fähigkeit, sich der eigenen Bedürfnisse und der Entwicklung des eigenen Potenzials bewusst zu werden, ebnet den Weg zu einem sinnhaften und erfüllten Leben.

Diese Ideen sind auch Teil des Modells *Wunschkompetenz,* das über die Förderung von Bewusstheit zu intensiven Gestaltungsprozessen anregt. Denn die Person findet ihre Umwelt nicht einfach vor, sondern gestaltet sie stets durch die Aktivierung ihrer Potenziale und gemäß den jeweils gegebenen Handlungs- und Interventionsmöglichkeiten im sozialen und gesellschaftlichen Kontext.

Im Rahmen der Entwicklung von Wunschkompetenz kommen charakteristische Qualitäten zum Einsatz, die dabei zugleich gefördert werden, wie Selbstreflexion, Selbstwirksamkeit sowie eine kohärente Repräsentation der eigenen Lebensgeschichte. Der Aspekt der Erfüllung von Bedürfnissen, Interessen und persönlichen Zielen unterstreicht die Berücksichtigung von Sicherheits-, Zugehörigkeits- und Selbstwertaspekten. Diese finden im Rahmen der Selbstentwicklung ihre Entsprechung u. a. in den Bereichen Sicherheit, Bindung, Liebe, Freundschaft, Ordnung, soziale Anerkennung und Bedeutsamkeit als Person.

Diese eudämonischen Werte unterstützen die erfolgreiche Bewältigung von Entwicklungsaufgaben. Sie wirken förderlich auf die Erweiterung der Gestaltungsmöglichkeiten durch Zunahme von Kommunikations- und Problemlösungsfertigkeiten, Selbstvertrauen und Planungsweitsicht. Schließlich tragen sie zu prosozialen Einstellungen und Haltungen bei sowie zu Faktoren, die zu Bindungssicherheit und zum Aufbau eines positiven Selbstkonzepts mit persönlichen Kompetenzen und einem positiven Lebenssinn führen.

Dazu zählen auch die Emotionsregulation und Selbstkultivierung, denn Gefühle spiegeln und regulieren die Beziehungen, in denen das Individuum zu sich und seiner Umwelt steht. Im Sinne der Selbstentwicklung beginnt die Kultivierung des eigenen Gefühlslebens mit der reflexiven Bewertung eigener Emotionen und Handlungsimpulse. Um im Sinne der Hinwendungsenergie und der Bewusstwerdung eigener Stärken und Erfolge die Selbstentwicklung zu aktivieren, hilft es, nicht beim Vergleich mit anderen in Neidgefühlen und Selbstzweifeln zu verhaften. Vielmehr sollte die Aufmerksamkeit auf das eigene Wünschen und Wollen gerichtet werden, um die Veränderung in eine konstruktive Richtung zu lenken.

Die Einübung dieser Reflexionsprozesse befördert das Wohlbefinden, und es kommt durch diese eudämonischen Rückkopplungen zu einer subjektiv empfundenen gesteigerten Lebensqualität. Weitere Faktoren sind:

- *Kritischer Optimismus:* Eine realistische Selbsteinschätzung gilt traditionell als Kriterium psychischer Gesundheit. Weder eine Über- noch eine Unterschätzung der eigenen Handlungsmöglichkeiten führen zu einer Steigerung von gefühltem Lebenserfolg, Zufriedenheit und sozialer Beliebtheit.
- *Zielflexibilität:* Gelingende Entwicklung über die Lebensspanne vollzieht sich wesentlich im Wechselspiel zwischen dem Festhalten und Loslassen von Zielen und Ambitionen. Aus eudämonischer Sicht zeigt sich hier eine gute Balance zwischen Sehnsucht und Gelassenheit.
- *Intra- und interindividuelle Harmonisierung von Zielen:* Gelingende Entwicklung hat wesentlich mit der harmonischen Abstimmung der Ziele zu tun, die von der Person in ihren unterschiedlichen Lebens- und Tätigkeitsbereichen im Lebensverlauf angestrebt werden. Neben dem intraindividuellen Aspekt schließt dies auch die soziale und kontextuelle Dimension mit ein. Dies verweist auf Tugenden wie Gerechtigkeit, Mitgefühl und fairem Interessenausgleich, um die eigenen Ziele und Interessen mit den anderen Personen und darüber hinaus mit der größeren Gemeinschaft, Kultur bzw. dem Lebensraum abzustimmen. Daher wird Zielflexibilität in diesem erweiterten Verständnis auch zu einer wesentlichen eudämonischen Kompetenz.

Da positive Entwicklung vor allem durch den Aufbau einer Lebensorganisation gelingt, die den persönlichen Entwicklungspotenzialen und Interessen entspricht (Brandstätter et al., 2018, S. 60 ff.), fördert die Entwicklung einer Wunschkompetenz in besonderem Maße diese Situation. Die Bedeutung wird noch einmal dadurch unterstrichen, dass viele Präventionsprogramme auf der Idee der Korrektur von falschem Verhalten und daraus resultierenden sozialen Schwierigkeiten aufgebaut sind und nicht, wie im Rahmen der Wunschkompetenz, auf der Basis der gewünschten sinnstiftenden Veränderung. Die Wirkung ist bei Letzterem oft viel effektiver, die Veränderung erfolgt häufig sehr viel schneller und wirkt nachhaltiger als in Korrekturprogrammen, die nach Brandstätter und Kollegen oft einen hohen zeitlichen Aufwand erfordern, um Verhaltensmuster zu durchbrechen. Schaut man auf den Empfehlungskatalog »10 Ways to Build Resilience« der American Psychological Association (2010), dann weisen diese zehn Thesen zum Resilienzkonzept ebenfalls auf einen Ausbau der Kompetenz zur Gestaltung von unterschiedlichen Situationen und Prozessen mit einem höheren eudämonistischen Gesamteffekt hin:

1. Positive soziale Beziehungen zu Familienmitgliedern und Freunden aufbauen und erhalten, Hilfe geben und annehmen.
2. Belastende Situationen und Krisen als überwindbar ansehen.
3. Situationen, die nicht verändert werden können, akzeptieren und sich erreichbaren Zielen zuwenden.
4. Sich realistische Ziele setzen und konkrete Schritte zu ihrer Realisierung unternehmen.
5. Entschieden Maßnahmen zur Überwindung aktueller Schwierigkeiten einleiten, statt zu warten, dass sich die Dinge von selbst bessern.
6. Die Chancen für Selbsterkenntnis und positive Entwicklung wahrnehmen, die in der Auseinandersetzung mit belastenden und traumatischen Situationen liegen können.
7. Selbstvertrauen und ein positives Selbstbild entwickeln, eigenen Gefühlen und Intuitionen vertrauen.
8. Belastende Ereignisse nicht überbewerten, sondern sie aus einer umfassenderen, zukunftsgerichteten Perspektive beurteilen.
9. Sich eine Perspektive der Hoffnung bewahren und eher auf zuversichtliche Wünsche als auf Befürchtungen fokussieren.
10. Für sich selbst und das eigene Befinden Sorge tragen, gesundheitsbewusst leben, Gelegenheiten zur Freude und Entspannung nutzen.

Betrachtet man die eudämonistischen Kompetenzen noch einmal im Zusammenhang, zeigen sich folgende Faktoren (Singer u. Ryff, 2001):

1. Selbstbestimmung;
2. Vorhandensein von Zielen und Perspektiven;
3. kontinuierliche persönliche Entwicklung;
4. Kenntnis und Akzeptanz der eigenen Stärken und Schwächen;
5. Fähigkeit, sein Leben und seine Umgebung erfolgreich zu gestalten;
6. Vorhandensein von engen zwischenmenschlichen Kontakten.
7. Der im Zusammenhang mit Veränderungsprozessen relevante Aspekt der *Autonomie* wird vor allem als Fähigkeit verstanden, einen eigenen Standpunkt zu entwickeln, um selbst Entscheidungen treffen zu können.

Die hier beschriebenen Konzepte verdeutlichen, dass durch die Entwicklung einer Kompetenz des Wünschens Grundlagen für ein als sinnvoll empfundenes Leben gestärkt werden, ähnlich wie sie in den beschriebenen Modellen von Grawe, Antonowsky und Ryff zum Ausdruck kommen.

Der ebenso wichtige Faktor der *Selbstakzeptanz* weist nach Ryff auf den Zusammenhang hin, dass die Akzeptanz des eigenen Körpers, seiner Gefühle und Erinnerungen vorhanden sein muss, um ein positives Selbstbild entwickeln zu können. Dies findet sich aktuell in den Modellen der Achtsamkeitsbewegung wieder.

Positive Beziehungen zu anderen aufzubauen, beruht vor allem auf der Fähigkeit, sich auf offene und aufrichtige Art und Weise mit anderen zu verbinden, um so Beziehungen verbindlich und über die Zeit erhalten zu können (Ryff, 2018).

Das *persönliche Wachstum* im Sinne einer *Entwicklung des Selbst* stellt die Fähigkeit in den Fokus, selbst Lernprozesse auszulösen und offen für die Aneignung neuer Verhaltensweisen zu sein. Hier lassen sich deutlich Verbindungen zur Selbstwerterhöhung im Konzept von Grawe finden wie auch zu den Erkenntnissen aus der Bindungsforschung, nach denen bei entsprechend sicherer Bindung der Wunsch nach Exploration und die damit verbundene Neugier im Vordergrund stehen (Bowlby, 2018; Brisch, 2016; Trost, 2018).

Ein weiteres Element im eudämonistischen Modell stellt die *Kontrollierbarkeit der Umwelt* im Sinne gelingender Bewältigungsformen in *schwierigen Situationen* dar, die durch die Umwelt bzw. kontextuell bedingt sind, und der damit verbundenen Fähigkeit, aktiv auf das Umfeld einzuwirken und damit die komplizierten Situationen zu bewältigen. Auch hier taucht die subjektiv empfundene Sinnhaftigkeit des eigenen Lebens als bedeutsamer Faktor für Wohlbefinden und Gesundheit auf.

3.2 Beziehungsgestaltung und professioneller Rahmen

Die Beziehungsebene in den unterschiedlichen Beratungs- und Therapieformaten ist durch eine professionelle Form der Zuwendung gekennzeichnet, die Kooperation initiieren soll. Die Qualität der Beziehung stellt die Voraussetzung für die Intervention dar und wird als ein starker Prädiktor für den Grad der Kompetenzerweiterung erachtet (Rieforth u. Graf, 2014, S. 235 f.). Flückiger und Kollegen sprechen in diesem Entwicklungsrahmen von einem »confident commitment« als Kern der Arbeitsbeziehung (Flückiger, Grosse Holtforth, Znoj, Caspar u. Wampold, 2013; Flückiger, 2018). Dies verweist auf eine vertrauensvolle Selbstbindung während des Entwicklungsprozesses im Rahmen der gemeinsamen Arbeit. Flückiger entwickelte für das Format der Psychotherapie mit seiner Arbeitsgruppe die folgende Definition: »Psychotherapy uses innate human interpersonal skills such as language and other communications to change the mental representations of the individual as well as his or her interpersonal behaviors, cognitions, emotions and needs« (Flückiger et al., 2013).

Die unterschiedlichen Formate Beratung, Konfliktlösung und Psychotherapie schaffen die Voraussetzung dafür, dass Klienten sich selbst über ihre bedeutsamen Fragen und Konfliktthemen bewusst werden, um ihre Selbst- und Kompetenzentwicklung in einem gemeinsamen (koevolutiven) Prozess mit der Prozessbegleiterin voranzubringen. Neue Ergebnisse aus der Psychotherapieforschung unterstreichen dabei neben dem konstruktiven Arbeitsbündnis die Wichtigkeit einer zusätzlichen Erklärung (»adjunctive instruction«), durch die der Klient eingeladen wird, eine proaktive Rolle (»proactive role«) einzunehmen (Meiran, Pereg, Kessler, Cole u. Braver, 2015). Durch diese Form verbessere sich die Zusammenarbeit und die Kompetenz zur Entwicklung der persönlichen Reflexion. Dies macht deutlich, dass neben einer allgemeinen Zielorientierung die Bewusstwerdung der eigenen Situation und der damit verbundene Wunsch nach Veränderung für eine inhaltliche Orientierung sowohl im beraterischen als auch therapeutischen Prozess sinnvoll ist. Handlungsoptionen, die sich aus diesem Zusammenhang ableiten lassen, werden vom Klienten als hilfreich erlebt, dadurch dass er sich seiner Wünsche bewusst wird. Dies steigert sein Zutrauen, die Wünsche in seiner neuen Rolle im sozialen Kontext umzusetzen.

Dabei kommt dem Prozessbegleiter die Aufgabe zu, die Komplexität der intrapsychischen, interpersonellen und kontextuellen Zusammenhänge zu erfassen und sie gleichzeitig in einer für den Entwicklungsprozess dienlichen reduzierten Form weiterzugeben. Durch die Auswahl angemessener Interventionen mit der Integration des Übertragungs- und Gegenübertragungsgeschehens kann die Voraussetzung für eine Kompetenzentwicklung des Wünschens geschaffen werden. Zu Beginn des Entwicklungsprozesses werden die subjektiven mit den interpersonellen Erfahrungen verbunden, um die unterschiedlichen Wahrnehmungs- und Verhaltensebenen bewusst zu machen. Wenn die Person sich sowohl in ihrer Individualität und Eigenheit wahrnehmen kann als auch die Bedeutung der äußeren sozialen Kontexte und Zusammenhänge für ihr eigenes Erleben erkennt, dann wächst ihr Selbstvertrauen und die Kompetenz zur Kultivierung dieses Vertrauens entwickelt sich weiter.

Der Prozess wirkt als dynamisches System von Wissen und Erfahrung zwischen den jeweils beteiligten Personen. Begünstigt wird der allgemeine Kompetenzerwerb durch eine kooperative Beziehungsgestaltung des Prozesses zwischen Prozessbegleiterin und Klient. Mit dieser authentisch respektvollen und konstruktiven Haltung gelingt es mithilfe der Auswahl geeigneter Interventionen, die Person während der instabilen Phasen zu kompetenzsteigernden Veränderungen anzuregen (vgl. hierzu auch das Modell der Lernentwicklung von Bandura u. Walters, 1963).

Auf diese Weise integriert dieser Veränderungsprozess, der auf den Kompetenzerwerb zur Selbstentwicklung ausgerichtet ist, ein Menschenbild, das die Person als komplexes, sich selbst organisierendes System mit nicht-linearer Dynamik auffasst. Dazu zählt ebenfalls die Annahme, dass die Muster des Denkens, Fühlens und

Handelns sowohl durch jede Interaktion mit der Umwelt als auch im Lebensverlauf gesammelte soziale Erfahrungen bis hin zum gesprochenen Wort nachhaltig beeinflusst werden. Diese dynamische Wechselwirkung eröffnet zugleich die Möglichkeit, eben jene Einflussfaktoren für eine langfristige Veränderung zu nutzen, indem sie während der Prozessbegleitung zunächst bewusst wahrgenommen werden, um sie für die gewünschte Veränderung einzusetzen.

Hinzu kommt, dass eine Perspektive, die sich an dem Wunsch der Person orientiert, auch die Beziehungen zwischen ihren inneren Instanzen und motivationalen Strebungen integriert (Gumz u. Hörz-Sagstetter, 2018; Wöller u. Kruse, 2010).

Dabei können sich die nicht bewussten Anteile als relevante Aspekte in der Beziehung zum Prozessbegleiter inszenieren. Denn in der Beratungs- und Therapieforschung wird immer deutlicher, dass das »bewusste Ich« nicht in der Lage ist, allein über Einsicht oder willentlichen Entschluss seine Empfindungen, Denk- und Verhaltensstrukturen zu ändern. Roth betont, dass zusätzlich emotional bewegende Interaktionen erforderlich sind (Roth, 2001, S. 452 f.).

Daher ist für den Prozess der Selbstentwicklung ein mehrdimensionales Verständnis der Bedeutung und Wirkung des Wünschens für eine Person sinnvoll, um durch die Integration von bewussten und unbewussten Anteilen eine entwicklungsförderliche professionelle Beziehung zwischen Prozessbegleiter und Person – sowohl im Einzel- als auch Mehrpersonensetting – zu gestalten.

3.3 Das Selbst

Da im FächerModell zur Selbstentwicklung das Selbst und seine Entwicklung im Mittelpunkt stehen, erfolgt zunächst ein Überblick über das Konzept »Selbst« aus unterschiedlichen Perspektiven, bevor das Modell im Gesamten erläutert wird.

Das Selbst wird als ein Konstrukt begriffen, um Gesetzmäßigkeiten im seelischen Geschehen zu beschreiben. Es wird als Objektrepräsentanz verstanden und nicht als eigenständige psychische Struktur wie das Ich. Bedingt durch genetische Faktoren und frühe Selbstobjekterfahrungen, entsteht eine innere Struktur, die sich im

Selbstkonzept, dem Selbstwert und der Selbstbewusstheit wider-spiegelt (Winnicott, 1974).

Das Selbst wird als zentrale Organisations- und Steuerungs-instanz für die soziale Wahrnehmung und das Handeln einer Person beschrieben (Drewes, 1993). Es umfasst unterschiedliche Kompo-nenten, die sich gegenseitig zirkulär beeinflussen und jeweils von-einander abhängig sind. Dabei lassen sich kognitive, affektive und aktionale Komponenten unterscheiden.

Im Folgenden werden die verschiedenen Perspektiven beleuchtet, aus denen das Selbst betrachtet wird. Dabei wird deutlich, wie faszi-nierend sich die Betrachtung dieses Phänomens darstellt, das einer-seits so *selbst*verständlich, andererseits so schwer zu erfassen ist. Da es weder sichtbar noch direkt sinnlich überprüfbar ist, kann es nur durch Vorstellungen, Beschreibungen und Umschreibungen bewusst gemacht werden.

3.3.1 Perspektiven zum Verständnis des Selbst

Klöpper (2014) versteht das Selbst als Bezeichnung des psychisch-funktionalen Teils des Individuums, ähnlich wie der Begriff Kör-per als Bezeichnung für den körperlich-funktionalen Teil des Men-schen genutzt wird. Der Begriff Selbst bezeichnet in diesem Sinne die Gesamtheit der Psyche eines Individuums als »ein abstraktes, metapsychologisches Konstrukt ohne konkret greifbare anatomi-sche Existenz« (Klöpper, 2014, S. 310). So stellt das Selbst ein Kon-strukt für die Psyche dar und sichert der Person ihr psychisches Funktionieren und die Grundlagen für ihr Erleben und dessen Ver-arbeitung.

Das *Selbst* wird somit als Binnenstruktur eines komplex ver-netzten Systems mit zahlreichen Substrukturen begriffen. Seine Entwicklung im Sinne einer Reifung erfolgt zwar großenteils in der Kindheit, doch handelt es sich um einen lebenslangen Reifungs-prozess. Eine dieser zahlreichen Substrukturen stellt nach Klöpper (2014, S. 313) das Ich als imaginärer Sitz der psychischen Funktionen (Fähigkeiten) dar, um zur Bewältigung der Lebensaufgaben in Form von Bindungs- und Beziehungsprozessen sowie zur Entwicklung von Ich-Autonomie und Selbstverwirklichung beizutragen. Den ande-ren Teil übernimmt das Selbst in Form des Selbsterlebens mit dem unterschiedlichen Affekt- und Gefühlserleben, den Repräsentanzen, Gedächtnissystemen, verinnerlichten Umweltnormen, -werten und Selbstidealen. Aus dieser Perspektive erarbeitet das Selbst parallel und komplex erfassend Informationen auf einem hohen Integrationsniveau und liefert als ganzheitliches Erfahrungsgedächtnis den Zugang zu sämtlichen Lebenserfahrungen (Storch u. Kuhl, 2013). Gefühle, Werte und Bedürfnisse, die mit selbst erlebten Situationen verbunden sind, werden dabei auf unterschiedlichen Ebenen gespeichert und können der Person so zur Verfügung gestellt werden. Somit bietet das Selbst ein Netzwerk an Handlungsmöglichkeiten, das, wie oben bereits erwähnt, einem lebenslangen Reifungsprozess unterliegt.

Die kognitiven Aspekte des Selbst sind im sogenannten *Selbstkonzept* zusammengefasst, das sich vor allem durch Selbstbeobachtung und Vergleiche mit anderen Personen und Rückmeldungen durch andere entwickelt. Im günstigen Fall ist das Selbstkonzept geprägt durch realistisches und fundiertes Wissen über die eigenen Fähigkeiten und selbstbezogenen Merkmale, Fakten und Ereignisse. Auf dieser Basis können daraus Pläne und Handlungen abgeleitet werden, die zum als erfolgreich wahrgenommenen Handeln oder Verhalten führen und die Person nicht über- oder unterfordern.

Aus den unterschiedlichen Bewertungen des Selbstkonzepts leitet sich schließlich die affektive Komponente des Selbst ab, das *Selbstwertgefühl*. Diesen Bewertungen liegt der automatisierte Prozess der *Selbstregulation* zugrunde, nach dem Handlungen und Ziele regelmäßig überprüft und das Verhalten gegebenenfalls angepasst wird, um dem angestrebten Ziel näher zu kommen. Dabei werden aktuelle Handlungen mit Selbstbildern aus der Vergangenheit, mit den Idealbildern seiner selbst oder anderen externen Bezugsgrößen verglichen. Besonders für die soziale Interaktion ist ein bewusst ausgewogen-balanciertes Selbstwertgefühl und die entsprechende Kommunikation funktional (Satir, 1975).

Das Selbst stellt daher das Ergebnis vielschichtiger kognitiver und emotionaler Prozesse dar, das wiederum kontinuierlichen Veränderungsprozessen unterliegt (Storch u. Kuhl, 2013).

3.3.2 Weitere Aspekte des Selbst

Wie bereits mit Bezug auf Gregory Bateson (1981) und Helm Stierlin (1991) dargestellt, umfasst das Selbst Wechselwirkungen zwischen der Person und ihren sozialen Kontexten und ist im Interaktionszirkel zwischen Mensch und Umwelt verortet. Als soziales Phänomen wird es im Sinne eines Dazwischen – zwischen der Person und den anderen – begriffen und ist ohne die Integration von zeitlichen und situativen Kontexten nicht vorstellbar.

Auf die Bedeutung von Rückmeldungen durch andere hat bereits Martin Buber hingewiesen, der die dialogische Beziehung zwischen Ich und Du als Voraussetzung für die Selbstentwicklung betrachtet (Buber, 2008).

Um die mehrdimensionale und komplexe Struktur des Selbst in den Ausprägungen ihrer Substrukturen weiter zu verdeutlichen, lohnt es sich, die drei Wertekategorien aus Viktor Frankls Grundlegungen zur Logotherapie heranzuziehen.

Zur Erinnerung: Das Selbstkonzept entwickelt sich vor allem durch Selbstbeobachtung und Vergleiche mit anderen Personen sowie Rückmeldungen durch diese, sodass ein Bild von mir selbst entsteht. Der Selbstwert oder auch die Selbstwertschätzung wiederum kann als Bewertung oder eigene Einstellung gegenüber dem Bild von mir selbst aufgefasst werden. Dabei stellt sich die Frage, woraus diese Einstellung und Bewertung entstehen.

Nach der weiterentwickelten Existenzanalyse und Logotherapie Frankls durch Längle (1999) speist sich der Selbstwert aus dem Grundwert und den verwirklichten Werten der Person. Der Grundwert entspricht dabei dem jeweiligen Potenzial ab Beginn der Schwangerschaft und lässt sich nach heutigen Forschungserkenntnissen vor allem aus der Atmosphäre und dem Kontext ab dem dritten Monat der Schwangerschaft und darüber hinaus auch aus der transgenerationalen Weitergabe über die Eltern und die Umstände der Partnerschaft und den erweiterten sozio-kulturellen Kontext erklären (Brisch, 2011; Hüther, 2004; Stern, 1992). Als ebenso bedeutsam für den Grundwert erweisen sich die Beziehungs- und Bindungserfahrungen in den ersten zwei bis drei Lebensjahren. Wie die Ergebnisse aus der Bindungsforschung belegen (Brisch, 2011; Stern, 1992), sind die Spiegelungen durch die Bezugspersonen – bei gleichzeitiger Fürsorge und Aufbau von Sicherheit und Schutz – entscheidend für die Entwicklung des eigenen Selbstwerts und den Aufbau von Urvertrauen in die eigene Bindungsfähigkeit sowie das Interesse an Exploration und Selbstbewusstheit.

Die andere Linie der verwirklichten Werte leitet sich im weiteren Verlauf der Lebensgeschichte von drei Kategorien ab: Erlebniswerte, schöpferische Werte und Einstellungswerte (Frankl, 1984, S. 202).

Der Erlebniswert und der schöpferische Wert können als zwei positive Verbindungen zwischen Mensch und Welt verstanden werden. Die erste Kategorie der Erlebniswerte (vita contemplativa) bezieht sich auf die Wahrnehmung, die Einlassung und das bewusste Erleben persönlicher Erfahrungen und Chancen im Leben (z. B. das bewusste Einlassen in eine Partnerschaft, der Umzug in ein anderes Land, die Ambition, eine neue Herausforderung anzunehmen, die Erfüllung eines lang ersehnten Traums), während in der zweiten Kategorie die schöpferischen Werte (vita activa) diejenigen Projekte widerspiegeln, die etwas Neues in die Welt bringen und von der Person aktiv geschaffen und gestaltet werden. Im Sinne einer gefühlten Sinnhaftigkeit und eines Erlebens von Selbstwirksamkeit spielen dabei nicht objektiv messbare Größen wie ökonomischer Gewinn oder eine öffentliche Bedeutung die Hauptrolle, sondern die subjektiv von der Person als wertvoll empfundene Umsetzung einer Idee oder eines Wunsches. Dies kann sowohl materieller (z. B. ein hohes Einkommen, materielle Werte wie Auto, Haus etc.) als auch immaterieller (z. B. Einsatz für bestimmte Ziele, die der Gemeinschaft zugutekommen) Natur sein. Auch die Entscheidung, eine Familie zu gründen und Kinder zu bekommen und für sie zu sorgen, ebenso wie sich um andere Menschen zu kümmern, erfüllen den Status schöpferischer Werte für eine Person. Projekte wie künstlerische Gestaltungen in Form von Bildern oder Kunstobjekten, die Eröffnung eines Geschäftes oder auch die Unternehmung einer Weltreise lassen sich ebenfalls hierunter fassen.

Die Einstellungswerte stellen die dritte Kategorie subjektiver Werteorientierung dar. Danach entscheidet die Person selbst über die Bedeutung, die sie den Bedingungen äußerer und innerer Freiheit zumisst. Auch wenn sich in ihrem Lebenslauf objektiv Schicksalsschläge, Erkrankungen, besondere Herausforderungen oder auch politische Strukturen, Ideologien etc. auswirken können, bleibt es allein der jeweiligen Person vorbehalten, die Bedeutung der Situation zu bestimmen und damit so umzugehen, dass sich eine Integration bzw. ein so weit wie möglich gesundheitsförderlicher Umgang entwickeln lassen (Längle, 2005, S. 423).

Das zugenommene gesellschaftliche Phänomen des Empfindens »innerer Leere« als Bestandteil des Selbstkonzeptes erklärt sich vielfach durch die gelebte Inkongruenz zwischen authentischen und idealisierten Werten und einer daraus resultierenden Verringerung empfundener Freude und Sinngebung. Dies führt zum einen zu einer immer intensiveren Orientierung an äußeren Ziele, die nicht oder nur zu einem geringen Teil den persönlichen Werten entsprechen, und andererseits zu einer verstärkten Sehnsucht, sich selbst wiederzufinden, sich auf die Suche zu begeben und mit sich in Kontakt zu kommen, um sich auf diese Art neu füllen zu können. Der Fokus, der auf die (Sinn-)Suche gerichtet ist, besteht stets darin, dass die Person sich selbst Beachtung schenkt, und zwar nicht im Sinne von Mehrung der Selbstsicherheit durch die Ansammlung von Statussymbolen, sondern der Bewusstwerdung eigener Wünsche und dem damit verbundenen Selbstvertrauen, um das eigene Selbstkonzept zu stärken.

Dieses Ziel verfolgt auch das FächerModell zur Selbstentwicklung in unterschiedlicher Intensität. Auch wenn nicht in allen Formaten der Beratungspraxis das Selbstkonzept so tief erfasst wird wie im psychotherapeutischen Setting (vgl. Teil B), so wird die Selbstentwicklung durch Interventionen (Fragen, Hypothesen, Symbolisierungen, Aufstellungen, Körperübungen) angeregt, wenn sie in einem vertrauensvollen und nachvollziehbaren Rahmen erfolgen. Dies ermöglicht den Personen, diese neuen Informationen aufzunehmen und für die eigene Selbstentwicklung zu nutzen. Aus diesem multiperspektivisch durchlebten Lern- und Reflexionsprozessprozess geht das Selbst gestärkt hervor.

Da Menschen in der Regel besonders zum Handeln motiviert sind, wenn sie eine hohe Selbstwirksamkeit erwarten, entwickeln die unterschiedlichen Formate im Beratungs- und Therapiebereich durch Struktur- und Prozessvariablen verschiedene Anregungen, um diese Selbstwirksamkeit zu stärken (vgl. Selbstwirksamkeitserwartung, Bandura, 1997). Diese Komponente des *Selbst* wird u. a. durch eigene Erfahrungen, das Beobachten anderer sowie durch das Feedback anderer zu eigenen Fähigkeiten und Erfolgsaussichten geprägt und angeregt. Dabei ist stets zu berücksichtigen, dass die Selbstentwicklung auch durch maladaptive, im Sinne von hinderlichen und zum Teil unbewussten Prozessen negativ beeinflusst werden kann, die eine Veränderung erschweren. Dazu zählen vor allem die Formen von Internalisierung, Introjektbildung und Identifizierung.

Anhand des Theorie- und Praxiskonzeptes des FächerModells zur Selbstentwicklung werden ein konstruktiverer Umgang mit dem Selbstkonzept, eine Steigerung des Selbstwertgefühls sowie eine Auflösung ungünstiger Muster im Denken, Fühlen und Handeln ermöglicht. Darüber wird der Grad an Bewusstheit der eigenen Wünsche, Werte, Interessen und Potenziale erhöht und durch konkret entwickelbare Handlungsschritte das Selbstwirksamkeitserleben gefördert. Auf diese Weise gestaltet sich eine erwünschte erfüllende Beziehung zu sich selbst und zu den bedeutsamen anderen und eröffnet neue Entwicklungsräume.

4 Einführung in das FächerModell zur Selbstentwicklung

Das FächerModell ermöglicht mehrdimensionale Perspektiven auf Problem-, Konflikt- und Veränderungsprozesse. Während ich über viele Jahre das Neun-Felder-Modell (NFM) angewandt habe, erfasst das neu entwickelte Modell vor allem die Wechselwirkungen zwischen dem aktuellen Anliegen und dem jeweiligen Selbstkonzept einer Person durch die Reflexion der Veränderungsdynamik mit einer erweiterten Interventions- und Betrachtungsweise.

Durch das Bewusstwerden der mit dem Anliegen in Verbindung stehenden persönlichen Wünsche und den Potenzialen zur Annäherung an diese (Wunsch-)Kompetenz werden neue Handlungsalternativen für das individuelle Vorgehen geschaffen. Dabei steht das konkrete Erreichen des Wunsches nicht zwingend im Vordergrund, da seine Formulierung dynamischen Einflüssen unterliegt, wodurch es im Prozess zu Neuausrichtungen kommen kann. Je nach Auftragssituation kann im Beratungs- und Therapiekontext die Beziehung zwischen dem aktuellen Anliegen und den inneren Werte- und Sinnqualitäten der jeweiligen Person erfasst und bearbeitet werden.

Abbildung 1 (S. 21) zeigt das FächerModell zur Selbstentwicklung (FäMoS) mit seinen einzelnen inhaltlichen Bereichen und den darin befindlichen Segmenten mit den unterschiedlichen Zeitdimensionen. Die Interventionsfragen zu den einzelnen Segmenten verdeutlichen den jeweiligen Fokus.

In den folgenden Abschnitten 4.4.1 bis 4.4.4 ist im Rahmen der speziell gekennzeichneten Seiten exemplarisch eine Reihe von möglichen Beispielfragen zur Illustration und zur Anwendung des Modells dargestellt.

FäMoS wurde von mir mit dem Ziel der Intensivierung, Operationalisierbarkeit und Visualisierung von Beratungs- und Therapieprozessen entwickelt. Es unterstützt die Bearbeitung dynamischer und komplexer Problem- und Konfliktverläufe, um die darin enthaltenen – bewussten und unbewussten – Wünsche und Bedürfnisse erfassen und auf diese Weise Potenziale für sinnvolle Veränderungen aktivieren zu können. Sein Einsatz hat sich in therapeutischen und beratenden Praxisfeldern sowohl mit Einzelpersonen als auch in Gruppen oder ganzen Organisationen wie u. a. im Lehr- und Wissenschaftskontext und auch im Rahmen von Selbstführung in vielfältiger Weise bewährt. Auf der Grundlage dieses Modells kann in einer speziellen Form die Orientierung am Auftrag fokussiert und dabei gleichzeitig eine offene, dynamische und in jedem Prozess einzigartige Bearbeitung erfolgen. Auf diese Weise wird viel Raum für Selbstorganisationsprozesse der Klientinnen gegeben bei gleichzeitiger Möglichkeit zur Reflexion für die professionell Tätigen und den Klienten über den gesamten Prozessverlauf. Berücksichtigung finden durch die unterschiedlichen Segmente in den einzelnen Bereichen sowohl die Erfahrungen oder bereits bearbeiteten Inhalte (Vergangenheit), die gegenwärtige Situation (Gegenwart) und die Ideen, Bilder und Visionen (Zukunft), um zu einer für die Person gelungenen Entwicklung zu kommen. Das Besondere des Modells stellt die Möglichkeit dar, es nicht nur am Beginn eines Prozesses anzuwenden, sondern es jederzeit als Reflexions- und Interventionsgrundlage nutzen und durch die Bewegungsmöglichkeiten im Modell neben kognitiven auch sensorische Impulse einbeziehen zu können.

4.1 Darstellung des FächerModells zur Selbstentwicklung (FäMoS)

Das FäMoS umfasst vier eigenständige thematische Bereiche, den Bereich des *Problems, Wunsches, Potenzials* und der *Selbstentwicklung.* Jeder Bereich steht für einen eigenen inhaltlichen Schwerpunkt. Alle Bereiche stehen miteinander in Verbindung.

■ 4.1.1 Bereich 1: Das Problem

Im ersten Bereich des FächerModells (auf der linken Seite) findet sich der Bereich *Problem.* Damit ist der jeweilige Beratungsanlass gemeint, die Themen, Fragen, Konflikte und Anliegen der Person, die als problematisch wahrgenommen werden und deshalb eine besondere Aufmerksamkeit bekommen. Der Begriff Problem fasst dabei alle unterschiedlichen Anlässe zusammen und verweist gleichzeitig auf den Zusammenhang, dass mit dem wahrgenommenen Problem stets ein Wunsch nach Veränderung verbunden sein muss. Auf der Grundlage des Modells kann eine Situation für eine Person nur als Problem wahrgenommen werden, wenn ein mehr oder weniger bewusster Wunsch nach einer Veränderung der Situation vorliegt.

Mithilfe von unterschiedlichen Interventionen wird von der Beraterin, der Psychotherapeutin oder dem Coach mit der Person bzw. den am Problem beteiligten Personen zunächst die aktuelle Problemsituation erfasst (Segment *Gegenwart*), ebenso wie die Geschichte des Problems (Segment *Vergangenheit*) und im Anschluss die Vorstellungen über die mögliche Zukunftsentwicklung des Problems (Segment *Zukunft*).

4.1.2 Bereich 2: Der Wunsch

Im Modell schließt sich als zweiter Bereich der *Wunsch* an. In den entsprechenden Segmenten steht die Konkretisierung der gewünschten Veränderung im Mittelpunkt, bei der die Dimension des mit ihr in Verbindung stehenden Wunsches einbezogen wird. Die Frage nach dem Wunsch in der Gegenwart (Segment *Gegenwart*) ermöglicht der Person, sich über den Zusammenhang von Veränderungsmotiven und persönlichen – vorerst meist unbewussten – Wünschen klarer zu werden. Dabei ist bedeutsam, dass es sich nicht um Ziele oder gar Lösungen handelt, sondern der subjektiv gefühlte, gedachte oder vorgestellte Wunsch der Person entscheidend ist, der für die Person mit dem Anliegen sinnvoll verbunden ist.

Bereits hier soll darauf hingewiesen werden, dass es sich dabei nicht um die Negation des Problems handeln darf (z. B. ich wünsche mir, mich nicht mehr über die Kollegen zu ärgern), sondern um positiv formulierte und auf die eigene Person bezogene Wunschvorstellungen.

Ist der Wunsch hinreichend deutlich geworden, erfolgt im Anschluss die Erfassung der bereits erlebten Erfahrungen mit diesem Wunschbild (Segment *Vergangenheit*). Dieses Segment hat eine hohe Bedeutung für den gesamten Prozess, da bei Erfahrungen mit dem Wunsch bereits innere Bilder, konkrete Erlebnisse und Gefühle im

Körpergedächtnis gespeichert sind, die durch professionelle Interventionen für den Entwicklungsprozess genutzt werden können.

Auch in diesem Bereich schließt sich dann in der Regel die Beschäftigung mit der vorgestellten Realisierung des Wunsches in der Zukunft und die damit verbundene Bedeutung für die Person an (Segment *Zukunft*). Stellt sich die Person die gedanklichen und gefühlsmäßigen Veränderungen vor, die eintreten, wenn sich der Wunsch erfüllt hat, ermöglicht dies konstruktiv neue und erweiterte Perspektiven auf das dargestellte Problem und den weiteren möglichen Umgangsweisen damit.

4.1.3 Bereich 3: Das Potenzial

Der dritte Bereich im FächerModell ist das *Potenzial*. Hier empfiehlt es sich, bei vorhandenen Erfahrungen mit dem Wunsch (Segment *Vergangenheit*) zunächst auch mit dem Potenzial in der Vergangenheit (Segment *Vergangenheit*) zu beginnen. Die Erfassung von bereits früher erfolgreichen Umgangsweisen lässt sich anhand dieser Intervention auf der Ebene des erinnerten Selbstwirksamkeitserlebens für das gegenwärtige und zukünftige Potenzialbewusstsein nutzbar machen, selbst wenn die Verhaltensweisen und Aktivitäten heute ganz anders ausfallen.

Die Absicht der Person, sich jetzt aktiv für die erwünschte Veränderung einsetzen zu wollen, stellt die Voraussetzung für die Erhöhung des Selbstwertgefühls dar und steigert zudem die Bereitschaft, Selbstverantwortung zu übernehmen (Segment *Gegenwart*).

Die Fragen zur Festigung der erzielten Veränderung über den aktuellen Zeitpunkt hinaus (Segment *Zukunft*) schaffen die Basis, um die Ergebnisse in der Zukunft zu sichern.

4.1.4 Bereich 4: Die Selbstentwicklung

Im vierten Bereich, der *Selbstentwicklung,* ist keine weitere Aufteilung in die drei Segmente der Zeitdimensionen vorgesehen, da es sich in diesem Bereich um die Person (bzw. Personen oder soziale Systeme: Paar, Team, Abteilung etc.) in ihrer Gesamtheit handelt. Im Sinne des Selbstkonzepts (vgl. Abschnitt 3.3.1) steht hier das Erleben der Person mit sich und den anderen in den Kontexten ihrer gesamten (Lebens-)Zeit im Fokus.

Um innerhalb des FächerModells stets zwischen allen Bereichen und den dazugehörigen Segmenten einen Bezug zum Erleben des Selbst und seiner Entwicklung ermöglichen zu können, gibt es eine prozessuale Reflexionsebene, auf der sowohl kleinschrittig als auch bezogen auf das »große Ganze« das Geschehen wahrgenommen und kommuniziert werden kann. Darüber wird die Grundlage geschaffen, das jeweilige Problem als Chance zur Weiterentwicklung der Person bzw. des sozialen Systems zu nutzen und den Veränderungsprozess wirksam und konstruktiv zu gestalten.

4.1.5 Die drei Zeitdimensionen

Die Bereiche Problem, Wunsch und Potenzial sind ihrerseits aufgeteilt in jeweils drei Segmente zur Wiedergabe der Zeitdimensionen Vergangenheit, Gegenwart und Zukunft. Dies ermöglicht der Person mit oder ohne Prozessbegleiter eine intensive Analyse des jeweiligen Bereichs aus drei unterschiedlichen Perspektiven: zunächst aus Sicht der aktuellen Situation, dann aus der Sicht der Vergangenheit in Form der bereits gemachten Erfahrungen mit dem Problem und anschließend aus der Perspektive der erwarteten bzw. visionierten Zukunft.

Gerade diese Mehrperspektivität und deren zirkuläre Nutzung in Beziehung zur eigenen Selbstentwicklung macht das Modell sehr nützlich und attraktiv.

4.1.6 Der Zusammenhang zwischen Selbstentwicklung und Selbstverstehen im Kontext des Problemerlebens

Mithilfe unterschiedlicher Interventionen, insbesondere durch die Anregung mittels Fragen in den einzelnen Bereichen und Zeitsegmenten des FächerModells, wird der Klientin eine neue Struktur angeboten, die sie darin unterstützt, sich eigener Positionen und Fragestellungen mit ihren damit in Verbindung stehenden Wünschen und aktivierbaren Potenzialen bewusst zu werden und selbst wirksam zu sein.

Ausgehend von der Frage, was ein Problem zum Problem macht, wird zunächst die für die Person relevante Situation und Fragestellung in allen drei Zeitsegmenten erfasst. Dies dient gleichzeitig als Vorbereitung für die Konkretisierung des Wunsches im Sinne der gewünschten Veränderung, denn ohne eine mehr oder weniger bewusste Vorstellung über das, was anders sein sollte, könnte die Person die aktuelle Situation nicht als Problem erleben.

Im Anschluss erfolgt die intensive Betrachtung des dahinterliegenden Wunsches, bevor im nächsten Schritt die Möglichkeiten der Selbstwirksamkeit der Person durch das eigene Potenzial transparent und gegebenenfalls im Prozess entwickelt werden.

Das FächerModell zeigt eine halbkreisförmige Anordnung von Bedeutungssegmenten in Veränderungsprozessen. Es symbolisiert somit einen Fächer, der sich sukzessive öffnet und durch die einzelnen Schritte im Beratungs- und Therapieprozess seine volle Wirkung entfaltet. Begonnen bei der Erkundung des wahrgenommenen Problems, weitet sich der Fächer weiter und nimmt über die Entdeckung des Wunsches an Größe und Fläche zu, um sich über den Einbezug der Potenziale der Person zu seiner vollständigen Wirkungskraft zu entfalten.

Die insgesamt vier unterschiedlichen Bereiche lassen sich wechselseitig in dynamischer und einer dem jeweiligen Auftrag entsprechenden sequenziellen Ausgestaltung nutzen, einschließlich der kontinuierlichen Reflexion des in den drei Bereichen Problem, Wunsch und Potenzial und den vielfältigen Segmenten wahrgenommenen Erlebens auf der Ebene der Selbstentwicklung. Dies ermöglicht einerseits der Beraterin bzw. Therapeutin eine Tiefung persönlicher Prozesse mit ihren jeweiligen Bedeutungsgebungen und andererseits der Person, aus ihrer Rolle heraus auf den Prozess der aktuellen »Problem-Wunsch-Potenzial-Dynamik« zu schauen. Zur differenzierten Entwicklung der Kompetenz, sich seiner Wünsche bewusst zu werden (Wunschkompetenz), sind die einzelnen Bereiche jeweils in drei Segmente aufgeteilt, die die Zeitdimensionen (*Vergangenheit, Gegenwart, Zukunft*) darstellen. Die Reihenfolge der einzelnen Bereiche ist dabei nicht linear zu denken, sondern zirkulär im Sinne einer Wechselwirkungsdynamik und entsprechend der jeweiligen Fragestellung und dem Beratungs- bzw. Therapieverlauf (vgl. Fallbeispiele in Teil B). Die Antwort der Person stellt den Beginn der nächsten Frage dar als Orientierung für den weiteren Prozess. Die Fragen adressieren auf unterschiedliche Bereiche im Modell, ohne einen idealtypischen Verlauf aufzuzeichnen. Der Verlauf ist jedes

Mal ganz einzigartig und kann mithilfe des Modells durch den professionell Tätigen unter dem gezielten Einsatz der vier Bereiche und der neun Segmente im Ablauf mitgestaltet werden. Dies ermöglicht der Person durch das aktuell bedeutsame Problem, sich der damit verbundenen Wünsche bewusst zu werden und diese Erkenntnisse für ihre Selbstentwicklung zu nutzen.

Bei der Bearbeitung des Anliegens erfolgt je nach Einsatz des Beratungs- und Therapieformats eine unterschiedliche Nutzung der verschiedenen Bereiche des FächerModells einschließlich der Integration des Bereichs *Selbstentwicklung*. Dabei besteht insbesondere die Möglichkeit, komplexe Einflussgrößen im Kontext des Veränderungsprozesses einzubeziehen wie z. B. auch solche, die auf der Ebene biografischer Erfahrungen von Bedeutung sind.

Die psychodynamische Idee der Bedeutung personaler Grundkonflikte zeigt sich sowohl in Psychotherapie als auch in Beratungsprozessen wie z. B. Supervision, Coaching oder Mediation. Ihr wird in Form von zum Angebot passender Interventionsformen Raum gegeben und in Verbindung mit Personen- und Kontextvariablen Ausdruck verliehen. Das FächerModell ermöglicht eine für alle Angebote geeignete Verwendungsform. Durch die Erfassung der Ausgangssituation (Problem) und des Wunsches über den Einbezug eigener Potenziale, etwas zu verändern und die Selbstentwicklung zu fördern, wird dieser Prozess im FächerModell dynamisch gestaltbar.

4.2 Interventionen für die Gestaltung von Veränderungsprozessen

In der Gestaltung von Beratungs- und Therapieprozessen stellen vielfach verbale Interventionen den Hauptteil dar. Dabei ist wichtig, zu beachten, dass auch die nonverbalen Kommunikationsanteile für den Veränderungsprozess äußerst bedeutsam sind und mit den verbalen Informationen wie auch den psychoakustischen (prosodischen) Merkmalen in enger Verbindung stehen.

Alle verbalen Interventionen enthalten zum einen von außen beobachtbare und zum anderen latente unsichtbare Merkmale. Beim semantisch-inhaltsbezogenen Teil steht im Vordergrund, *was* gesagt wird, wogegen beim implizit pragmatischen Teil durch die Intentionen und Haltungen deutlich gemacht wird, *wie* es gemeint ist (Gumz u. Hörz-Sagstetter, 2018). Dies umfasst die Form und Führung des Dialogs, die Stimmgebung sowie die Haltung der Abstinenz, Neutralität, Empathie und Kompetenz, um authentisch im Kontakt zu sein. Je nach Beratungsform und Auftrag ergibt sich bei der Anwendung von Interventionen eine unterschiedliche Verteilung der Intentionen und Haltungen gegenüber den semantischen Inhalten (Fonagy, 2002; Gumz, Horstkotte u. Kästner, 2014).

Sprachliche Interventionen haben eine große Auswirkung auf die jeweiligen Beratungs- und Veränderungsprozesse und unterstützen die Konkretisierung des inhaltlichen Themas, die Atmosphäre des Beziehungsprozesses oder die weitere Gestaltung in Richtung der gewünschten Entwicklung. Zur Basis dieser Interventionen zählen alle Formen des Wiederholens, des Umschreibens und Zusammenfassens durch Methoden der Paraphrasierung und Fokussierung. Dazu gehören auch Hinweise auf bestimmte Emotions-, Verhaltens- und Denkmuster, die in dem relevanten Zusammenhang bedeutsam sind, wie das Aufzeigen von Gegensätzen und das Deutlichmachen und Spezifizieren von Parallelen (Musterwiederholungen) in den Erlebnisweisen.

Darüber hinaus hat es sich in eher personenbezogenen, persönlichen Aufträgen und Prozessen als sehr hilfreich erwiesen, Ähnlichkeiten oder Übereinstimmungen zwischen dem Umgang der Person mit sich selbst und den anderen zu thematisieren. So kann z. B. von Interesse sein, inwieweit die Person sich selbst so behandelt, wie sie es in früheren Lebensphasen und -kontexten kennengelernt hat (Introjektbildung; vgl. Rudolf, 2010), oder die Frage, inwieweit das Verhalten der Person gegenüber anderen aktuell mitgeprägt ist von der Art, wie diese früher behandelt wurde (Identifizierung). Dies betrifft auch Verhaltensweisen, bei denen die Person erwartet, dass die für sie aktuell bedeutsamen Personen (z. B. Partner, Kolleginnen, Vorgesetzte) sich ihr gegenüber genauso verhalten wie früher bedeutsame Personen sich ihr einst gegenüber verhalten haben (Internalisierung). Da diese Prozesse in der Regel unbewusst verlaufen und im privaten oder beruflichen Alltag wiederholt reinszeniert werden, sind diese Parallelen der Beziehungsmuster zwischen aktuellen und früheren sozialen Interaktionen für die weitere Selbstentwicklung von Bedeutung, ohne dass dabei die inhaltliche Verbindung zwischen Vergangenheit und Gegenwart zwingend ist.

Weitere Formen inhaltlicher und beziehungsorientierter Bearbeitung können in den angestrebten Veränderungsprozessen in einem professionellen Setting aktiv zur Anwendung kommen: So gelingt es durch intensives Explorieren, der Erweiterung von Bedeutungsmöglichkeiten (Reframing), der Analyse und Reflexion von Wechselwirkungen, dem metaphorischen Interpretieren (Entwickeln eines Sinnbildes) sowie dem Einfügen eines neuen Narrativs oder visionärer Ideen und Vorstellungen, den Prozess zu aktivieren. Dies zeigt sich auch beim Einsatz von Fragen, die Personen dabei unterstützen, bisher nicht gewagte Denk-, Sicht- oder Handlungsweisen zu entwickeln. Dabei können Bestätigungen, Anregungen und Ideen im hypothetischen Stil sowie das Nutzen von eigenen Bildern, körperlichen Empfindungen (somatischen Markern) und Gefühlen als Äußerung im Rahmen eines Feedbacks (Gegenübertragung) oder als konkrete emotionale Anteilnahme (Mitgefühl, Trost, Freude) den Prozess unterstützen. Assoziationen und Erinnerungen an frühere Aussagen im Prozess (bei längerfristigen Aufträgen) sowie kleine Einschübe, um theoretisches Wissen zu vermitteln, bereichern die Möglichkeiten des professionell Tätigen, um bei der Person (den Personen) neue, konstruktivere Ideen anzuregen.

Bei der Bearbeitung von Anliegen mit dem FächerModell ist ein flexibler Umgang mit den unterschiedlichen subjektiven sprachlichen und nicht-sprachlichen Ausdrucksweisen in den einzelnen Segmenten möglich. Je nach Situation und professionellem Unterstützungsformat ergibt sich ein unterschiedlicher Verlauf in Bezug auf das jeweilige Problem der Person, dem damit verbundenen bzw. dahinterstehenden Wunsch und den eigenen Potenzialen, sich für die Erreichung des Wunsches einzusetzen. In allen Fällen hat der Prozess auch eine Veränderung auf der Ebene der Selbstentwicklung zur Folge, auf die jederzeit direkt Bezug genommen werden kann und die je nach Auftrag und Anliegen in unterschiedlicher Intensität explizit Bearbeitung findet (vgl. Fallbeispiele in Teil B).

Der besondere Vorzug, es zu jedem Zeitpunkt eines Beratungs- oder Therapieprozesses anwenden zu können, macht dieses Interventionsmodell besonders interessant. Ganz gleich, ob es sich um einen therapeutischen oder organisationalen Kontext handelt, bietet das FächerModell anschlussfähige, variantenreiche Optionen, die auf fokussierte Art und Weise sowohl zeitliche Bezüge mit den bereits erfolgten Erfahrungen gegenwärtiger Situationen und anvisierter Zukunftsausrichtungen als auch den Gesamtentwicklungsprozess in einer ganzheitlich sinnlich-erlebbaren Form integriert. Dabei ermöglichen die unterschiedlichen Segmente nicht nur die Reflexion in den einzelnen Zeitdimensionen, sondern auch die Bearbeitung der jeweiligen Unterschiede zwischen diesen und die damit verbundenen Auswirkungen für die Person(en). Daraus lassen sich kreative neue Wege zur Entdeckung von persönlichen Wünschen und der Entfaltung von neuen Potenzialen auf der Grundlage von Ressourcen erkennen.

In der Therapie- und Beratungsforschung werden interpretative und supportive Techniken und Interventionen unterschieden. Diese ermöglichen durch die Benennung der Anteile der professionell Tätigen und der gemeinsamen Untersuchung des Erlebens in der therapeutischen Beziehung eine korrektive zwischenmenschliche Erfahrung (Altmeyer u. Thomä, 2006; Mertens, 2013). Gleichzeitig stehen unterschiedliche Frageformen mit dem Fokus auf intrapsychische, interpersonelle und systemische Aspekte im Kontext der jeweiligen Umwelt in einer großen Auswahl zur Verfügung, die vor allem seit der Anwendung im Rahmen der Familien- und Systemischen Therapie eine große Bedeutung gewonnen haben (Dienelt, 1967; von Schlippe u. Schweitzer, 2019).

Während durch die *interpretativen Techniken* die Einsicht bei der Person gesteigert werden soll, um damit sich wiederholende Konflikte bewusst zu machen, dienen *supportive Interventionen* dazu, nicht verfügbare oder nicht ausreichend entwickelte Fähigkeiten zu stärken mit dem Ziel, ihre Qualität zu fördern oder die Anpassung an die aktuelle Lebens- bzw. Berufssituation zu verbessern. Dazu zählen insbesondere respektvolle Fragen zum Problem der Person, das Ermutigen zur Elaboration, emotionale Anteilnahme, Bestätigung, das Ausdrücken von Zuversicht und die Vermittlung von Hoffnung.

Da die Deutung ebenfalls eine verbale Interventionsform innerhalb von Veränderungsprozessen darstellt, soll in diesem Zusammenhang einmal auf die ursprüngliche Definition von Freud geschaut werden. Freud betrachtete die Deutung als eine verbale

Intervention zur Aufdeckung der latenten Bedeutung unbewusster Zusammenhänge (Freud, 1900). Mittlerweile wird diese Einschränkung auf das Unbewusste kritisch gesehen und stattdessen als Ziel ausgerufen, ein möglichst tiefes Verständnis der Person, der sie beschäftigenden Fragen (Anliegen, Konflikte) und des relevanten Kontextes zu bekommen.

Hier lassen sich Verbindungen zu den zirkulären Fragen aus dem systemischen Modell ziehen. Diese stehen als Begriff oft für die Gesamtheit systemischer Interviewtechniken und nicht nur für einen einzelnen Fragetypus. Simon und Rech-Simon (2004) weisen darauf hin, dass interessanterweise bei genauerer Betrachtung Gemeinsamkeiten zwischen der Traumdeutung aus der Ära Freud und einer systemischen Erfassung der Situation auffallen. So handelt es sich bei beiden Methoden um Interventionen, die den Blick auf einen Bereich von Phänomenen eröffnen, die üblicherweise nicht systematisch beobachtet werden und daher nicht oder nur zum Teil ins Bewusstsein treten. Ebenso wie die Deutung eine verbalisierte Schlussfolgerung aufweist, die in der Regel Rückschlüsse auf unbewusste Bedeutungen des Verhaltens und der Kommunikation des Klienten zulassen, handelt es sich bei Fragen aus dem systemischen Formenkreis um Anregungen, die in ihren Formen neue Einsichten in die Zusammenhänge ermöglichen, wodurch es zu der Krise, der Störung bzw. einem Konflikt kam.

Diese sogenannten systemischen Hypothesen zeichnen sich durch eine respektvolle Haltung gegenüber den beteiligten Personen aus, aber ohne Respekt vor den dargestellten Themen, um die Dynamik der Wechselwirkungen zu verdeutlichen und neue Zusammenhänge darzustellen. Systemische Fragen nutzen dabei alle Varianten, die es dem außenstehenden Beobachter erlauben, Ideen über diejenigen Prozesse zu entwickeln, die dafür sorgen, dass ein System so funktioniert, wie es funktioniert (Simon u. Rech-Simon, 2004, S. 8 ff.).

Fragen zu stellen bedeutet stets, Anregungen zu geben, um entweder dem gewohnten Verhalten der Beteiligten neue Bedeutungen zuzuschreiben oder aus gewohnten Zuschreibungen von Bedeutungen neue, konstruktivere Verhaltenskonsequenzen und emotionale Reaktionen abzuleiten.

Fasst man einige systemische Interventionsformen zur Anregung von Veränderungsprozessen zusammen, so lassen sich folgende Bereiche definieren:

- Auf der Basis einer *wertschätzenden und authentischen Haltung,* die nicht mit unangemessenem Positivismus zu verwechseln ist, gestaltet sich eine Interaktion zwischen Klientin und Beraterin bzw. Therapeutin, die mit unterschiedlichen Interventionsangeboten Entwicklung und Veränderung ermöglichen kann. Dadurch baut sich eine Interaktionsbasis zwischen Klientin und Expertin auf, die es ermöglicht, offener zu werden für die nachfolgenden Interpretationen oder »verstörenden« Interventionen (vgl. Fragebeispiele für das Problem).
- *Anregung zu Beobachtungen/Beobachtungsaufgaben:* Beobachtungen sind nur scheinbar ein Zeichen der Nicht-Veränderung, doch sie können die Situation durch die veränderte Beobachtung beeinflussen. Denn wer seine Beobachtung verändert, verändert dadurch sich und die Situation (z. B.: »Beobachten Sie bis zur nächsten Sitzung, was Sie beibehalten wollen« oder »Beobachten Sie, wer sich in Ihrem Team am deutlichsten integrativ verhält!«).
- *Umdeutungen der Gesprächsbeiträge* geben den Verhaltens- und Erlebenssituationen eine weitere mögliche Bedeutung. Diese verbalen Interventionen können sowohl in eine positive als auch negative Richtung akzentuiert werden und erweitern den Raum des Möglichen.
- *Ungewöhnliche Verhaltensmuster:* Unter der Berücksichtigung, dass alle sozialen Strukturen durch redundante Verhaltensmuster aufrechterhalten werden, bekommt jeder im System die Aufgabe, sich mindestens einmal überraschend anders zu verhalten.
- In der *Verschreibung des problematischen Musters* werden die Interventionsformen Verhaltensverschreibung und Umdeutung miteinander kombiniert. Wird ein problematisches Muster bewusst und aktiv gezeigt, dann verändert es seine Wirkung. Wird es dann gleichzeitig noch in einen anderen Kontext gesetzt, fällt die alte Zuordnung schwerer und das Experimentieren wird erleichtert.
- *So-tun-als-ob-Aufgaben* können im Sinne des Probehandelns gedanklich entwickelt oder auch gekoppelt werden mit Beobach-

tungsaufgaben, an denen andere relevante Personen beteiligt sind. Diese Form der aus der vorgestellten Zukunft in die Gegenwart vorgenommenen Betrachtung erzeugt ein räumlich-zeitliches Bild des Veränderungsweges und seiner kreativen Optionen und Schritte.

- *Splitting* – die wechselnde Einnahme sich widersprechender Positionen (Ambivalenz) durch den Berater für Situationen, in denen man den Eindruck hat, dass die Klientin/der Patient das vertragen kann: Die Möglichkeit, als Berater die Rolle des Ambivalenzanwalts zu übernehmen – dabei die Neutralität wahren und dennoch alternative Sichtweisen vermitteln: So kann man dazu beitragen, dass nicht unter den unterschiedlichen Empfindungen gelitten, sondern eine Form gefunden wird, um damit zu leben und beide Seiten des Konflikts zu respektieren.
- *Rituale* können durch die Schaffung von festen Rahmenbedingungen, die nicht diskutiert und auch nicht in allen Fällen kommuniziert werden, zur Intervention werden.
- *Geschichten* können erzählt werden, um eine alternative Zukunfts- oder Lösungsidee einzustreuen. Narrative weisen eine zeitliche Dimension und Dramaturgie auf. Sie liefern Muster der Beschreibung und Umdeutung und ermöglichen so vielfältige Identifikationen.
- *Humor* als Interventionsform fördert ein positives Beziehungserleben, lockert das Geschehen auf und kann so für eine weitere Bearbeitung vorbereiten. Er irritiert zudem festgefahrene Sichtweisen.

Die Arbeit auf der Basis des FächerModells nutzt aber nicht nur die vielfältigen Formen der verbalen Interventionen, sondern auch die Kunst des Hörens und Spürens, die Kunst, in sich hineinzuhören, um den Kontakt der Person zu sich selbst und gleichzeitig zum anderen, zum Du, herzustellen und zu halten. Die Möglichkeit, mit allen Sinnen anwesend zu sein, um die eigenen Wünsche und das Neue, das andere sowohl im eigenen Selbst als auch im Gegenüber zu erfahren, ist durch die Struktur des Modells gegeben. Durch diese Offenheit entwickelt sich die Bereitschaft, eine Beziehung der Person zu anderen als Selbstverständlichkeit und in einer Form der Selbstbewusstheit zu erleben, die sich von einer rein ichbezogenen Personenhaftigkeit entfernt. Sich der eigenen Wünsche (wieder) bewusst zu werden, erlaubt eine Erinnerung an Zeiten der Kindheit, in denen das Wünschen noch selbstverständlicher zum Lebensalltag gehörte. Die Flexibilität der eigenen Kontrollhaltung steigt und die damit verbundenen Machtansprüche relativieren sich. Die daraus wachsende Toleranz gegenüber Widersprüchen bildet die Basis für die weitere Entwicklung, denn diese ist nur möglich, wenn mit Widersprüchen akzeptierend umgegangen wird.

Die Bearbeitung von Problemen durch die Integration der eigenen Wünsche und den Einsatz persönlicher Potenziale ermöglicht eine Parallelität von aktuellen klärenden Prozessen bei gleichzeitiger Stärkung der Selbstidentität.

4.3 Die Bedeutung der Fragen

Beratungs- und Therapieprozesse tragen stets den Wunsch nach Veränderung zum Besseren in sich. Doch so vielfältig, wie die Wünsche nach Veränderung sind, so vielfältig sind die Prozesse, die diese ermöglichen. Da Letztere aber nicht voraussehbar sind und zudem von Selbstorganisationsprozessen der Klientin abhängen, kommt es – neben einem stabilen professionellen Beziehungsangebot zwischen Person und Prozessbegleiter – auf eine möglichst angemessene und kreative Form von Anregungen auf unterschiedlichen Ebenen an. Dabei schafft die Qualität der Beziehung die Voraussetzung für die Intervention (Rieforth u. Graf, 2014, S. 235 f.), die dann mithilfe des FächerModells durch eine begleitende Struktur gestaltet werden kann. Da kein fester Ablaufplan für die Nutzung der einzelnen Bereiche und Segmente des Modells existiert, bietet das Modell mit seiner offenen Form eine gute Grundlage für die professionelle Begleitung: Die Bereiche können je nach Auftrag und Fall in unterschiedlichen Kombinationen genutzt werden. Die Sensibilität der Sprache, die Berücksichtigung des szenischen Prozesses und die Reflexion der eigenen Rolle im Verfahren sind dabei wichtige Grundlagen für die professionelle Gestaltung. Der Umgang im Prozess ist gekoppelt an die intensive Beobachtung und Wahrnehmung der Situation, der anwesenden Personen und der spezifischen Fragestellung. Da dies nicht immer durch ein konkretes Anliegen gegeben ist, sondern sich vielleicht eher in einer Geschichte, einer allgemeinen Frage oder in einer für die Person bedeutsamen Veränderung etc. zeigt, bekommt die Ankopplung an die subjektive Wirklichkeit der Person (Personen) eine entscheidende Bedeutung. In einem gemeinsamen Dialogprozess kommen durch Interventionen, Fragen und Rückmeldungen neue Informationen als konstruktive Anregungen in den Prozess. Da lebende Systeme stets mit einer unvorhersehbaren Eigengesetzlichkeit auf Anregungen von außen reagieren, geht es dabei nicht um den Austausch instruktiver Interaktionen (Maturana, 1994). Je nach Auftrag entwickelt sich auf diese Weise ein ganz eigener Tanz zwischen Klärung und Entwicklung der Themen, den dahinterliegenden Wünschen und der Wahrnehmung und Entwicklung eigener Potenziale. Da der Fokus im FächerModell stets auf der Bewusstwerdung der eigenen Wünsche gerichtet ist, wird die Dynamik durch anregende Fragen intensiviert und vertieft sich immer mehr, um darüber die Selbstentwicklung zu fördern. Da Wünsche erfüllt werden *können,* aber nicht zwangsläufig *müssen,* in ihrer Thematik aber in besonderer Form eine Richtung vorgeben, eignen sie sich besonders für die Entwicklung des eigenen Selbst.

Fragen stellen eine sehr bedeutungsvolle Interventionsform im Rahmen von Veränderungsprozessen dar, haben sie doch die Möglichkeit, auf eine indirekte Art neue Informationen in das System der Person (der Personen) hineinzubringen und so eine Aufmerksamkeit für neue Überlegungen, Empfindungen, Gedanken und Gefühle beim Gegenüber zu entwickeln. Gleichzeitig haben sie den Charme, sich auf der Grundlage einer respektvollen und interessierten Haltung mit der Bewertung einer Situation oder einer Deutung aus Expertsicht zurückzuhalten, und geben stattdessen vielmehr den Ambivalenzen Raum. Fragen lassen sich auf ganz unterschiedliche zwischenmenschliche Ebenen des Kontextes adressieren und bekommen dadurch Gestaltungsmöglichkeiten, die, wie im Folgenden beschrieben wird, viele unterschiedliche kreative Formen und überraschende Entwicklungen fördern können.

So lassen sich Fragen auf politische, spirituelle, kulturelle, familiäre, zwischenmenschliche Beziehungen, Identität, Lebensentwurf und -abschnitt, Sprechakt, körperliche Empfindungen und natürlich in Bezug auf bewusste und unbewusste Wünsche stellen (vgl. Abschnitt 4.4.1 bis 4.4.4). Fragen regen den Prozess an, schärfen die Fähigkeit, einen Unterschied zu hören, zu sehen, zu empfinden und zu gestalten. Entsprechend der Grundidee von Bateson (1981, S. 582), dass Information ein Unterschied ist, der einen Unterschied macht, eröffnet jede Frage die Chance, einengende Wirklichkeits- und Erklärungsgewohnheiten in einem co-kreativen Kommunikationsprozess zu (ver)stören und auf die Entdeckung anderer möglicher Wirklichkeiten mit mehr Freiheitsgraden anregend einzuwirken. Dabei sollten Fragen nicht nur informationsgewinnend, sondern auch informationserzeugend sein, um die Situation schöpferisch gestalten zu können. Das bedeutet, dass durch die Art der Befragung die Person nicht nur in ihrer Wirklichkeit bestätigt werden sollte, sondern es sollten sich durch das Einbringen neuer Elemente in die bestehenden Wirklichkeitsvorstellungen Perspektiven für das eigene Leben – privat oder beruflich – mit grundlegenden Möglichkeiten zur Konfliktklärung entwickeln können.

Dieser Prozess hat sich auch für die Entwicklung einer Wunschkompetenz bewährt und wird in den folgenden (besonders gekennzeichneten) Abschnitten durch exemplarische Frageformen illustriert. Über die neue Kombination, den Wunsch der Person mit ihrem Potenzial zu verbinden, lässt sich für jede Person, ebenso für Teams, Abteilungen und weitere soziale Systeme mithilfe der Entwicklung von Selbstwirksamkeit und Selbstvertrauen neue Sinnenergie erzeugen. Wunsch und Potenzial – ein eindrucksvolles Paar, um alternative Wirklichkeiten zu erzeugen, sie sich vorzustellen oder auszuprobieren sowie in positiven Vergangenheiten zu schwelgen.

Die hohe Kunst des Fragens ermöglicht es, neue Ideen einzustreuen, die einen Unterschied zur bisherigen Sicht- und Verhaltensweise anregen. Die Antworten auf die Fragen sind dabei manchmal gar nicht so wichtig als vielmehr die Tatsache, dadurch Bewegung in die eigenen Denk- und Empfindungsprozesse zu bringen. Viele Fragen wirken als indirekte Vorschläge und Anregungen, sie wecken Interesse, die in der beschriebenen Qualität der professionellen Beziehung Lust und Bereitschaft zum Experimentieren erzeugen.

Innerhalb eines aufrichtigen Dialogs können so Anregungen gegeben werden, ohne zu bevormunden oder Ratschläge zu erteilen

Abbildung 3: Bodenversion des FächerModells (FäMoS)

für ein richtiges Verhalten. Die Arbeit am Wunsch des Gegenübers erfordert eine besondere ethische Haltung, in der gefühlten Sicherheit und Klarheit, dass die Person die Expertin für die eigenen Wünsche ist und am besten weiß, was diese konkret beinhalten. Ein authentischer Dialog mit sich und dem Gegenüber wird durch die Kompetenz, sich der Wünsche bewusst zu werden, und durch das Wissen, seine Potenziale aktiv nutzen zu können, möglich. Dadurch wird die Grundlage geschaffen, um konkret zu werden im Sinne gelebter Praxis als Interaktion zwischen Reflexion und Aktion. Im Anschluss daran besteht die Möglichkeit der Reflexion, um wahrzunehmen, was sich im Rahmen der Selbstentwicklung verändert hat.

Da es in den unterschiedlichen Formaten (Beratung, Konfliktlösung, Coaching, Psychotherapie) je nach Auftrag nicht nur um konkrete, für die Frage oder den Gegenstand des Prozesses relevante Fragen, sondern auch um solche geht, die den Prozess zum Schwingen bringen, um in Resonanz kommen zu können, sind weitere Interventionen und Impulse sinnvoll. So kann z.B. im Fächer-Modell der ganze Raum genutzt werden, dadurch dass verschiedene Positionen eingenommen werden, die Person abwechselnd sitzt, aufsteht bzw. sich im Raum bewegt.

Aus diesem Grund habe ich eine leicht nutzbare Bodenversion des Modells entwickelt, die ich sowohl in der eigenen Praxis als auch im Rahmen von Seminaren nutze, um der Person im Raum und durch die Bewegung eine Intensivierung des Wunsch- und Entwicklungsprozesses zu ermöglichen und darüber z. B. auch den kinästhetischen Sinn erfahrbar zu machen (siehe Abbildung 3).

Die Bodenversion von FäMoS ermöglicht eine ganzkörperliche Erfahrung durch die Begehung der einzelnen Bereiche und Segmente, um in den einzelnen Positionen die jeweiligen Auswirkungen zu spüren und die Veränderungen in diesem Prozess in Bewegung zu erfahren. Dieser Prozess kann klärend darin unterstützen, herauszufinden, ob es sich im Rahmen der Veränderung und der Entwicklung zur Wunschkompetenz eher um problemerhaltende reduzierende Lösungsversuche oder um einen qualitativen Sprung in etwas Neues handelt.

Mit dieser Erkenntnis und der Hilfe durch das Modell können für die Person die Gegenwart, die Vergangenheit und die Zukunft sowohl in ihrer Gleichzeitigkeit als auch im Erleben ihrer Unterschiede für den weiteren Entwicklungsprozess genutzt werden.

4.4 Anwendung des Modells

Die hier und für die weiteren Themenbereiche des FächerModells behandelten Fragen sind Beispiele und Anregungen für die Anwendung des Modells. Mit Standardfragen werden Veränderungsprozesse nicht angemessen zu unterstützen sein. Daher können die hier abgebildeten Fragen besonders für diejenigen, die am Anfang ihrer (professionellen oder selbstgeführten) Entwicklung stehen, nur eine Anregung sein, um im Laufe der weiteren fundierten Auseinandersetzung/Reflexion mit der eigenen Fachkunde und dem speziellen Thema der zu unterstützenden Person einen individuellen, sinnvollen Umgang zu entwickeln.

Die folgenden Fragen sind nach den vier großen Themenbereichen im FächerModell gegliedert: Problem, Wunsch, Potenzial und Selbstentwicklung.

In der Anwendung des Modells setzt sich die Person anhand ihrer aktuell erlebten Situation mit ihrem Problem auseinander, um im weiteren Prozess ihren dahinterliegenden Wunsch zu erkennen sowie die von ihr dafür zur Verfügung stehenden und zu nutzenden Potenziale für eine Veränderung. Da dies in der Regel nicht durch einen einmaligen »Durchgang« durch die Bereiche im FächerModell zu erreichen ist und eingetretene gewünschte Veränderungen wieder neue Probleme nach sich ziehen können, zeichnet sich dieser Prozess durch eine immer wiederkehrende Abfolge der Behandlung von Problemen und damit verbundener Wünsche und Potenziale der Person aus (vgl. Fallbeispiele in Teil B). Gleichzeitig besteht im Beratungs- und Therapieprozess stets die Möglichkeit, zwischen der Fragestellung aus der aktuellen Situation und der Bedeutung für die Gesamtentwicklung der Person (Personen) zu wechseln. Dadurch ergibt sich eine Reflexion sowohl auf der personalen Ebene als auch auf der Kontextebene. Mithilfe der drei Segmente für die Zeitdimensionen wird die Grundlage geschaffen, um sich mit den Ideen, Gedanken, Gefühlen, Bedürfnissen und Wünschen auseinanderzusetzen.

FäMoS eignet sich nicht nur für Beratungs-, Therapie- und Konfliktlösungsprozesse mit externer Unterstützung durch eine neue professionelle Gestaltungs- und Interventionsmöglichkeit bei gleichzeitiger Reflexion der Beziehungsqualität, sondern auch für die Anwendung im Rahmen der Selbstführung (Rieforth, 2012; Wampold et al., 2018).

Abbildung 4: FäMoS – Bereich *Problem*

In der lösungsfokussierten Beratungs- und Therapieliteratur wird sich oft auf den Ausspruch von Steve de Shazer (2006) bezogen: »Problem talk creates problems, solution talk creates solutions«. Auch wenn im Sinne der Wirklichkeitskonstruktion und der Aufmerksamkeitsfokussierung verständlich ist, dass eine Beschäftigung mit Problemen sicher noch keine erwünschte Veränderung hervorbringt, so kann, wie es von »kalten« Konflikten in Organisationen bekannt ist (Glasl, 2013), insbesondere die Vermeidung, über Probleme zu reden, die Voraussetzung dafür sein, dass vermehrt Probleme auftreten und Konflikte sich pathologisch verhärten.

Daher liegt der Fokus des FächerModells vor allem im Erkennen und Erfassen des Problems und seiner damit verbundenen Transformation durch die mit ihm zusammenhängende gewünschte Veränderung (dem dahinterliegenden Wunsch). Gelingt es der Person durch den Reflexionsprozess, sich den eigenen Wunsch bewusst zu machen (Wunschkompetenz), führt dies zu einer Entwicklung des Selbst.

Abbildung 4 zeigt den Modellausschnitt Bereich *Problem* mit seinen unterschiedlichen Segmenten zur Steuerung des Prozesses, der durch entsprechende Interventionen und Fragen fokussiert werden kann und so zur Erhellung unterschiedlicher, zum Teil für die Person noch unbewusster Perspektiven führt.

In diesem Bereich mit den drei Segmenten *Gegenwart, Vergangenheit* und *Zukunft* kommen Fragen und Interventionen zur Erfassung und Darstellung des Problems bzw. des Konflikts zum Tragen.

Fragen nach dem Problem im Rahmen der Gegenwartsperspektive (G)

In der Regel beginnt der Prozess mit dem Erfassen der aktuellen Situation in der Gegenwart mit Fragen wie diesen:

- Was ist Ihr Anliegen? Worin besteht für Sie das Problem? Wie stellt sich für Sie aktuell der Konflikt dar?
- Wie erklären Sie sich Ihr Problem/Ihren Konflikt?
- Beschreiben Sie die Situation. Wie erleben Sie diese?
- Was empfinden Sie aktuell als problematisch?
- Wer ist außer Ihnen selbst noch davon betroffen – und wenn ja, auf welche Weise?
- Wie empfinden Sie diese Situation für sich (z. B. beängstigend, unangenehm, ärgerlich, demütigend, herausfordernd, chancenvoll)?
- Wie wirkt sich die Situation auf Ihren Körper aus?

Fragen, die im Kontext der Problemanalyse/-bewusstwerdung die Selbstentwicklung ins Zentrum rücken, könnten folgende sein:

- Was bedeutet diese aktuelle Situation (Frage, Anliegen, Konflikt) für Sie als Person?
- Welche Fragen ergeben sich für Sie daraus?
- Wie hoch schätzen Sie für sich die aktuelle Beeinträchtigung ein (Skala: 1–10)?
- Wie schätzen Sie die aktuelle Situation für sich persönlich als auch für die anderen Beteiligten ein (z. B.

Partner, Kollegen, Team, Organisation und deren Dynamik)?

- Was bedeutet die aktuelle Frage für Ihr Selbstbild in der aktuellen Rolle bzw. Situation?

Fragen nach dem Problem im Rahmen der Vergangenheitsperspektive (V)

Im nächsten Schritt wird die Entwicklung und damit die Geschichte des Problems erfasst. Dazu dienen Fragen, die in die Vergangenheit adressiert sind und damit den Prozess des Problems mit Unterschieden im Verlauf verdeutlichen, der für die Erfassung des Wunsches nach Veränderung zu einem späteren Zeitpunkt bedeutsam wird; beispielsweise anhand dieser Fragen:

- Wie lange erleben Sie diese Situation bereits als problematisch bzw. veränderungsbedürftig?
- Gab es aus Ihrer Sicht eine auslösende Situation?
- Wie hat sich für Sie der Prozess in der Vergangenheit entwickelt (eher schleichend, phasenspezifisch oder langsam chronifizierend)?
- Welche Personen waren in der Vergangenheit daran beteiligt?
- Welche Situationen und Informationen aus dem Verlauf haben aus Ihrer Sicht für die Situation heute eine besondere Bedeutung?
- Wie haben Sie sich während der Entwicklung des Problems gefühlt (z. B. ängstlich, unangenehm, ärgerlich, gedemütigt, herausgefordert, zuversichtlich)?
- Welche Situationen und Informationen aus dem Verlauf haben aus Ihrer Sicht für die Situation heute eine besondere Bedeutung?

Fragen, die im Kontext der Problemanalyse/-bewusstwerdung das Selbst ins Zentrum rücken, könnten sein:
- Wie hat sich die problematische Situation bis heute auf Ihre eigene Selbstbeobachtung ausgewirkt?
- Wer hat aus Ihrer Sicht darunter am meisten gelitten und wer am wenigsten?
- Welche Verhaltens-, Fühl- und Denkweisen haben Sie dadurch entwickelt, und wie haben Sie diese in Bezug auf die Beziehung zu sich selbst und den anderen erlebt?

Fragen nach dem Problem im Rahmen der Zukunftsperspektive (Z)

Nach der Erfassung der Gegenwarts- und Vergangenheitsperspektive stellt die visionierte (vorgestellte) Zukunftsperspektive eine weitere wichtige Aussagequelle dar, um die Bedeutung einer weiteren Entwicklung für die Person (das Team, die Abteilung etc.) bewusst zu machen. Diese bildet ebenfalls eine bedeutsame Information, um zu verdeutlichen, wie intensiv man durch das Problem beeinflusst wird und damit auch die Motivation nach Veränderung. Durch die Beschreibung der Erfahrungen aus der Vergangenheit, dem bewussten Erleben in der Gegenwart und der visionierten Zukunft kann sich die Person der weiteren Entwicklung des Problems gedanklich bewusst werden.

Dafür sind folgende beispielhafte Fragen hilfreich:
- Was glauben Sie, wie wird sich Ihr Anliegen/das Problem bzw. der Konflikt in der Zukunft entwickeln (Monat, Jahr etc.), wenn Sie keine konkreten Maßnahmen unternehmen?
- Wie stellt sich für Sie das Anliegen/Problem in der Zukunft dar, wenn Sie sich aktiv darum kümmern würden?

- Welche weiteren Personen/Strukturen/Einrichtungen werden in Zukunft mit dem Problem/der Frage beschäftigt sein?
- Wie wird sich die Situation körperlich für Sie selbst auswirken?

Fragen, die im Kontext der Problemanalyse/-bewusstwerdung das Selbst ins Zentrum rücken, könnten folgendermaßen lauten:
- Was glauben Sie, wie werden sich die damit verbundenen Veränderungen auf Sie persönlich und die weiteren Beteiligten (Partnerin, Kollegen, Team, Organisation) auswirken?
- Stellen Sie sich vor, wir schreiben das Jahr (aktuelles Jahr + 1), und Sie haben keine gezielten Entscheidungen getroffen – was glauben Sie, wird dies für Sie bedeuten?
- Wie stellt sich für Sie das Anliegen/Problem in der Zukunft dar, wenn Sie sich aktiv darum kümmern würden? Könnte es sich verbessern, verschlechtern oder eher gleich bleiben?
- Welche Auswirkungen wird die Situation vermutlich auf Ihr Selbstverständnis haben?
- Wie können Sie Ihre Frage bzw. die Klärung der Situation für Ihre Selbstentwicklung nutzen?

Durch diese Segmente im Bereich Problem wird deutlich, dass die Frage nach den Problemen nicht gleichzeitig die Frage nach den Ursachen darstellt, da die Person auf der Grundlage einer eigenen Wirklichkeitskonstruktion handelt und von keinen linear-kausalen, sondern vielmehr dynamischen Einflussgrößen ausgegangen werden kann (von Schlippe u. Schweitzer, 2019; Rieforth u. Graf, 2014). Die genaue Erfragung und damit Bewusstwerdung des Problems bzw. Konflikts in seiner Aktualität (G), Entstehung (V) und vorgestellten Weiterentwicklung (Z) eröffnet den Raum für die dahinterliegenden Wünsche, die zu einem späteren Zeitpunkt in den Blick genommen werden. Daher ist es sinnvoll, sich nach den Problemen zu erkundigen und die Fragen dazu nicht auf Ursachen zu fokussieren und somit eine Reduktion der Wirklichkeit zu erzeugen, die sich als nicht zielführend und hilfreich erweist. Eine Verkürzung des Gesamtprozesses durch das Überspringen der Problemerfassung und der alleinigen Beschäftigung mit möglichen Lösungen stellt nach meinen Erfahrungen einen wichtigen Verlust in der Bewusstwerdung des eigenen Wunsches nach Veränderung dar. Denn gerade die Frage danach, was genau die Person als Problem aktuell empfindet, bereits empfunden hat und glaubt, in der Zukunft noch zu empfinden (selbsterfüllende Prophezeiung), schafft die Grundlage für die Entwicklung der als Veränderung gewünschten Entwicklungen.

So stellt auch die Idee, bei einem Veränderungswunsch den Blick stets nach vorne zu richten und eine Vision des Lebens zu entwerfen, in der das Symptom nicht mehr vorhanden ist, nur eine von unterschiedlichen Sichtweisen dar. Denkbar ist auch, dass durch die Betrachtung des Problems die Idee entsteht, sich mit dem Problem anzufreunden, es zu integrieren oder sich selbst aus dem Kontext des Problems zu entfernen. Dabei spielen, wie noch zu zeigen sein wird, auch die Erfahrungen mit den gewünschten Veränderungen in der Vergangenheit eine mitentscheidende Rolle.

Die Suche nach einer Ursache, also die Frage danach, warum ich das erlebe, was ich erlebe, verliert so an Bedeutung (Diedrich, 2016) und wandelt sich in die Frage, wofür etwas sinnvoll und bedeutsam ist (Frankl, 1987b). In Analogie zu Søren Kierkegaards (1970) Ausspruch, das Leben vorwärts zu leben, auch wenn man es erst rückwärts begreift, schafft das FächerModell die Möglichkeit, Vergangenheit und Erwünschtes in der Zukunft zu verbinden und über die bewusstgewordenen Veränderungsimpulse in der Gegenwart das eigene Potenzial einzusetzen und weiterzuentwickeln, um dies zu erreichen.

Die Erfahrung zeigt, dass gerade das (Neu-)Verstehen von Verhalten, Denken und Fühlen aus der biografischen Entwicklung eine Neubewertung und -bedeutung ermöglicht, die zu kreativen Veränderungen führt.

Abbildung 5: FäMoS – Bereich *Wunsch*

Wie bereits deutlich geworden ist, kommt dem Wunsch (siehe Abbildung 5) und der Kompetenz, mit diesem umzugehen, eine große Bedeutung für das eigene Wohlbefinden und die vermehrte Empathie und Emotionalität sich selbst gegenüber zu. Daher stellt es bei vielen zufriedenen Menschen eine wichtige Fähigkeit dar, ihre Wünsche klar und deutlich formulieren zu können. Sie empfinden sich selbst als wert, diese auszudrücken und damit kontinuierlich ihr Selbstwertgefühl aufbauen zu können. Dies erleichtert ihnen, immer klarer zu erkennen und zu erspüren, was für sie passend ist und was sie für ihre Entwicklung weiter nutzen können. Zu den wichtigen Wörtern *Ja* und *Nein,* die uns helfen, bei uns zu bleiben, gehört für sie ein kleiner Satz, der wichtig wird, um erfolgreich durchs Leben zu gehen, der da lautet: »*Ich wünsche.*«

Fragen nach dem Wunsch im Rahmen der Gegenwartsperspektive (G)

Die Möglichkeit, eine Person gerade in Problemsituationen anzuregen, sich ihrer Wünsche bewusst zu werden, wird dadurch erleichtert, dass das Gehirn des Menschen nicht gut zwischen Vorstellung und Realität unterscheiden kann. Dieses Phänomen zeigte sich auch in einer Untersuchung an der Universität Arizona. Bei diesem Forschungsexperiment badeten über hundert Probanden in Eiswasser mit dem Ergebnis, dass der Blutdruck weniger stark in die Höhe schnellte, wenn die Probanden ihren Partner/ihre Partnerin bei sich hatten – ob bloß gedanklich oder real, spielte dabei keine Rolle (Bourassa, Ruiz u. Sbarra, 2019).

Auf der Basis einer qualitativ guten professionellen Beziehungsebene kann daher in Beratungs- und Therapieprozessen durch gezielte Fragen und Interventionen die Person (Personen) mit diesen für sie positiven Situationen in Kontakt gebracht werden, auch wenn sie real (noch) nicht existieren. Dies trifft allerdings nicht nur für die Gegenwart zu, sondern in besonderer Form auch für die Vergangenheit wie auch für die Zukunft. In der Nutzung der unterschiedlichen Segmente des Modells im Bereich *Wunsch* zeigt sich die Bedeutung des FächerModells. So wird neben den gegenwärtigen Bildern und Gedanken zum Wunsch auch die vergangene Beziehung zu ihm bedeutsam, die dadurch als Sinnressource erkennbar und bis in die Vorstellung des erfüllten Wunsches in der Zukunft hineinreichen kann.

Fragen, die sich auf diesen Fokus richten, könnten sein:
- Wenn Sie Ihren Wünschen folgen, welche Veränderungen verbinden Sie dann mit Ihrem Anliegen?
- Was wünschen Sie sich?
- Wie fühlt sich das an, wenn Sie sich mit Ihrem Wunsch beschäftigen?
- Was brauchen Sie, um sich zu erlauben, sich mit Ihrem Wunsch zu beschäftigen?

- Welche inneren Bilder und körperlichen Empfindungen tauchen bei Ihnen auf?
- Wie genau würde Ihre gewünschte Veränderung aussehen? Was wäre anders?
- Welche persönlichen Wünsche/Interessen sollten auf jeden Fall dabei Berücksichtigung finden?
- Woran würden Sie erkennen, dass sich die Situation in Ihrem Sinne verändert hat?

Fragen, die im Kontext des Wunsches das Selbst und seine Entwicklung ins Zentrum rücken, könnten folgende sein:
- Wie würde es sich für Sie anfühlen, wenn es Ihren Wünschen/Interessen entspräche?
- Wie würde sich die gewünschte Veränderung auf Ihr eigenes Selbstprofil auswirken?
- Wer unterstützt Sie innerlich, sich diesen Wunsch zu erlauben?
- Wer ist der heftigste Kritiker in der Bewusstwerdung des Wunsches?
- Wo und wie fühlen Sie das, wenn Sie sich des Wunsches gewahr werden?
- Können Sie sich vorstellen, welche Auswirkungen die bedeutsamen anderen bei der Umsetzung Ihres Wunsches erleben?
- Wie passt dieser Wunsch zu Ihrem Selbstkonzept?

Fragen nach dem Wunsch im Rahmen der Vergangenheitsperspektive (V)

Das Feld des Wunsches in der Vergangenheit ist im Entwicklungsprozess besonders bedeutsam, da die Erfahrung mit dem Wunsch zu einem früheren Zeitpunkt eine ganzkörperliche Erinnerung darstellt, die für die Motivation, diesen Zustand wieder zu erleben, genutzt werden kann.

Die emotionalen Erfahrungen eines Menschen werden im Laufe seiner biografischen Entwicklung in einem unwillkürlichen emotionalen Erfahrungsgedächtnis gespeichert. In einer aktuellen Entscheidungssituation signalisiert der Körper über die mit der biografischen Erfahrung in Verbindung stehende physische Reaktion (Körpergedächtnis) zusätzliche Hinweise auf das zu zeigende Verhalten. Bei unklaren Entscheidungssituationen wird dies für die Person über die Ambivalenz zwischen dem bewussten Denken und dem Unwillkürlichen deutlich. Das Körpergedächtnis stellt die Summe aller Erfahrungen des Körpers dar, die durch Wahrnehmung, Beziehungen sowie soziale und kulturelle Einflüsse entstanden sind. Die im Verbund mit Emotionen und Bewegungsmustern über die Sinnesorgane aufgenommenen Eindrücke werden dabei als implizite Gedächtnisinhalte abgespeichert.

Erklärungen zum Körpergedächtnis machen deutlich, dass sich durch Erfahrungen im Leben Erlebnisnetzwerke entwickeln, die Menschen in ihrer Individualität ausmachen. Es sind Erlebnisnetzwerke, die durch Lernerfahrungen entstanden und durch die daran gekoppelten Erinnerungen mit sämtlichen Sinneskanälen verbunden sind (Squire, Kandel u. Niehaus, 2009). Zusätzlich mehren sich in den letzten Jahren die Berichte, nach denen körperliche Beschwerden aufgrund von psychischen Belastungen entstehen und aufrechterhalten werden können. Nachdem bereits in den 1970er und 1980er Jahren eine Reihe von Erkenntnissen zu diesen psychosomatischen Zusammenhängen veröffentlicht wurde (Köhle, Herzog u. Joraschky, 2018), bestätigen aktuelle Studien in der Neuropsychotherapie und den Neurowissenschaften diese Thesen (Eßling, 2015; Porges, 2010; van der Kolk, 2010).

So lassen sich mittlerweile Auswirkungen lebensgeschichtlicher Erfahrungen auf die neuronale Struktur nachweisen, die mit der Persönlichkeitsstruktur korrespondiert. Wenig bedürfnisbefriedigende Erfahrungen in einem überwiegend emotional »kalten« Elternhaus führen danach nachweislich zu einer Kompetenz, die Gefühle ausblenden zu können und stattdessen eine stärkere Konzentration auf äußere Erfolge zu legen. Dieser Verzicht auf die Wahrnehmung der eigenen Gefühle und die Befriedigung vorhandener Wünsche geht mit einer verstärkten inneren Unruhe einher sowie mit einem

Übermaß negativer Gedanken, Bedrohungsgefühlen sowie diffuser Angst und dem Gefühl, wenig bewirken zu können (Porges, 2010; van der Kolk, 2010). In diesen Fällen trifft man bei den Personen auf eine leicht erregbare Gefühlszentrale (Amygdala), die in jeder Veränderung eine Gefahr wittert. Gleichzeitig entwickeln sich Einschränkungen in den Bereichen des Gehirns, die für den Stressabbau zuständig sind, was dazu führt, dass einfache und harmlose Ereignisse zu einer Gefährdung des labilen emotionalen Gleichgewichts führen können. Die Amygdala reagiert nicht nur auf die Angst vor der äußeren Veränderung, sondern auch auf die abgewehrte Angst und initiiert dadurch Reaktionen des autonomen Nervensystems. In der Folge versteift sich die Muskulatur und es kommt zu einem unangenehmen Druckgefühl in der Brust, wodurch sich die Herzmuskelzellen spontan entladen können, was als Herzstolpern wahrgenommen wird.

Gelingt es, (wieder) Kontakt zu den positiven Wunscherfahrungen aus der Vergangenheit aufzunehmen, sinkt die Gefahr, durch die gefühlte Verunsicherung wieder in eine Problemsituation zu geraten. Durch die wachsende Kompetenz, den Zusammenhang von eigenen Gedanken, Gefühlen und der dazugehörigen Körperwahrnehmung besser verstehen zu können, vergrößert sich die Bereitschaft, den Körper genau zu beobachten und dabei auch die Ängste und Befürchtungen. So könnte eine hilfreiche Metapher sein, dass hierbei die Ängste »zum Tee eingeladen« werden dürfen.

Beispielhafte Fragen zum Wunsch/Interesse in der Vergangenheit könnten folgende sein:
- Welche Erfahrungen haben Sie mit Ihrem Wunsch? Wer war noch daran beteiligt und hat sich mit Ihnen über die Situation gefreut?
- Wo genau haben Sie sich damals befunden? Falls es in Ihrem Büro war, wie genau war es eingerichtet?
- Als es in Ihrem letzten Urlaub passierte, wer war noch dabei und wo sind Sie damals hingefahren bzw. -geflogen?
- Wenn Sie sich an die Arbeitsstelle erinnern, in der Sie Teil eines erfolgreichen und kreativen Teams waren, wo war die

Organisation ansässig, in welchem Stockwerk war Ihr Büro und wo stand Ihr Schreibtisch?

- Woran haben Sie gemerkt, dass diese Situation Ihr Interesse und Ihr Bedürfnis voll erfüllt hat?
- Wie ging es Ihnen damals in der Situation? Beschreiben Sie diese möglichst konkret (Körpergedächtnis).
- Falls Sie diese Situation noch nicht erlebt haben, kennen Sie eine Person (Freund, Kollege, öffentliche Person), die schon einmal in der Situation war? Wie glauben Sie, war das für diese Person?

Fragen, die im Kontext des Wunsches das Selbst und seine Entwicklung ins Zentrum rücken, könnten so lauten:

- Wie glauben Sie, hat diese Situation von damals Ihr Selbstkonzept über die Zeit mitbeeinflusst?
- Haben Sie seit dieser Zeit und diesen Erfahrungen anders über sich selbst und gegebenenfalls über andere nachgedacht bzw. nachgespürt?
- Was glauben Sie, wie wären Sie heute ohne diese Erfahrung?
- Was gehört seit dieser Zeit sicher zu Ihrem Selbstkonzept?
- Welche für Sie bedeutsamen Personen teilen diese Erfahrungen mit Ihnen?
- Mit wem fühlen Sie sich seit dieser Zeit innerlich verbunden?
- Welche Vorbilder in Ihrer Geschichte fallen Ihnen bei diesen Erfahrungen mit Ihrem Wunsch ein?
- Wer war noch daran beteiligt und hat sich mit Ihnen über die Situation gefreut?

Fragen nach dem Wunsch
im Rahmen der Zukunfts-
perspektive (Z)

Ausgehend von der be-
reits oben erwähnten Grundannahme, dass das menschliche Gehirn nicht gut in der Lage ist, zwischen Realität und Vorstellung zu
unterscheiden, stellt die Möglichkeit, sich die Wunschentwicklung
zu imaginieren und dabei die entstehenden Gedanken, Gefühle,
Körpersensationen etc. wahrzunehmen.

Beispielhafte Fragen mit dem Fokus auf diesem Segment sind:
- Angenommen, Ihr Wunsch bzw. Ihr Interesse im Rahmen
  der Veränderung wäre berücksichtigt worden, wie würde es
  Ihnen z. B. in sechs Monaten/einem Jahr damit gehen?
- Was glauben Sie, wie wirkt sich der Veränderungsprozess
  im günstigsten Fall für das Team/die Organisation in der
  Zukunft aus?
- Was, denken Sie, könnte das nächste Thema (Problem/
  Konflikt) sein, wenn Sie die aktuelle Situation befriedigend
  gelöst hätten?

Fragen, die im Kontext des Wunsches das Selbst und seine Entwicklung ins Zentrum rücken:
- Wie sähe die Situation bei einer Wunscherfüllung für Sie
  aus? Was hätte sich verändert und wie würden Sie darauf
  reagieren? Wie würden andere darauf reagieren?
- Stellen Sie sich jetzt vor, die von Ihnen gewünschte Veränderung wäre erreicht. Was bedeutet Ihnen diese Entwicklung und wie sehen Sie sich selbst dann in diesem Veränderungsprozess?

Abbildung 6: FäMoS – Bereich *Potenziale*

Der Bereich Potenzial (siehe Abbildung 6) stellt eine besondere Form der kreativen Weiterentwicklung von vorhandenen Ressourcen dar, um die Selbstentwicklung zu fördern. Da im Rahmen des Modells grundsätzlich von dem Bild einer aktiv handelnden Person (Personen) mit der Fähigkeit und dem menschlichem Bedürfnis zur (Weiter-)Entwicklung ausgegangen wird (von Schlippe u. Schweitzer, 2019; Hüther, 2004; Satir, 1975, 1990), stehen insbesondere die Potenziale im Mittelpunkt. Auf der Grundlage einer ressourcenorientierten Haltung erfolgt im Rahmen der Beratungs- und Therapieprozesse eine empathische Entwicklungsbegleitung und -unterstützung, so dass sich die vorhandenen und nicht immer leicht zu identifizierenden Potenziale (ähnlich wie die unbewussten Wünsche) tatsächlich entfalten können.

Grundsätzlich befähigen Ressourcen im Zusammenhang von Unternehmen, Teams, Arbeitsgruppen und komplexen Systemen zur Umsetzung von Handlungen, vor allem zu materiellen und immateriellen Gütern und Werten. Im Kontext von Psychologie und Soziologie fokussiert der Begriff auf materielle und immaterielle Ressourcen von Personen und/oder des Familien- und Herkunftssystems.

Der Blick auf die Potenziale nutzt die evolutionäre Kompetenz, im Rahmen des ständigen Kreislaufs von Wachsen und Vergehen im Hintergrund eine Unmenge an »Erfindungen« und »Innovationen« zu entwickeln, die mehr oder weniger zufällig durch Mutation und Rekombination entstehen (Hüther, 2012, 2013). Das Gehirn ist potenzialorientiert und in der Lage, sich umzugestalten und selbst zu reparieren. Entwicklung und Veränderung sind daher normal, und so kann durch gute Bedingungen neues Potenzial entstehen. Positive Reaktionen auf das eigene Verhalten motivieren die Person, und durch Anerkennung, Zugewandtheit und Vertrauen steigt die Bereitschaft zur Kooperation. Gerade in Gruppen, Teams und Abteilungen können auf diese Weise Synergien entwickelt werden, denn das Ganze ist mehr als die Summe seiner Teile und im Rahmen von Veränderungsprozessen entwickeln sich Lösungsvarianten, die zu Beginn nicht denkbar gewesen wären. Für die einzelne Person zeigt sich dieses Potenzial vor allem durch besondere Erfahrungen im Leben, einschneidende Situationen von besonderer Freude oder Leid, soziale Kontexte, die entwicklungsfördernd oder -behindernd erlebt wurden, sowie transgenerationale, oft unbewusste Botschaften, die eine Auswirkung auf die Gestaltung des persönlichen Lebensverlaufs nehmen.

Da im Sinne einer ressourcenorientierten Haltung die große Gefahr besteht, noch effizientere Strategien zur Ausnutzung verfügbarer Ressourcen in einem begrenzten Raum zu entwickeln und eine fortschreitende Differenzierung und Spezialisierung des bereits Vorhandenen nicht die Lösung sein kann, steht ein Musterwechsel im Vordergrund, um einen neuen Zugang zur Berücksichtigung persönlicher Potenziale zu schaffen.

Diese neu entstandenen Formen gilt es zu entdecken, denn dabei handelt es sich nicht um die bereits bekannten Ressourcen, sondern um neue Potenziale, die in ihnen angelegt sind.

Durch den Einsatz von speziellen Bedingungen kann die Entfaltung dieser verborgenen Potenziale ermöglicht werden. Die Entwicklung einer Wunschkompetenz stellt eine solche besondere Situation dar, da es in der Anwendung des Modells nicht um die Ausprägung der bekannten Merkmale in einer von Wettbewerb und Selektion geprägten Kultur geht – wie Vergleiche mit den anderen im Sinne von Wettbewerb, Leistungsdruck, Angst und Stress, um letzte Ressourcen zu mobilisieren und schwierige Situationen zu überstehen (Selbstoptimierung), sondern um die persönlichen Wünsche und Entwicklungen im Sinne der beschriebenen Hinwendungsenergie (vgl. Einleitung zu Kapitel 2). Die Entwicklung von Wunschkompetenz befreit von dem Ziel der optimalen Anpassung an die selbst geschaffenen Verhältnisse und eröffnet die Möglichkeit, die Lebensbedingungen so zu gestalten, dass die angelegten Potenziale entdeckt und entfaltet werden können, um sie zur Entwicklung eines sinnvollen Lebens zu nutzen.

Zur Entdeckung und Entfaltung solcher Potenziale können die im Folgenden aufgeführten Fragen dienen.

Fragen nach den Potenzialen im Rahmen der Vergangenheitsperspektive (V)

Beispielhafte Fragen mit dem Fokus auf diesem Segment sind:
- Als Sie damals schon einmal in einer ähnlichen Situation waren, so wie Sie sich die Situation jetzt aktuell wünschen, was glauben, denken und fühlen Sie, haben Sie dabei aus sich selbst heraus besonders zur Geltung gebracht?
- Welche konkreten Schritte und Aktivitäten haben Sie unternommen?
- Was ist Ihnen besonders gut gelungen?
- Durch welche Erfahrungen in Ihrem privaten/beruflichen Kontext haben Sie profitiert und wie können Sie diese heute nutzen?

Fragen, die im Kontext des Potenzials das Selbst und seine Entwicklung ins Zentrum rücken, könnten wie folgt lauten:
- Durch welche Ihrer Aktionen bzw. Kompetenzen haben die anderen Beteiligten (Partner, Kolleginnen, Team, Organisation) in der Vergangenheit profitiert?

Fragen nach den Potenzialen im Rahmen der Gegenwartsperspektive (G)

In diesem Segment können z. B. folgende Fragen sinnvoll sein:
- Welche persönlichen Potenziale aus der Vergangenheit könnten Sie für die gegenwärtige Situation nutzen?
- Worin liegen Ihre besonderen Stärken und wie könnten Sie sie aktuell nutzen?

Fragen, die im Kontext des Potenzials das Selbst und seine Entwicklung ins Zentrum rücken, könnten so lauten:
- Was ist für Sie anders als damals? Und wie kann dies berücksichtigt werden?
- Wen könnten Sie ansprechen bzw. auf wen könnten Sie zugehen, um Unterstützung für Ihre Idee zu bekommen?
- Was sind Sie bereit, in den Veränderungsprozess für sich und die weiteren Beteiligten einzubringen?

Fragen nach den Potenzialen im Rahmen der Zukunftsperspektive (Z)

Mögliche Fragen wären etwa:
- Was könnten Sie auch in der Zukunft dafür tun, damit im Rahmen der Veränderung Ihre Wünsche und Interessen berücksichtigt werden?
- Welche Potenziale könnten Sie auch in Zukunft einsetzen, um Ihre Selbstwirksamkeit weiter zu entwickeln?
- Woran würden Sie gern selbst arbeiten, um die eigenen Kompetenzen für die Erhaltung der Veränderung zu sichern und zu vergrößern?

Fragen, die im Kontext des Potenzials das Selbst und seine Entwicklung ins Zentrum rücken, könnten folgende sein:

- Wie könnten Sie durch Ihr Handeln die eigenen Gestaltungsspielräume weiter ausbauen?
- Spüren Sie eventuell weitere Potenziale, die Sie bisher noch nicht zur Geltung bzw. in Ihrem Leben zum Ausdruck gebracht haben?

Abbildung 7: FäMoS – Bereich *Selbstentwicklung*

Der Bereich Selbstentwicklung (siehe Abbildung 7) bildet das Herzstück des Modells im Sinne des Aufbaus einer Wunschkompetenz. Durch die Selbstreflexion der eigenen Person trägt jedes wahrgenommene Problem die Möglichkeit der Potenzialentwicklung in sich.

Da aktuelle Probleme auch Selbstzweifel in der Person auslösen können, die in der Folge aus der Diskrepanz zwischen dem Real-Selbst und dem Ideal-Selbst – also wie man ist und wie man gern wäre – entstehen, dient dieser Bereich des FächerModells dazu, die aktuelle Situation und das Problem in Bezug zum eigenen Selbst zu setzen. Auf diese Weise können die daraus entstehenden Selbstzweifel reflektiert und neue Handlungsalternativen für die Zukunft entwickelt werden.

Denn werden Probleme nur unter dem Aspekt ihrer Beseitigung betrachtet, besteht die Schwierigkeit darin, dass zwar auf einer äußeren Ebene eine Lösung gefunden wurde, jedoch die Chance für eine persönliche Entwicklung nur unzureichend berücksichtigt werden konnte. Stattdessen führt es in manchen Fällen sogar zu einer wachsenden Unsicherheit und Selbstentwertung bei der Person. Können die Selbstzweifel nicht integriert werden, werden sie von der Person unbewusst oder bewusst »zur Seite geschoben« oder als Beeinträchtigung erlebt. Findet der Umgang mit den Zweifeln unbewusst statt, zeigt sich dies z. B. in Organisationen bei jenen Konfliktfällen, in denen immer wieder die gleichen Mitarbeiter in Konflikte verwickelt sind und die Führungskraft oder die externe Beraterin den Eindruck bekommt, dass die Personen aus den bisherigen Erfahrungen nicht dazulernen. Diese Mitarbeiter überspielen möglicherweise durch ihre abwehrenden Reaktionen die Beschäftigung mit eigenen Schwächen und entfernen sich dadurch immer weiter von dem zu bearbeitenden Problem. Dieses Verhalten wird auch durch Konfliktklärungsverfahren unterstützt, in denen der Fokus allein auf der inhaltlichen Lösung des Problems liegt, ohne eine kritische Reflexion der damit verbundenen Person(en). Dies führt in vielen Fällen zu einer Konfliktverschärfung mit unklarem Ausgang (Glasl, 2013).

Im anderen Fall, wenn die Selbstzweifel bewusst als hinderlich wahrgenommen werden, kann eine konstruktive Entwicklung dadurch erschwert sein, dass die Verarbeitung bei dieser Person zu einem besonders freundlichen Verhalten, gepaart mit großem Fleiß und einer weiteren Form von Angepasstheit führen kann. Die Integration der Reflexion und die Bewusstmachung der Auswirkungen auf die eigene Entwicklung sichern dagegen eine langfristige sinnvolle Veränderung des Selbstkonzepts. Daher kommt diesem Bereich im FächerModell eine grundlegende Position zu.

Mit dem Selbstwertgefühl ist die affektive Bewertung des Wertes der eigenen Person verbunden. Alle Gefühle entstehen in der Beziehung zu anderen Menschen, so auch das Selbstwertgefühl und die Selbstachtung (Kast, 2018). Über die Gefühlssymbiose in den ersten Lebensjahren erfolgt eine Gefühlsansteckung, die sich bei Fürsorge zu einem Grundvertrauen in sich und die Welt entwickelt. Fonagy und Asen (2017) sprechen in diesem Zusammenhang von »Epistemischem Vertrauen« (ET: Epistemic Trust). Es setzt sich zusammen aus der Quelle und dem Kontext der Informationen. Es hilft Menschen über eine vertiefte Selbstbestimmung und -erkenntnis hinaus besser am sozialen Leben teilzuhaben und befriedigendere Beziehungen zu entwickeln. Epistemisches Vertrauen stellt die

Grundlage für die Entwicklung des Selbst dar, das sich selbstwirksam erlebt und Mentalisieren ermöglicht, was bedeutet, den oder die anderen und seine Fähigkeit der Reflexion/Emotion etc. im Blick zu haben (»holding mind in mind«; Asen u. Fonagy, 2014). Da es sich beim Mentalisieren um eine erlernte und individuell jeweils unterschiedlich ausgeprägte Fähigkeit handelt, ist sie jederzeit auch lernbar bzw. weiterzuentwickeln. Epistemische Vigilanz (Wachsamkeit) erhöht sich dagegen in unsicheren Kontexten und verunsichernden Beziehungskonstellationen.

Aus der Perspektive der Entwicklungspsychologie entsteht mit ca. 1,5 Jahren im Prozess der Selbstentwicklung ein Gefühl für das eigene Ich. Darauf folgen Phasen der Autonomie und Selbstwirksamkeitserwartung, verbunden mit dem Zutrauen in das eigene Handeln. Selbstachtung und Selbstvertrauen entwickeln sich und ein Gefühl dafür, wertvoll zu sein, so wie man ist und dabei etwas bewirken zu können. Beides zusammen führt zu einem nicht-kontingenten Selbstwertgefühl, wodurch Unsicherheiten nicht nur ausgehalten, sondern auch genutzt werden können. Dieses kontingentfreie Selbstwertgefühl beruht vor allem auf Selbstachtung (Selbstmitgefühl) und gilt als die stabilste Selbstwertquelle (Schütz, 2003). Aus dieser Haltung heraus können Selbstzweifel genutzt werden, um auf Kritik nicht mit Abwehr, sondern mit Neugier zu reagieren und auf Niederlagen nicht panisch, sondern eher pragmatisch. Dagegen richtet sich beim abhängigen oder kontingenten Selbstwertgefühl die Aufmerksamkeit eher auf die äußeren Maßstäbe, um zu genügen. Leistung, soziales Engagement oder Körper in Form von Schönheit und Gesundheit stellen dabei Bereiche dar, die bei einer bedingungsorientierten Liebe zu übersteigerter Berücksichtigung einer der drei Bereiche und bei Nichterreichen der Ziele zu einer Komplex-Episode von Selbstwertzweifeln führen kann (Jung u. Jung-Merker, 2011).

Da mittlerweile unbestritten ist, dass nicht nur frühe Erfahrungen für das Selbstwerterleben der Person verantwortlich sind, sondern auch spätere Lebenserfahrungen einen großen Einfluss, und zwar sowohl positiv als auch negativ, haben, gelingt ein konstruktiver Umgang vor allem durch die Reflexion und Überprüfung der bisher vorherrschenden Gedanken und Bilder. Während in manchen

Situationen eine eigene Reflexion oder kleine Tipps ausreichen, ist bei anderen eher ein Coaching oder eine Psychotherapie als Unterstützung vorzuziehen. In allen Fällen ist es sinnvoll, nicht beim Selbstzweifel stehen zu bleiben, sondern ihn selbst anzuzweifeln, um das zerstörerische Potenzial des Zweifels zu reduzieren. Auf diese Weise kann der innere Kritiker als warnende Stimme aus der Biografie erkannt und bei einem guten Verlauf als innerer Aufpasser in das heutige Selbstbild integriert werden. Die Entwicklung einer Wunschkompetenz unterstützt diesen Prozess der Integration, indem in der Struktur des Modells die unterschiedlichen Perspektiven und die Vor- und Nachteile reflektiert werden können, bevor eine Entscheidung über die Umsetzung getroffen werden muss. Erfahrungen zeigen, dass beim Erleben des Selbstwerts weniger die absolute Höhe entscheidend ist, sondern vielmehr die Stabilität (Schütz, 2003) und die Fähigkeit, sich wohlwollend gegenüberzustehen (Selbstmitgefühl). Selbstmitgefühl hat sich in vielen Studien als einer der stärksten Schutzmäntel gegen zerstörerische Selbstzweifel herausgestellt.

Jede Reflexion der eigenen Selbstentwicklung ist mit erwünschten und unerwünschten Informationen verbunden, sodass die Person auch mögliche Dissonanzen in ihrer Lebenssituation dabei erleben kann. Gleichzeitig kann nur die Person, die sich wirklich nah ist, spüren, was ihr wirklich wichtig ist und wohin sie ihre Kräfte lenken möchte. Es ist nicht ausreichend, durch das Finden von pragmatischen Lösungen die Selbstzweifel nur soweit zur Seite zu schieben, dass das Ego als »Leistungsich« endlich oder wieder ungestört funktioniert. Zur Selbstentwicklung gehört, dass die eigenen Stärken und Schwächen akzeptiert und zur Gestaltung eines sinnvollen Lebens genutzt werden. Erst dann kann die Person wirklich Verantwortung für sich und auch für das Umfeld übernehmen. So entwickelt sich eine ganz eigene Sicht der Welt, in der die Person hinter Entscheidungen stehen kann, auch wenn sie unkonventionell sind. Dann sind Unterschiede möglich, und die Person hat gleichzeitig das Gefühl, mit sich und den anderen im Kontakt zu sein.

Je nach Intensität und Auftrag bei der Fragestellung wird der Bereich der Selbstentwicklung mehr oder weniger explizit bearbeitet. Langjährige Erfahrungen in Beratungs- und Therapieprozessen zeigen, dass bei jeder Bearbeitung eines aktuellen Problems Anteile von Selbstentwicklung berührt werden. Die konkrete Bearbeitung dieser persönlichen und selbstwertorientierten Bereiche durch unterschiedliche Fragen und Interventionsformen ist nach meinen Erfahrungen in einem therapeutischen Kontext in der Regel höher als in einem organisationalen Konfliktfall, in dem schwerpunktmäßig anlassbezogen eine gute inhaltliche Klärung mit personaler Beteiligung im Mittelpunkt steht. Dennoch kann sich auch aus einer Konfliktsituation im organisationalen Zusammenhang jederzeit eine persönliche Fragestellung entwickeln, die dann in einem geeigneten eigenen Kontext (z. B. Coaching) behandelt werden kann.

Der Zugang zur Ebene der Selbstentwicklung stellt sich nicht nur im alltäglichen Leben, sondern auch in den Beratungs- und Therapieprozessen als Herausforderung dar. Zugleich ist sicher, dass, je mehr die Person im vertrauensvollen Kontakt mit sich selbst ist, umso leichter gelingt es ihr, sich der eigenen Wünsche bewusst zu werden. Dies zeigt sich auch für Beratungsprozesse in Teams und Organisationen, in denen die Entwicklung von Kooperation und gemeinsamer Ziele dadurch leichter und transparenter wird und sich Erfolge entsprechend eher einstellen. Diese Entwicklung führt dazu, sich immer mehr in seinem »wahren« Selbst wahrnehmen und unterscheiden zu können, also wo die Grenze zwischen mir als Person und den anderen verläuft, anstatt sich so zu verhalten, wie die Umwelt es erwartet (Eifert, McKay u. Forsyth, 2017; Kohut, 1993). Gelingt der Person diese Unterscheidung, erlebt sie sich als Person, die sich selbst wahrnehmen und mit der Umwelt angemessen verbinden kann (vgl. Kapitel 5). Sie ist dann in der Lage, die Gedanken, Vorstellungen und Ideen wahrzunehmen und sich zu entscheiden, ob sie sich damit beschäftigen oder sie wieder davonziehen lassen möchte (Eifert et al., 2017). Dadurch hat sie die Fähigkeit, zu entscheiden, wie sie sich einer Person oder einer Sache gegenüber verhalten will.

Im Rahmen der Wunschkompetenz geht es nicht nur um Ideen und Gedanken zu den Wünschen, die mit den Problemen und Konflikten in Verbindung stehen, sondern auch um die von der Person wahrgenommenen körperlichen Empfindungen. Denn jede Reflexion zu einem Problem und dem damit verbundenen Wunsch bzw.

einem Bedürfnis und einem Interesse, von dem eine Erregung bei der Person ausgeht, zeigt über den Körper, dass es eine besondere Bedeutung hat, sich mit diesem Thema zu beschäftigen. Die Unterscheidung in der Wahrnehmung liegt demnach nicht im Gegenstand selbst, sondern im Interesse des Beobachters, und so entscheidet stets die Person selbst, ob es sich um ein Problem handelt oder nicht. Wahrnehmung bedeutet daher, zu unterscheiden, und dies findet im Rahmen des FächerModells auf unterschiedlichen zeitlichen Ebenen, zu verschiedenen inhaltlichen Themen und gewünschten Veränderungsprozessen statt.

Im Bereich Selbstentwicklung steht die Entwicklung eines authentischen Selbstwertgefühls im Vordergrund, in dem die Entwicklung des Selbst als übergreifende Instanz der Persönlichkeit angesehen wird. Die Grundformen der Beziehungsregulation bilden den Ursprung des Kernselbst (Bindungsmodi) und werden über das innerpsychische Repräsentationssystem gesteuert, um sich selbst durch und mit anderen verstehen zu lernen. Dabei dienen Spiegelprozesse in der frühen Biografie mit den bedeutsamen anderen als Vorläufer reflexiver Erfahrungen. Im Rahmen des FächerModells wird die Entwicklung und die Bewusstwerdung des Selbst durch die Bearbeitung des aktuellen Problems, bzw. dem Anliegen, ebenso wie durch den Teil des bewussten Wunsches oder dem bereits vorhandenen Potenzial gefördert. Die noch nicht entwickelten Anteile des authentischen Selbstwerterlebens werden für die Person im Veränderungsprozess deutlicher und ihr Selbstbild kann durch die aktuelle Reflexion ihrer Lebenssituation kohärenter werden. Vom Fokus der Person ausgehend – statt in erster Linie auf eine Lösung und dem Umgang mit äußeren Situationen ausgerichtet zu sein –, stellt die Entwicklung des Selbst auch eine Aufbauleistung für das Selbstmitgefühl dar. Daher dient dieser Bereich des FächerModells der Stärkung der Beziehungsfähigkeit zu sich selbst und den für die Person bedeutsamen anderen (Lebens- und Arbeitswelt) sowie der Überprüfung, ob diese Formen für die Person (noch) stimmig und adäquat sind. Die sich daraus entwickelnden Möglichkeiten kann die Person für die Gestaltung einer für sie sinnvollen Lebensgestaltung nutzen. Dabei kann sich die Selbstentwicklung der Person nicht nur auf die aktuelle Reflexion über die eigene Situation beziehen, sondern birgt auch die Chance, diese im Rahmen ihrer Gesamtbiografie zu nutzen, indem es zu einer Neubeschreibung ihrer Erfahrungen in der Vergangenheit sowie der gewünschten in der Zukunft kommen kann. Entwicklung bedeutet somit eine Auseinandersetzung mit stetiger Veränderung und der Bereitschaft, Anliegen, Probleme, Konflikte sowie Wünsche und Interessen achtsam wahrzunehmen, um daraus das Potenzial zur selbstwirksamen Lebensgestaltung zu schöpfen.

Mögliche Fragen im Bereich Selbstentwicklung könnten sein:

- Wer hat Sie in Ihrer Entwicklung inspiriert?
- Was ist Ihnen wichtig?
- Was bedeutet »sinnvoll« für Sie?
- Wie sehen Ihre leitenden Prinzipien aus?
- Was hindert Sie daran, in Kontakt mit Ihrer Ethik zu kommen und sie auszuleben?
- Worüber ist es schwer für Sie, zu sprechen?
- Welche Aspekte des Tages fühlten sich weniger bequem oder hilfreich für Sie an?
- Leben Sie Ihre eigenen Ideen, Wünsche und die eigene Geschichte?
- Verhalten Sie sich so, wie Sie es von sich erwarten?
- Verhalten Sie sich so, wie Sie glauben, dass die anderen es von Ihnen erwarten?
- Erlauben Sie sich, von den alten Mustern loszulassen?
- Haben Sie die Empfindung eines falschen Selbst und ein Bild von Ihrem wahren Selbst?
- Was hat das Leben mit Ihnen gemacht und wo und wann haben Sie es gestaltet?
- Was ist Ihnen an Gutem geschehen, was an Schwierigem?
- Welche Aufgaben und Chancen hat das Leben Ihnen gestellt?

- Was würde sich verändern, wenn Sie sich damit anfreunden?
- Was müsste passieren, dass Sie Ihr Leben so leben, wie Sie sich es wünschen?
- Was öffnet den Raum, in dem Ihr Selbstvertrauen verborgen ist – hinter welcher »Tür« versteckt es sich?
- Woran erkennen Sie, dass Sie das sind, was Sie glauben, zu sein?
- Was, glauben Sie, erwarten die anderen von Ihnen, und was gehört noch zu Ihrem alten Weltbild?

Für eine Reihe von Fragen in dem Bereich Selbstentwicklung sind keine direkten Antworten notwendig, sondern sie wirken in und durch sich in den Gedanken, Gefühlen und Körperempfindungen weiter.

5 Mentalisieren, Triangulieren und Reflektieren – drei Entwicklungslinien zum Aufbau von Wunschkompetenz

Wie auch an den Fallbeispielen in Teil B deutlich werden wird, geht es in den unterschiedlichen Beratungs- und Therapieformaten im ersten Schritt um die Erkundung der Themen, die als problematisch erlebt werden, im zweiten um die Bewusstmachung der damit verbundenen Wünsche nach Veränderung und im dritten Schritt um die dafür von der Person zu entwickelnden oder bereits vorhandenen Fähigkeiten zu integrieren, sodass die gewünschte Veränderung erreicht werden kann. Daher wird aus drei lebensnahen und erklärungskräftigen Perspektiven (zusammenfassend) dargestellt, welche Prozessvariablen den Wunsch nach Veränderung unterstützen. Denn das Modell zur Befähigung einer Person bzw. von Personen, ihr eigenes Leben sinnvoll zu gestalten, gelingt nur, wenn es mit den für die Person bedeutsamen Lebensinhalten und -formen gefüllt wird.

Die Entwicklung einer Wunschkompetenz erweist sich als ein intensiver Entwicklungs- und Veränderungsprozess, der vor allem durch drei Fähigkeiten entscheidend mitgeprägt und ermöglicht wird:

- der Fähigkeit zum *Mentalisieren,* um Bezug zu sich selbst und den anderen aufnehmen zu können;
- der Fähigkeit des *Triangulierens,* um sich in Bezug zu wechselnden Konstellationen und Kontexten zu setzen;
- der Fähigkeit des *Reflektierens* im Sinne einer reflexiven Haltung zu sich selbst, zu anderen und weiteren Elementen der Umwelt.

Mentalisieren befähigt die Person zur Verarbeitung und Interpretation von Informationen über die eigenen sowie die mentalen Zustände anderer. Triangulierend sieht die Person sich stets im Kontext ihrer selbst und in Bezug zu den anderen. Reflektieren als eine grundsätzliche Haltung schafft die Voraussetzung, um zwischen dem konkreten Tun und Handeln einen Zusatzraum zu entwickeln und die daraus entstehenden Beziehungen wie auch Wechselwirkungen mit in den Blick zu nehmen und das eigene Handeln darauf einzustellen.

5.1 Mentalisierung im Rahmen von Wunschkompetenz

Fonagy, Gergely, Jurist und Target (2004) sprechen von der großen kognitiven Revolution, die sich für den Homo sapiens vor etwa 70.000 Jahren vermutlich in Afrika ereignet hat. Was sie damit meinen, ist die Fähigkeit des Menschen, sich eine Realität vorzustellen, die sich von derjenigen unterscheidet, die unmittelbar erlebt und wahrgenommen wird. Diese Fähigkeit ermöglicht es der Person, sich vorzustellen, was im Geist eines anderen vor sich gehen könnte. Und sie befähigt die Person auch, sich vorstellen zu können, welche Art von Gefühl wohl dazu geführt haben mag, das zu tun, was sie in der Vergangenheit getan hat, was sie in der Gegenwart gerade tut und was sie in der Zukunft gern tun würde. Dies stellt eine anspruchsvolle Fähigkeit dar, weil es schwer, wenn nicht sogar unmöglich ist, den eigenen Geist in Echtzeit zu erkennen.

Mentalisieren bedeutet demnach, sich auf die inneren mentalen Zustände (Gedanken, Gefühle, Wünsche, Bedürfnisse, Überzeugungen etc.) seiner selbst und anderer beziehen zu können und diese Zustände als dem Verhalten zugrunde liegend zu begreifen.

Die Bedeutung der Mentalisierung spiegelt sich insbesondere auf der Ebene der Wahrnehmung und subjektiven Interpretation der Umwelt wider. Beobachtung, Befinden, Bedürfnisse und die Fähigkeit, aus dem Beziehungserleben heraus angemessene Verhaltensweisen zu zeigen, um mit sich selbst und den anderen in Kontakt zu bleiben, leiten sich daraus ab. So zeigt sich in sozialen Beziehungen, dass es zu Komplikationen kommt, wenn Beteiligte nicht in der Lage sind, zu mentalisieren. Das offenbart sich im Rahmen der Arbeit mit der Wunschkompetenz, sobald diese Personen ihre eigenen Wünsche oder die bei den anderen vermuteten nicht wahrnehmen bzw. artikulieren können.

In einem prämentalistischen Zustand wird die Umwelt unmittelbar mit der Befriedigung der eigenen Bedürfnisse in Zusammenhang gebracht. Hierunter fällt der sogenannte *teleologische Modus,* welcher normalerweise auf eine frühe kindliche Phase begrenzt ist, in der die Abläufe in der Umwelt zwar in ihrer Kausalität wahrnehmbar sind, aber sich zugrundeliegende Motive und Wünsche der anderen nicht vorgestellt werden können. Bei erwachsenen Personen zeigt sich der teleologische Modus z. B. in übertriebenen Forderungen an andere, ohne sich deren Situation bewusst zu machen. Eine weitere Differenzierung des prämentalistischen Zustands stellt der *Äquivalenzmodus* dar. In diesem Modus hält eine Person ihre (und nur ihre) Gedanken für real und wahr und verteidigt diese beharrlich, da sie ihre Innenwelt als identisch mit der Außenwelt wahrnimmt. Das lässt eine relativierende Wahrnehmung oder Beschreibung kaum zu und offenbart sich vor allem in eskalierten Konfliktsituationen, wie sie etwa in der Mediation bearbeitet werden, in denen die Konfliktbeteiligten auf ihren Positionen beharren und ihre Sicht als die einzig richtige, objektive Realität darstellen (vgl. Fallbeispiel 8). Der sogenannte *Als-ob-Modus* stellt eine dritte Ausprägung dar, die als prämentalistisch beschrieben wird und in welcher Innen- und Außenwelt rigide voneinander getrennt und zusammenhangslos wahrgenommen werden. Das innere Erleben erscheint dabei als irrelevant und spielerisch irreal. Eigene mentale Zustände werden ohne persönliche Empfindung und affektdistanziert auf eine klischeehafte und deutende Weise dargestellt.

Das FächerModell ermöglicht eine situationsbezogene – anstatt einer generalisierten bzw. unbewusst manifestierten – Umgangsweise mit dem aktuellen Konflikt bzw. dem Anliegen der Person unter Bezug auf die mentalisierten Interessen und Wünsche der beteiligten anderen. In der Arbeit mit FäMoS wird daher vor diesem Hintergrund in den einzelnen Segmenten der Bereiche deutlich darauf geachtet, die Person ihren jeweiligen Affekt wahrnehmen zu lassen, um über das Gefühl und das körperliche Spüren die Unterschiede in den drei Zeitzonen als Indikator für die gewünschte Veränderung erleben zu können und die damit verbundenen konkreten Wünsche zu entwickeln.

Die Möglichkeit, sich mithilfe des Modells der unterschiedlichen Facetten des eigenen Verhaltens bewusst zu werden, schafft die Voraussetzung, sich selbst dazu verhalten zu können und mit diesem neuen Selbstbewusstsein (selbst) die Situationen und Aktionen bewusst beeinflussen zu können und sich nicht durch einen Affekt getrieben zu erleben.

Gelingt es der Person, die Bearbeitung ihrer inneren Zustände zu ordnen, so entwickeln sich für sie neue Handlungsmöglichkeiten kommunikativer, gedanklicher und körperlich spürbarer Art. Mit der strategischen Auswahl der Fragen wird die Person durch die unterschiedlichen Bereiche und Segmente des FächerModells geführt. Dabei werden stets ihre Ebenen der Wahrnehmung von und der Beziehung zu sich selbst wie auch zu den anderen in ihrer Wechselwirkung im Verlauf kommunikativ einbezogen.

Dies stellt dann nicht nur für die Person selbst, sondern auch für die daran beteiligten anderen Personen eine konstruktive Entwicklungslinie dar. Das zeigt sich insbesondere bei der Arbeit mit dem FächerModell in Gruppen, Teams bzw. Mehrpersonensettings. Durch eine Präzisierung der gegenseitigen Wünsche und der gegenseitigen Spiegelung der sich daraus ergebenden Gedanken und Affekte steigt die Toleranz gegenüber einem möglichen Aufschub oder auch einer Versagung von Wünschen bei gleichzeitiger Steigerung der Beziehungsqualität. Wird der Wunsch nicht einfach abgelehnt oder ignoriert, sondern konkretisiert, hinterfragt und die Folgen sowohl von jedem Einzelnen als auch von der Gruppe bedacht, so können Unterschiede und Gemeinsamkeiten genutzt werden, um im Sinne einer »bezogenen Individuation« (Stierlin, 1994) das eigene Selbst im Kontakt mit anderen zu entwickeln.

Eigene Affekte und die der anderen (individuum- oder kontextbezogen) werden auf diese Weise konkretisiert und können auf die aktuelle Situation bezogen werden. So wird beispielsweise die Empfindung, sich im Team im Stich gelassen oder zurückgewiesen zu fühlen, durch die Frage subjektiviert, was genau das für die Person bedeutet. Intensiviert werden die Gefühle und die damit einhergehenden Körperempfindungen durch die Frage, wie und woran die Person dieses bemerkt. Der soziale Kontext und die Wechselwirkungen zu anderen Personen im System lassen sich durch die Frage erfassen, wer daran beteiligt ist. Wogegen die Frage nach dem aktuellen Erleben in Kombination mit der Frage, wie lange die Person diese Situation schon kennt, sowohl die zwei Zeiträume in den Blick nimmt als auch die erlebten Unterschiede zwischen ihnen. Eine weitere Verknüpfung mit der Vorstellung, was die Person glaubt, wie es ihr in einem halben Jahr gehen werde, wenn sie nichts an der Situation ändern würde, erweitert noch einmal die Möglichkeit, auf unterschiedlichen Ebenen das Bewusstsein der Person von sich selbst und die Bedeutung der anderen zu steigern und damit auch die subjektive Konstruktion ihrer Wirklichkeit zu erfassen.

Die Bedeutung zirkulärer Wechselwirkungen zwischen dem Selbst der Person und den bedeutsamen anderen zeigt sich auch in der entwicklungspsychologischen Hypothese, wonach intrapsychische Affektwahrnehmungen von Anbeginn des Lebens stets einen intersubjektiven Abstimmungsprozess wiedergeben (Ammaniti u. Gallese, 2014).

In der Praxis zeigt sich die Bedeutung des eigenen Verhaltens für die anderen insbesondere durch den Einsatz zirkulärer Fragen. Fragt man z. B. in einer Weiterbildungsgruppe die Teilnehmenden, die im Rahmen des Curriculums bereits gemeinsame Seminarerfahrungen gemacht haben, nach bedeutsamen Momenten und Verhaltensweisen des jeweils linken Nachbarn (eine Intervention, die ich gern in Gruppen nutze), so zeigt sich neben einer Spannung und interessierten Neugier der Person, die vorgestellt wird, das Ausmaß, die Bereitschaft und die Fähigkeit der vorstellenden Person, sich in die andere Person hineinfühlen und die mit ihr gemachten Erfahrungen kognitiv und affektiv beschreiben zu können. Die Erkenntnis, dass sich Absicht und Wirkung des eigenen Verhaltens unterscheiden, ist den Beteiligten zwar oft kognitiv klar, doch zeigt sich bei dieser Übung auch, wie gut es den einzelnen Personen gelingt, zu mentalisieren oder eher aus einem prämentalistischen Modus die Situation zu beschreiben. Eine gute Mentalisierungsfähigkeit hat sich auch in Bezug auf Beratungsprozesse mit Führungskräften als hilfreich herausgestellt, um bei Wünschen zur Veränderung und Entwicklung eine förderliche Kommunikationskultur hervorzurufen.

Insgesamt lassen sich zur Anregung der Mentalisierung vier Ebenen von Fragen differenzieren:

1. Fragen nach dem Erleben typischer Situationen, um von einer Verallgemeinerung Abstand zu nehmen;
2. Fragen nach den erlebten Affekten als Beschreibungen der emotionalen Qualität der Person in der relevanten Situation;

3. Fragen nach der Bewertung einer Situation als Reaktion und Empfindung der Person auf die von ihr angenommenen Erwartungen anderer ihr gegenüber;
4. Fragen nach den Grundannahmen als Basis für Erwartungen, die bereits eine längere (biografische) Geschichte haben (Rottländer, 2015).

Die im FächerModell berücksichtigte mentalisierende Haltung beachtet folgende Merkmale bei der Entwicklung einer Wunschkompetenz:

- Anerkennung und Betonung kompetenter Fähigkeiten des Mentalisierens einer Person;
- Zeigen von Interesse an den Gedanken und Gefühlen der anderen;
- Interpunktieren des Prozesses (Stoppen oder gezielte Fragen zu unterschiedlichen Segmenten des Modells stellen), um Mentalisierung wieder zu ermöglichen;
- Intensität der Befragung in den einzelnen Bereichen: intensiv befragen und gegebenenfalls weitere Interventionen, um Unterschiede von Narrativen anzuregen;
- Identifizierung und Benennung unbewusster Gefühlszustände durch person- und kontexterfassende Hypothesen;
- Nutzen unterschiedlicher Frageformen, die sowohl dem systemischen als auch dem psychodynamischen Modell zuzuordnen sind (Rieforth, 2012; von Schlippe u. Schweitzer, 2019);
- explizite Beteiligung des Prozessbegleiters im Sinne von »self disclosure« bzw. Wahrnehmung und Kommunikation von Gegenübertragungen, um die von ihm wahrgenommenen (unbewussten) Informationen – gegebenenfalls als Übertragungswünsche – aus dem Erleben der Person zu verbalisieren (Rieforth u. Graf, 2014; Schreyögg, 2013).

Neuere Erkenntnisse im Forschungsgebiet der Mentalisierung bestätigen diese Erfahrungen (Taubner, 2016). Danach reicht es nicht aus, wenn der Prozessbegleiter der Person die Mentalisierung demonstriert und darüber versucht, ihr die Einschätzung der Situation abzunehmen. Stattdessen hilft es, wenn die Person sie situativ-sinnlich für sich erfährt, wie dies im Rahmen des FächerModells möglich ist. Durch die Strukturierung der Bereiche und der unterschiedlichen Segmente im Modell wird die Person in die Lage versetzt, diese Mentalisierungen selbst auszuführen und zu üben. Dies führt bei entsprechender praktischer Übung dazu, ihr eigener Prozessbegleiter zu sein und bei einem Problem in Selbstanwendung das FächerModell zur Selbstentwicklung zu nutzen (vgl. Unterkapitel 6.6).

Befindet sich die Person zum Beispiel im FächerModell im Bereich »Wunsch« mit dem Segment »Vergangenheit« und wird von der Prozessbegleiterin danach gefragt, wie sie zum damaligen Zeitpunkt die Situation erlebt hat, dann lässt sich die (Un-)Fähigkeit, mentalisieren zu können, erkennen. Gelingt es der Person nämlich, die Bedeutung für das eigene Selbst und der damaligen anderen unterschiedlich darzustellen, und darüber hinaus auszudrücken, wie sie sich die Situation heute wünschen würde, so kann von einer Mentalisierungsfähigkeit ausgegangen werden. Durch die Reflexion objektiver Situationen in Form subjektbezogener Bedeutungsgebungen wird es möglich, die daraus entstandenen Erfolge oder Misserfolge im Umgang mit sich und den anderen für die Person bewusster und erfahrbarer zu machen.

Durch eine mentalisierende Haltung wird die Person darin unterstützt, sich ihrer eigenen Gefühle bewusster zu werden, um so zusätzliche Impulsgeber zur Gestaltung eines sinnvollen Lebens nutzen zu können. Die Entwicklung einer Wunschkompetenz schafft auch die Grundlage, Affekte zu zeigen und die unterschiedlichen Emotionen in den Situationen mit sich selbst und den anderen auszudrücken (Cowen u. Keltner, 2017). Dabei spielen Methoden, die das sinnliche Erleben ansprechen, eine große Rolle. Mit dem Fokus auf die Selbstwahrnehmung der eigenen Körpersignale und Affekte sowie der eigenen Fantasiewelt wird das Vermögen zur Selbstreflexion wie auch des Identitätserlebens gesteigert. Zusätzlich wird durch das Mentalisieren die gleichzeitige Wahrnehmung der anderen (Objekte) und der sich daraus ergebenden Selbst-Objekt-Differenzierung gefördert. Die Fähigkeit, durch die Arbeit mit dem FächerModell emotionale Kommunikationsmuster zu erkennen und zu entwickeln, erleichtert die Beziehungsgestaltung zu anderen und fördert die Empathie. Ebenfalls gelingt es leichter, die Reaktionen anderer zu antizipieren, und es verbessern sich die Möglichkeiten der Affekt-

und Impulssteuerung sowie die damit verbundene Selbstwertregulierung. Dies hat nachhaltig einen positiven Einfluss auf die Person(en), durch die gesteigerte Differenzierungsfähigkeit Bindungen einzugehen, zu halten und zu lösen, Hilfe anzunehmen sowie positive innere Bilder von anderen wichtigen Menschen und sich selbst zu internalisieren. Diese Form der Reflexion von Emotionen lässt sich auch auf die Bereiche Denken und Kognition erweitern.

5.2 Triangulieren im Rahmen von Wunschkompetenz

Triangulierung bezeichnet die modellhafte Erweiterung einer Beziehungskonstellation zwischen zwei Personen um eine dritte, sodass es möglich wird, scheinbar widerstrebende Bedürfnisse nach Distanz und Verbundenheit zu versöhnen. So spricht die Psychoanalyse von der größten Herausforderung der Entwicklung eines Paares, wenn es durch ein Kind notwendig ist, die bestehende Dyade durch die Entwicklung einer Triade zu erweitern (Abelin, 1986). Sie schafft die Voraussetzung für den Wechsel zu und die Orientierung an dem, was dem eigenen Selbst guttut, ohne den oder das andere abzuwerten. Gegensätzliche Gefühle von Liebe und Aggression, von Nähe und Distanz, von Einigkeit und Dissonanz können gleichzeitig bestehen bleiben, und es kann gelernt werden, diese auszubalancieren. Triangulierung ermöglicht die Überwindung der dyadischen Bindung als Ausgangspunkt der frühkindlichen Entwicklung hin zu einer triadischen Beziehung, welche die anfängliche Symbiose mit der Mutter öffnet und den Weg bereitet für die Ablösung und Individuation.

Die Form der Triade stellt aus psychoanalytischer Sicht die Urform menschlicher Beziehungsmuster dar und ermöglicht sowohl Bindung als auch Trennung, Entwicklung wie auch Konstanz in den Beziehungen zu sich und anderen. Sie erlaubt die Ausbildung eines eigenen Profils und erfordert keine Anpassung im Sinne von Erwünschtheit und dysfunktionaler Loyalität. Sie fördert das Wünschen und die Verantwortungsübernahme für das Eigene, ohne verstrickt oder allein zu sein. In der sinnstiftenden Form zeigt sich das Herauswachsen aus dem primären Beziehungsdreieck in einer Art »bezogener Individuation« (Stierlin, 1978), bei der sich der Einzelne selbst ernst nimmt, würdevoll respektiert und ebenso auch die anderen Beteiligten, mit denen er auf unterschiedliche Art verbunden ist (Ermann, 1993).

Buchholz (1995) weist daraufhin, dass eine triadische Perspektive nicht besagt, wie die Dinge wirklich sind, aber der Person die Möglichkeit gibt, wenigstens auf drei Blickpunkte zu schauen, und dass sie dadurch einigermaßen sicher sein kann, den subjektiv sinnvollen Zipfel ihrer Wirklichkeit erwischt zu haben.

Diese Fähigkeit, zu triangulieren, greift die zentralen menschlichen Bedürfnisse nach Zugehörigkeit, Bindung und Anerkennung auf. Sie trägt im salutogenetischen Sinne zur Überwindung symbiotischer Beziehungsmodi bei und schafft die Basis für eine vollständige Entwicklung. Dadurch wird die Entdeckung des Dritten zum Schlüssel der Veränderung und ermöglicht neue Erkenntnisse, Handlungsoptionen und Lösungsmöglichkeiten (Rieforth, 2006).

Triangulieren verweist auf das Dritte und den Dritten als eine triadische Kapazität (Bürgin, 1998; von Klitzing, 1998), zu mehreren bedeutungsvollen anderen Beziehungen aufzunehmen, in einen wechselseitigen Dialog zu treten und ohne Ausschluss des Dritten auszubalancieren. Bauriedl (1994) spricht von der eigenen inneren Beweglichkeit, die eine Person befähigt, im Kontakt mit den anderen Akteuren den »Winkel zu halten« (S. 235 f.).

Die besondere Berücksichtigung der dritten Position zeigt sich im Rahmen des FächerModells in dem Bereich der Selbstentwicklung als jene Möglichkeit, aus dieser Perspektive auf die aktuelle Frage oder das aktuelle Problem zu schauen. Dies kommt auch durch die Fragen zu den drei weiteren Bereichen des Modells und den dazugehörigen Segmenten in der Zeit, die zur Reflexion der eigenen Person und den anderen anregen, zum Ausdruck. Durch besonders fokussierte Fragen, die zwischen der oft scheinbar entgegengesetzten internalen psychodynamischen Welt und der externalen systemischen Welt eine Brücke bauen, besteht darüber hinaus für die Person die Möglichkeit, nicht nur die Beziehung der anderen zueinander zu beobachten, sondern sich auch in die Position zu bringen, in ihren Interaktionen von sich selbst als einem Dritten beobachtet zu werden.

Dadurch entwickelt sich die Fähigkeit, sich selbst in der Interaktion mit anderen zuzusehen, einen anderen Blickwinkel einzunehmen, ohne den eigenen aufzugeben, über sich selbst nachzudenken und dabei sich selbst allein und in Gemeinschaft zu entwickeln. Die Arbeit mit dem FächerModell und die damit verbundene Entwicklung der Wunschkompetenz vermittelt die Fähigkeit zur reflexiven Selbstbezüglichkeit und zum selbstreflexiven Handeln.

Kommunikation stellt ein Ereignis zwischen mindestens zwei Personen dar, die stets in einem triadischen, also mehrrelationalen System abläuft: Kommunikation ist somit nicht nur eine Handlung zwischen zwei lebendigen Kommunikatoren, sondern es gibt dabei stets auch ein Drittes, das sowohl in Form von Kommunikationserfahrungen, internalisierter Sozialisation, Normen, Rollen, Traditionen und Einstellungen als auch in Form von visuellen, geschriebenen und gesprochenen Medien und Konventionen beteiligt ist. Ebenso nehmen dritte Personen Einfluss auf die dyadische Kommunikation und melden der Dyade die Wirkung ihrer Kommunikation unvermeidlich verbal und nonverbal zurück. Kommunikation ist daher nie allein die Sache der beiden Kommunizierenden, sondern geschieht immer in einem sozialen Kontext und kann auch nur dort richtig verortet werden.

Die Triade stellt die vermittelnde Kraft dar, die sowohl öffnet als auch eine strukturierende Funktion des Dritten repräsentiert. Die Herausbildung und Stabilisierung einer triangulären Struktur verweist auf eine neue Handlungs- und Entscheidungslogik, die nicht mehr dem Prinzip des *Entweder-oder,* sondern dem des *Sowohl-als-auch* folgt. Dadurch werden Dialogräume zugleich auch zu potenziellen Räumen triadischen Verstehens, in denen es in affektiv aufgeladenen Situationen gelingen kann, eine Bezogenheit zu dritt zu entwickeln und zu erhalten (Fivaz-Depeursinge u. Corboz-Warnery, 2001).

Triangulierung umfasst die Präsenz von Dreien, die sowohl voneinander getrennt und differenziert als auch über wechselseitige Beziehungen miteinander verbunden sind, die Qualität der Beziehungen innerhalb dieser Dreieckskonstellationen und die Ausbildung einer psychischen Binnenrepräsentanz dieser Beziehungen. Gelungenes Triangulieren zeigt sich also in dem Prozess, über konkrete Beziehungen innere Bilder zu entwickeln, aus denen eine internalisierte psychische Organisation erwächst, um diese in die psychische Struktur des Selbst zu integrieren.

5.3 Reflektieren im Rahmen der Wunschkompetenz

Selbstreflexion richtet die Aufmerksamkeit von außen nach innen (Bauer, 2015; Reddemann, 2019) und schützt so gegen die Reizüberflutung von scheinbaren Wünschen und Bedürfnissen, die nicht die eigenen sind. Wie ja schon deutlich geworden ist, braucht es zunächst eine Grundlage für die bedeutsamen Themen und Wünsche einer Person (Fonagy et al., 2004; Taubner, 2016).

Mögliche Fragen zur Anregung der Selbstreflexion könnten die folgenden sein:
- Erlebe ich mich im Moment so, dass ich mich entsprechend meiner Wünsche und Bedürfnisse verhalte, und wie zeigt sich dies?
- Gibt es darüber hinaus auch noch andere Aspekte, Eigenschaften, Fähigkeiten, die für die Ausdrucksweise (Repräsentanzen) meiner Wünsche und Bedürfnisse von Bedeutung sind?
- Bildet die Form, wie ich meine inneren Wünsche nach außen bringe, alles vollständig ab, was für mich dazugehört oder fehlen noch wichtige Anteile?
- Bedeutet die aktuelle Beschäftigung mit meinen Wünschen für mich eine große Herausforderung, die auch mit Angst und gefühlter Unsicherheit verbunden ist (aufgrund meiner bisherigen Erfahrungen aus der Vergangenheit)?

Durch Außenreize werden unterschiedliche Netzwerke aktiviert. Ist durch diese auch als »Trigger« zu bezeichnenden Stimuli ein problematisches Netzwerk aktiviert, gelingt die gewünschte Veränderung nicht, da in dem aktivierten Netzwerk die für die Veränderung benötigten Ressourcen nicht zur Verfügung stehen und die Potenziale sich nicht entfalten können. Daher stellt es im Rahmen der Entwicklung von Wunschkompetenz das Ziel dar, sich besser beobachten zu lernen, um auf diese Weise wahrzunehmen, in welchem Netzwerk man sich gerade in Bezug auf den eigenen Wunsch befindet und wie sinnvoll man sich verhält.

Um neue Muster im Denken, Handeln und Fühlen zu entwickeln, braucht es eine immerwährende Übung, Ausdauer und Disziplin und oftmals einen Zeitraum von sechs Wochen, um neue Hirnstrukturen zu etablieren. Nach dem Hebb'schen Prinzip »Wire-and-Fire« (Hebb, 2002) bilden sich die synaptischen Verbindungen sowohl durch die wiederkehrende Vorstellung der gewünschten Veränderung als auch durch das konkrete Handeln.

Das Wort »Reflexion« bedeutet so viel wie zurückwenden, zurückstrahlen und widerspiegeln. Das lateinische »reflectere« geht dabei über das reine Beobachten hinaus. Es ist analytisch und dekonstruktiv zugleich und integriert dabei Erfahrung und Beobachtung. In der dazugehörigen Haltung wird auch die Bereitschaft zur Unsicherheit, zum Staunen und Zweifeln deutlich, aus der ganz neue Sichtweisen und ein Mehr an Möglichkeiten entstehen können (Gröning, 2013). Dies ist insbesondere zur Entwicklung einer Wunschkompetenz notwendig, um ursprünglich fragmentierte, isolierte, unverbundene und sich widersprechende Tatsachen und Bedingungen durch die Reflexion im Bereich »Wunsch« des FächerModells mithilfe der unterschiedlichen Segmente anzuregen und zu einer sinnhaften Gesamtgestalt zusammenfügen zu können. Die Wechselwirkungen zwischen Interaktions- bzw. Kommunikationsmustern auf der Ebene personaler Prozesse ermöglichen auf diese Weise eine Verbindung zu den stets sich im Kontext befindlichen sozialen, biografischen und historischen Prozessen. Dadurch steigt die Selbstwirksamkeitserwartung, nach der Personen in der Regel motiviert sind, zu handeln (Kriz, 2017).

Selbstentwicklung ereignet sich stets in einem sozialen Kontext. Das Selbstkonzept der Person wird auf der einen Seite durch Selbstbeobachtung und auf der anderen Seite durch Vergleiche und Rückmeldung von anderen Personen geprägt. Durch die Entwicklung der Wunschkompetenz mittels des FächerModells kann das Selbstkonzept durch die neue affektive Rahmung zur Steigerung des Selbstwertgefühls und der Selbstwirksamkeitserwartung führen. Durch die empfundenen Problemsituationen mit den erwünschten Veränderungsvorstellungen wird insbesondere für den Bereich der Wünsche ein Raum geschaffen, in dem die Selbsterkenntnis der Person steigt und sich neue Wege zur Bewusstwerdung eigener Wünsche, Bedürfnisse sowie bedeutsamer Werte eröffnen. Dabei können auch verletzliche

Selbstanteile integriert werden, die für die Entwicklung einer gesunden Identität eine große Rolle spielen. Das dialogische Prinzip bekommt im Rahmen des FächerModells noch einmal eine besondere Bedeutung für die Entwicklung alternativer Handlungsstrategien als Basis für eine wertebewusste und sinnstiftende Lebensgestaltung.

Im reflektierenden Denken entsteht ein neues Sinnverstehen durch die Integration sowohl logisch-analytischen als auch verstehend sozialen bzw. seelischen Denkens. Schreyögg (2013) spricht davon, dass Reflexionen zum Gegenstand des Emotionswissens werden. Um die Emotionen auch regulieren zu können, müssten sie allerdings auch handlungswirksam werden. So stellt in Therapie- und Beratungsprozessen eine konstruktive Auseinandersetzung der Person mit ihren eigenen unbewussten Mustern die Grundlage für die Selbst- bzw. Identitätsentwicklung und damit Veränderung dar. Durch die Fähigkeit des Reflektierens gelingt es, in der Beziehungssituation mit dem oder den anderen das aktualisierte Erleben zu beachten, zu begreifen und auch regulieren zu können. Dies befähigt die Person, flexibel in ihrem Denken, Fühlen und Handeln zu bleiben und so die vielfältigen Möglichkeiten zu erfahren, wie die geistige Haltung gegenüber dem eigenen Leben veränderbar und darüber eine Steigerung erlebter Unabhängigkeit von äußeren Einflüssen zu erfahren ist.

Durch den Prozess mit sicheren, vertrauensvollen und haltgebenden Elementen und gleichzeitig kreativen, herausfordernden und entwicklungs- und potenzialfördernden Anregungen, wie diese im Rahmen der Arbeit mit dem FächerModell zur Verfügung stehen, unterstützen Interventionen und Fragen die Person bei der Gestaltung neuer Ideen und Vorstellungen über die eigene Wirklichkeit. Die klare Struktur einerseits und die Gestaltung einer individuellen Dynamik andererseits zeichnet das FächerModell im besonderem Maße aus. Es ermöglicht, durch die Verbindung der vier Bereiche mit den zugehörigen Segmenten die unbewussten Konfliktlagen ressourcen-, bedürfnis- und erfahrungsorientiert bewusster werden zu lassen und erwünschte Veränderungsvorstellungen zu entwickeln. Insbesondere für den Bereich der noch nicht bewussten und damit verborgenen Wünsche eignet sich dieses Modell sehr gut. So werden der Person damit die Wünsche immer bewusster und sie lernt sich darüber zugleich immer besser in ihrem eigenen Selbst kennen.

Die Anregung zu diesen unterschiedlichen selbstreflexiven Prozessen können vom Prozessbegleiter genutzt werden, um in der Situation für die Person präsent zu bleiben und sich beim aktuellen Problem auf die dahinterliegenden Wünsche und ihren Potenzialen zum weiteren Umgang mit ihm zu konzentrieren. Dadurch stellt sich eine Offenheit für die eigenen und die Gedanken sowie Gefühle der anderen ein, durch die sich die Person in ihrem Selbst weiterentwickeln kann und auch, wenn nicht gleich als weise, aber sicher mit neuem Glanz zu präsentieren vermag (Rieforth, 2007).

So werden u.a. die Achtsamkeit, die Verbundenheit mit anderen, die Empathie und Dankbarkeit sowie die Fähigkeit, sich eigener Grenzen und Schwächen bewusst zu werden, gestärkt (Rieforth u. Beermann, 2017). Dies hat Auswirkungen auf die Selbstbewusstheit, das Selbstvertrauen und die Beziehungs- und Kommunikationsfähigkeit.

5.4 Das FächerModell und die Bedeutung des »Dazwischen«

In der Arbeit mit dem FächerModell geht es in der Regel nicht um das Finden linearer Ja-Nein-Antworten. Gesucht werden in den vier Bereichen und den einzelnen Segmenten stattdessen analoge, Zusammenhänge herstellende Antworten, die Verbindung schaffen zwischen einzelnen Aspekten, Situationen und Personen. Die Person soll durch den Selbstentwicklungsprozess gefördert werden, die Dinge im Verhältnis zueinander betrachten zu können, um so die für die Gestaltung des eigenen Lebensflusses günstigste und sinnvollste Einstellung zu erkennen.

Während eine ziel- und lösungsorientierte Perspektive auf eine messbare Veränderung mit einem Soll-Ist-Vergleich und ausgewählten Informationen (Kennzahlen) ausgerichtet ist, bietet eine Hinwendung auf eine erwünschte Veränderung (analoge Perspektive) potenziell die Möglichkeit, unendlich viele Informationen zu gewinnen, um darüber den Prozess der Veränderung dynamisch abbilden zu können.

Angezeigt werden also nicht nur exakte Werte, sondern auch der Prozess zwischen möglichen Werten und dem Entwicklungsverlauf. Daher sind im FäMoS auch die drei Segmente zu den jeweiligen Bereichen von entscheidender Bedeutung, da auf diese Weise durch entsprechende Fragen an die Person die Veränderungsabsichten und der Veränderungsprozess bewusst gemacht werden können. Bei einer analogen Betrachtung ergibt sich eine kontinuierliche Kurve, wogegen bei einer konkreten lösungsorientierten Betrachtung das Ziel im Vordergrund steht und die Funktionsweise des Prozesses verlustbehaftet ist: Es gibt Verluste an Erlebens- und Erinnerungsqualität. Wilkens (2017) macht darauf aufmerksam, dass es beim Analogen um Unabhängigkeit und Selbstbestimmung geht, was vorrangig im Humanen und nicht im Technischen wurzelt. Es geht von den Bedürfnissen des Menschen aus und nicht allein von den technischen Möglichkeiten. Analog zu erkennen ist dagegen für die Person aufregend, überraschend und im positiven Sinne verstörend, weil dieser Prozess Beziehungen herstellt, Verhältnisse bildet und qualitätsorientiert ist. Analoge Prozesse befassen sich mit proportionalen, sich verändernden Beziehungen, indem Vergleiche angestellt und Verhältnisse abgebildet werden. Dadurch ergibt sich eine produktive Begegnungsqualität mit einem persönlichen Charakter, der die Vielfalt von analogen Verhaltens- und Beziehungsmustern abbildet. So zeigen sich z. B. Spontaneität und Kontinuität im Rahmen persönlicher Entwicklung mit den anderen ebenso wie ein besonderer »Teamspirit«, durch den erkennbar wie auch erlebbar wird, dass eine Gruppe mehr ist als die Anzahl ihrer Personen – analog der Vorstellung von Aristoteles: »Das Ganze mehr ist als die Summe seiner Teile« (Aristoteles, 4. Jh. v. Chr./1907, VII 10: 1041b).

Die Perspektive auf die analogen Prozesse und Entwicklungen öffnet Türen zu bedeutsamen Wechselwirkungen in einem fortlaufenden Prozess. Im Fokus stehen dabei nicht nur die erzielten Resultate, sondern auch die Bezüge, wie sie zustande gekommen sind. Reflexive Fragen intensivieren die Betrachtung der Prozesse über die Zeit und machen der Person bewusst, wie sie die Situation damals erlebt hat im Vergleich zu der heute erwünschten Veränderung und welche Assoziationen (Bilder, Töne, Gefühle etc.) ihr dazu heute einfallen. Dies löst Resonanzen aus, sodass der Zeitpunkt und die dazugehörigen Umstände im Veränderungsprozess emotional, körperlich und kognitiv von ihr wieder nachempfunden werden können. Dies stellt eine wesentliche Information für die Bewusstwerdung von Abwendungs- und Hinwendungsenergie für die Person dar, die in der abstrakten und digitalen Welt nicht erfasst und damit auch nicht gefördert würde.

Das Gebiet des Analogen interessiert sich in erster Linie nicht für die quantitative Summe der Dinge, sondern für die relative Qualität der Verhältnisse zwischen den Dingen im Verlauf eines Prozesses. Das Ergebnis steht nicht im Vordergrund, sondern Verhältnisse und Verhältnismäßigkeiten. Die der analogen Beziehung innewohnende prozessorientierte und kontextuelle Qualität ist dafür verantwortlich, dass unsere menschlichen Bindungen eine so erstaunliche Macht ausüben können.

Analoge Logik und Intuition ermöglichen der Person, verborgene Wiederholungsmuster in einem scheinbar chaotischen komplexen Kontext (wieder) zu erkennen. Aus analogischer Perspektive bestehen die Dinge nicht an sich, sondern sie befinden sich miteinander in Wechselwirkung – analog einem Selbstorganisationsprozess –, rhythmisch durch Raum und Zeit und mit einer ganz eigenen Logik und Sinnhaftigkeit (Dörner, 1989; Jantsch, 1979; Scharmer, 2015; Senge, 1998). Während »kühle Wissenschaftlichkeit« die lineare Logik von Ursache und Wirkung als Wissenschaftsmethode ansah, in der Beobachter und der Gegenstand der Beobachtung voneinander getrennt wurden, wies Einstein bereits auf die Bedeutung der Position des Betrachters als relative Größe hin (Einstein, 1921/2009). In dieser besonderen Betrachtung des Dazwischen und der sich daraus ergebenden wechselseitigen Interdependenz entwickeln sich neue Formen der Entwicklung auf personaler, interpersoneller und systemischer Ebene, die eine subjektive, auf Beziehungen gegründete Sichtweise – die von empfindlichen, sich ständig veränderten Netzwerken ausgeht – miteinschließt. Dadurch bleibt die Verbindung zu einem universalen Sinn erhalten, der stets nur subjektiv sein kann (Capra u. Mattei, 2015; Gebser, 1988; Gottwald, 2018; Haken u. Schiepek, 2006; Strunk u. Schiepek, 2013). Eine Objektivität ohne die Berücksichtigung der Perspektive, aus der heraus etwas betrachtet wird, ist demnach nicht möglich. Wirklichkeit hängt stets davon ab, welche Beziehung eine Person als Beobachterin der Wirklichkeit zu ihr hat (Bateson, 1981). Durch eine entsprechende Analyse, wie sie mit dem FächerModell möglich ist, kann – ähnlich wie durch den Aufbau einer Gewohnheit – Stabilität erzeugt, Schutz geboten und Entwicklung gefördert werden (vgl. Kapitel 6).

Teil B

6 Wunschkompetenz in der Praxis

Im ersten Teil des Buchs habe ich die Dimension und Bedeutung des Wünschens und die Ausbildung der Wunschkompetenz als besondere Interaktionsleistung zur Selbstentwicklung beschrieben und dargestellt. Im zweiten Teil veranschauliche ich mit dem FächerModell den einflussreichen Faktor des Wünschens anhand von Fallbeispielen aus unterschiedlichen Therapie- und Beratungssituationen, Wissenschafts- und Weiterbildungskontexten sowie Selbstanwendung.

Dabei illustriere ich anwendungsbezogen die Bedeutung der Wunschkompetenz anhand der besonderen Fokussierung auf den Wunsch im Prozess der Bearbeitung mit den damit verbundenen Entwicklungspotenzialen.

Im Folgenden werden die wichtigsten Merkmale der Wunschkompetenz und die sich mit ihr entfaltende starke Kraft in Veränderungsprozessen im Sinne konstruktiver Entwicklungsverläufe zusammengefasst dargestellt:

▸ Wunschkompetenz unterscheidet zwischen Wunsch und Wunscherfüllung.

▸ Wunschkompetenz ermöglicht im Prozessverlauf die Bewusstmachung von bisher unbewussten Wünschen.

▸ Wunschkompetenz dient der Integration analoger Zusammenhänge und Verbindungen und der Bedeutung des Dazwischen.

▸ Wunschkompetenz fokussiert auf die kraftvolle Frage nach dem Wofür.

▸ Wunschkompetenz dient in der Triade aus Problem, Wunsch und Potenzial als Förderungsmittel der Selbstentwicklung.

▸ Wunschkompetenz bildet Brücken zur Entwicklung des Selbst.

▸ Wunschkompetenz kann mithilfe unterschiedlicher Methoden und

Techniken Wechselwirkungseffekte erfassen und die Fähigkeit zur Selbstreflexion steigern.

▶ Wunschkompetenz verbindet Person und Kontext.

▶ Wunschkompetenz stellt den Zusammenhang her zwischen (Grund-) Bedürfnissen und den Wünschen nach Gesundheit, Wohlbefinden und einem sinnvollen Leben.

▶ Wunschkompetenz stärkt die Kraft des Wünschens und reduziert ihre Hemmnisse.

▶ Wunschkompetenz stellt eine neue Form der Gestaltung von Lebensqualität dar.

▶ Wunschkompetenz schafft Transparenz, um auf den Ursprung und Sinn des Wünschens blicken zu können

▶ Wunschkompetenz verbindet Wünsche, Werte und kollektives Bewusstsein.

▶ Wunschkompetenz macht deutlich, was es für das Wünschen braucht.

▶ Wunschkompetenz verweist auf die Bedeutung des Wünschens in Veränderungsprozessen.

▶ Wunschkompetenz erfasst sowohl das Unbewusste und Bewusste als auch den Kontext bei der Entwicklung von Wünschen.

▶ Wunschkompetenz schafft Verbundenheit mit dem Selbst und den anderen.

▶ Wunschkompetenz stellt einen Vermittler zwischen Wunsch und Selbst dar (Selbstentwicklung).

Wie in Teil A des Buches veranschaulicht wurde, ist jede Person potenziell in der Lage, zu reflektieren und sich in Raum und Zeit zu bewegen. Dabei ist es möglich, sich Vergangenes, Gegenwärtiges und die Vorstellung des Zukünftigen bewusst zu machen. So kann sich eine Person rein gedanklich an andere Orte begeben mit immer wieder neuen inneren Bildern und Gefühlen. Grundlage ist im Allgemeinen die erlebte Diskrepanz zwischen einem als beglückend oder erfreulich bewerteten Soll-Zustand, dessen Erreichbarkeit ungewiss und vielleicht unbeeinflussbar ist, und einem aktuellen Ist-Zustand, der eine Sehnsucht beinhaltet oder anders ausgedrückt »zu wünschen übrig lässt«. Demgemäß akzentuiert das Wünschen Diskrepanz und Motivation, denn ein Merkmal von

Depression stellt ja bekanntlich die Tatsache dar, eigene Wünsche und Bedürfnisse nicht mehr wahrnehmen und in Anspruch nehmen zu können. Für Boothe (1998) bildet dagegen die Fähigkeit, Wünsche formulieren zu können, den Nährboden einer zugleich elementaren wie subliminalen Fertigkeit dar, dem Leben Wert zu geben – und dies in der suggestiven Kunst des Genießens. Gleichzeitig haben Menschen die Fähigkeit, die Diskrepanz zwischen Wunsch und Wirklichkeit, zwischen mangelhaftem Ist-Zustand und erwünschtem Soll-Zustand, mental mittels Fantasien, Hoffnungen und Träumen zu überbrücken. Wunscherfüllung ist, der Freud'schen Tradition folgend, ein komplexer psychophysischer Prozess, der sowohl geistige als auch körperliche Elemente (etwa Triebreduktion) in sich vereint.

6.1 Wunschkompetenz im Kontext von Psychotherapie

Psychotherapie ist ein Angebot zur Behandlung seelischer Krankheiten, verstanden als krankhafte Störung der Wahrnehmung, des Verhaltens, der Erlebnisverarbeitung, der sozialen Beziehungen und der Körperfunktionen. Zum Wesen dieser Störungen gehört, dass sie sich der willentlichen Steuerung durch die Person zum Teil oder in Gänze entziehen. Die Störungen können durch seelische oder körperliche Faktoren verursacht werden und sind durch unterschiedliche Symptome und in krankhaften Verhaltensweisen, denen aktuelle Krisen oder Strukturen seelischen Geschehens zugrunde liegen können, erkennbar. Auch Beziehungsstörungen können Ausdruck von Krankheit sein, gelten allerdings nur als seelische Krankheit, wenn ihre ursächliche Verknüpfung mit einer krankhaften Veränderung des seelischen oder körperlichen Zustandes nachgewiesen wird, so wie es heute die systemische Psychotherapie leistet (Gemeinsamer Bundesausschuss [GBA], 2018). Demnach wird Krankheit als Teil einer größeren, je nach Perspektive als störend oder auch gestört erlebten Interaktion angesehen, an der eine oder mehrere Personen so sehr leiden, dass ihnen Krankheitswert zugeschrieben wird (Schweitzer u. von Schlippe, 2012, S. 15).

Psychotherapie wendet methodisch definierte Interventionen an, um auf die als Krankheit diagnostizierten seelischen Störungen einen systematisch verändernden Einfluss zu nehmen und Bewältigungsfähigkeiten des Individuums in seiner sozialen Umgebung aufzubauen. Strotzka (1975, S. 4; zit. nach Rieforth u. Graf, 2014, S. 17 f.) hat bereits vor mehr als vierzig Jahren eine integrative Definition entwickelt, die für alle Psychotherapieverfahren Gültigkeit beanspruchen kann: »Psychotherapie ist ein bewusster und geplanter interaktioneller Prozess zur Beeinflussung von Verhaltensstörungen und Leidenszuständen, die in einem Konsensus (möglichst zwischen Patient, Therapeut und Bezugsgruppe) für behandlungsbedürftig gehalten werden, mit psychologischen Mitteln (durch Kommunikation) meist verbal, aber auch averbal, in Richtung auf ein definiertes, nach Möglichkeit gemeinsam erarbeitetes Ziel (Symptomminderung und/oder Strukturänderung der Persönlichkeit) mittels lehrbarer Techniken auf der Basis einer Theorie des normalen und pathologischen Verhaltens.«

In den folgenden Beispielen sind die Bezüge zu den unterschiedlichen Bereichen im FächerModell kursiv gesetzt, damit die Leserin und der Leser die Kategorien schnell und einfach erkennen kann. Am Ende der Beispiele folgt eine Darstellung der Selbstanwendung des FächerModells.

Fallbeispiel 1: Autonomie und Sicherheit zugleich – wie soll das gehen?

Die Patientin kam in die Sitzung und war ganz aufgebracht über die aktuelle Situation mit ihrem Vater. Sie berichtete, dass er entgegen mehrfacher Absprachen immer wieder einen hohen Geldbetrag auf ihr Konto überweisen würde. Dies komme seit dem Tod ihrer Mutter vor, und selbst die Rücküberweisung von ihrer Seite habe nicht die gewünschte Wirkung, da der Vater den Betrag sogleich wieder neu anweisen würde. Sie empfinde diese Beträge aber als unangemessen und würde sich dadurch weiterhin abhängig fühlen, was sie nicht mehr wolle.

Nach einer längeren Darstellungsphase, die der Patientin ermöglichte, ihren Ärger und ihre Enttäuschung auszudrücken *(Problem),* erkundigte sich der Therapeut nach ihrem Wunsch in dieser Situation.

Die Patientin formulierte daraufhin ihre Ideen, die zum Ausdruck brachten *(Wunsch),* dass hinter ihrem Wunsch nach Unabhängigkeit, Autonomie und gefühlter Individuation – nach vielen Jahren finanzieller Unterstützung während ihrer Ausbildungsphase – für sie etwas fehlen würde, wofür sie noch keine Worte finden könne.

Daher führte der Therapeut sie durch konkrete Fragen noch einmal zurück in den Bereich *Problem,* wo sie dann von ihrer Sorge berichtete, dass die Betreuung ihres Vaters im fortgeschrittenen Alter gefährdet sei. Durch die entsprechenden Fragen wurde ihr dann ein weiterer Aspekt bewusst, nämlich der Wunsch nach Sicherheit und Klarheit, was für sie auch beinhalte, ihren Vater versorgt zu wissen. *Dieser Wunsch* stellte für sie eine bis dahin nicht bewusste, aber sehr bedeutsame neue Information dar, die, stimuliert durch die Fragen und ihr Erleben in der FäMoS-Struktur, der Patientin selbst nun erst bewusst wurde.

Mit dieser neuen, wunschbezogenen Kompetenz ging eine Stärkung ihres Selbst(wertgefühls) einher. Im durch die therapeutischen Fragen angeregten Selbstorganisationsprozess fand die Patientin ihren eigentlich bedeutsamen tieferliegenden Wunsch, der zum Schlüsselmoment im Veränderungsprozess wurde.

Der Impuls an dieser Stelle, explizit nach *ihrem Wunsch* und nicht nach ihrem Anliegen oder einer Problemlösung zu fragen, machte es für sie möglich, eine Tür zu öffnen, die mithilfe der Wunschkompetenz nicht nur auf sie allein bezogen war, sondern sie selbst, ihren Vater und ihre Beziehung zueinander im Sinne einer Lebenslinie (Bedeutung des Vaters für sie in der Vergangenheit, Gegenwart und vorgestellten Zukunft) miteinbezog.

Bei der Bewusstwerdung *dieses Wunsches* wirkte die Patientin in ihrer Stimme und der Ausstrahlung des Körpers erkennbar klarer und gelöster. Das Bewusstsein, dass es ihr nicht nur um ihr Streben nach Unabhängigkeit ging, sondern insbesondere um ihren Wunsch nach einer guten Versorgung ihres Vaters, entspannte sie. Und es war jetzt möglich, in den nächsten Stunden an Ideen zu arbeiten, wie sie sich mit ihren Potenzialen diesen Wunsch erfüllen bzw. ihm näher kommen konnte, um zufriedenstellende Antworten auf ihre Fragen zwischen Autonomie und Sicherheit zu finden.

Sie entwickelte dann mithilfe des Therapeuten dahingehend eine kreative Idee, dass sie immer dann, wenn der Vater wieder einen Geldbetrag überwies, den aus ihrer Sicht überzogenen Teil auf ein eigenes Konto als Rücklage für eventuelle spätere Pflegekosten ihres Vaters transferieren wollte. Sie erinnerte sich daran, dass ihre Großmutter über mehrere Jahre einen Geldbetrag angespart hatte, um im Alter die Ausgaben selbstständig begleichen zu können. Dazu sei ihr Vater leider überhaupt nicht in der Lage. Auf diese Weise konnte sie nun gleichzeitig ihrem Wunsch entsprechend handeln, ohne weitere diesbezügliche Streitigkeiten mit ihrem Vater austragen zu müssen.

Fallbeispiel 2: Auf der Suche nach den eigenen Wünschen – Selbsterkenntnis und wofür das alles?

Der Patient kam traurig und etwas verzweifelt in die Therapiesitzung. »Wenn ich hier in der Sitzung bin, dann fühlt sich die Veränderung und der nächste Schritt viel leichter an, zu Hause geht es dann nicht«, so eröffnete er die Sitzung.

Er war seit längerer Zeit krankgeschrieben und sah sich noch nicht in der Lage, seine Arbeit wieder aufzunehmen. Auf die Frage, *was er sich wünschen würde, erwiderte er als Erstes, dass er finanzielle Sicherheit wolle, um in Ruhe seine Sachen machen zu können.* Bezogen auf die finanzielle Sicherheit sei er im Gespräch mit den zuständigen Behörden.

Auf die Nachfrage, um welche »Sachen« es denn gehen würde, überlegte er eine Weile und sagte dann: »Malen, Zeichnen und weitere künstlerische Dinge«, die er seit einiger Zeit mit Freude anfertigen und entwickeln würde. Bezogen auf seine bisherige berufliche Existenz als Saxofonist, Musiklehrer und vormals Bandmusiker gebe es keine Veränderung. Das Saxofon wieder einmal in die Hand zu nehmen, dazu verspüre er überhaupt keine Lust.

Im Therapieprozess folgte dann eine längere Sequenz, in der ihm noch einmal deutlich wurde, dass ihm das Erlernen und später auch das Spielen des Instruments lange Zeit das Gefühl gegeben hatte, dass er es gern getan hat. Allerdings wurde im weiteren Verlauf klarer, dass es kein authentischer Wunsch von ihm war, Saxofon zu lernen. Es gab ihm aber die Möglichkeit, in dieser Zeit dem enormen Druck seiner Eltern zu entgehen und die teilweise damit verbundenen intensiven Demütigungen für einige Zeit verstummen zu lassen. Durch seinen musikalischen Erfolg habe er in gewisser Weise die Anerkennung bekommen, die er sich immer gewünscht habe, allerdings hatte er im Therapieprozess zwischenzeitlich den Eindruck gewonnen, dass die Anerkennung nicht ihm als Person, sondern seiner Leistung gegolten hat. Jetzt sei nach vielen Jahren, nach einer abgebrochenen Bandkarriere und nach Jahren als Musiklehrer, den damit verbundenen Umzügen mit dem Verlust emotional bedeutsamer Personen und einem Mobbingprozess an der letzten Arbeitsstelle, seine Lust zu spielen, auf null gesunken. Diese Erfahrung sei für ihn sehr schmerzlich gewesen, und *es sei für ihn schwer zu fühlen, was er wirklich wolle und worin seine Wünsche liegen würden.* Im weiteren Verlauf der Sitzung berichtete er dann auf die Fragen zum *Wunsch in der Vergangenheit,* dass er vor ca. 15 Jahren in einer Band gespielt habe, die sich für ein Projekt zur Unterstützung der Artenvielfalt eingesetzt habe. Dies habe ihn fasziniert, da die Themen ihm bereits damals sehr wichtig vorkamen. Die Vorstellung, sich diesen Themen heute wieder intensiver zu nähern, motiviere ihn, und er erinnere sich auch noch an eine Person aus der damaligen Initiative, die er versuchen wolle zu kontaktieren.

Diese Idee nahm er mit, gemeinsam mit der Aufgabe, nachzuspüren (zu fühlen und zu denken), *wofür* dieser erneute Kontakt für ihn wichtig war und gleichzeitig offen dafür zu sein, wie der Wunsch sich in der Zwischenzeit weiterentwickeln würde (stärker, schwächer). Gleichzeitig bekam er den Auftrag, zwischen den Sitzungen aufmerksam zu sein, wie sich der Wunsch in seiner Intensität in der Zwischenzeit weiterentwickeln würde und sich so in der Entwicklung der Wunschkompetenz zu üben. Mit dieser Übung zum Fühlen und Bewusstwerden von Wünschen endete die Sitzung.

Beim nächsten Termin berichtete er, dass er in der Zwischenzeit durch die Beschäftigung mit seinen Wünschen seinem eigentlichen Wunsch näher gekommen sei. Das habe dann dazu geführt, dass er angefangen habe, bei einer kleinen Kooperative mitzuhelfen, die sich um die Gestaltung von Gärten bei Senioren kümmern würde. Dies habe ihn zufrieden gemacht und mit Freude erfüllt, was er so schon lange nicht mehr verspürt habe und als eine stimmige Verbindung mit sich erlebe.

Er merke dabei auch, dass ihn die Beschäftigung mit seinen Wünschen noch weiter führe, dass es noch mehr Dinge geben könne, die damit in Verbindung stehen würden und denen er gern weiter nachgehen und für sich entdecken möchte. So wirkte es bei diesem Patienten, als hätte er den Wunsch nicht losgelassen, sondern seinen noch tiefer liegenden Wunsch entdeckt, der mit seinen eigentlichen Bedürfnissen und Werten in Verbindung war und nun auch seine Korrekturen auf der Handlungsebene fand, was dem Klienten wieder Energie, Kraft und Selbstwertgefühl gab.

Losgelassen habe er von seinem erlebten Gefühl der Fremdbestimmung, das aus dem noch kindlichen Anerkennungswunsch seinen Eltern gegenüber stammte. Stattdessen sei er nun in eine Art Übergangsstadium eingetreten, das ihm den weiteren Weg auf seiner Reise in ein für ihn sinnvolles Leben ermögliche. So reifte der Klient über die Entwicklung seiner Wunschkompetenz in seiner Selbstentwicklung (nach). Er wurde sich selbst stärker bewusst, was die Voraussetzung für ihn war, selbstkongruenter zu handeln.

In der Regel ist es bei Personen, die bisher wenig Zugang zu ihren eigenen Wünschen haben, zunächst hilfreich, deren Sensibilisierung für das Erkennen von Wünschen zu steigern. Eine zu schnelle Umsetzung im Sinne der Wunscherfüllung erweist sich daher häufig kontraindiziert. Die Fähigkeit, die eigene innere Erlaubnis zu trainieren, auf die Suche nach Wünschen gehen zu dürfen und diesen Prozess der Unschärfe und der Entwicklung bis zur Klarheit auszuhalten, ist von übergeordneter Bedeutung. Immer wieder kommt es vor, dass sich Klienten auf die Frage: »Was wünschen Sie sich denn?« im ersten Moment verwirrt oder gar empört reagieren, frei nach dem Motto: »Das Leben ist doch kein Ponyhof!« oder: »Weihnachten ist doch schon lange vorbei!« In diesen Fällen braucht es häufig einen individuell bestimmten Zeitraum, in welchem allmählich erkannt wird, dass es sich bei Wünschen nicht um Geschenke von anderen handelt oder um Verwöhnrituale mit unbegrenztem Freizeitwert, sondern um das Erkennen und manchmal erstmaliges Kontaktaufnehmen mit sich selbst auf der Ebene eigener Wünsche und Bedürfnisse, was im Allgemeinen Zeit und Unterstützung voraussetzt. Dabei handelt es sich um eigene, subjektiv hoch bedeutsame Entwicklungsschritte, die das Leben für die Person sinnvoll machen und mit einer echten Selbstberührung verbunden sind.

Bei der Formulierung der Wünsche ist dann stets darauf zu achten, dass der Wunsch positiv ausgedrückt wird (daher nicht: »Ich wünsche mir *nicht* mehr …«) und dass in jedem Fall die Frage nach dem *Wofür* zu stellen ist: »Wofür ist das wichtig?«, d. h. hinwendungs- und zukunftsorientiert ist, um so die Verbindung zu einem sinnvollen Leben zu integrieren.

In der Übungs- und Entwicklungsphase hat sich im Falle der gleichzeitigen Benennung mehrerer Wünsche die Anwendung einer Priorisierung oder eine Skaleneinschätzung als hilfreich herausgestellt.

Fallbeispiel 3: Ich und die anderen – die Reflexion des Fremdbildes als Brücke zur Selbstentwicklung

In einem laufenden Therapieprozess berichtete der Patient (46 Jahre) in einer Sitzung, dass die Schüler seiner Abschlussklasse einen Steckbrief von allen Lehrern angefertigt hatten. Die Rückmeldungen über ihn haben ihn persönlich sehr bewegt, und er sei danach sehr aufgewühlt gewesen. In der Einschätzung der Schüler hätten diese ihn als eine 14-jährige Person bewertet, die im Unterricht zwar anwesend sei, im Unterrichtsprozess allerdings kaum bemerkt würde. Diese Vorstellung sei für ihn total schrecklich, da er dann ja als jünger wahrgenommen würde als die Schüler selbst, die in der 10. Klasse etwa 15–17 Jahre alt seien.

Auf die Frage nach *seinem Wunsch* hinter dem wahrgenommenen Problem sagte er, natürlich würde er sich gern älter fühlen und ausdrucksstärker und altersgerecht wahrgenommen werden *(Wunsch – Gegenwart),* aber er wisse nicht, wie das gehen könne, und daher sei ja auch etwas Richtiges an dem, was die Schüler ausgedrückt hätten, und das fühle sich schlimm an für ihn.

An diesem Punkt ist der Klient wieder in den Bereich *Problem* zurückgegangen. Die Struktur des FächerModells ermöglicht es dem Prozessbegleiter, diese Veränderung jeweils leicht zu bemerken, und er kann auf diese Weise dem Klienten weiteren Raum geben, diesen Bereich zu konkretisieren oder durch weitere Fragen von seiner Seite noch zu vertiefen oder durch die Gesprächsführung mit gezielten Fragen (vgl. Kapitel 4) den Klienten wieder in den Bereich *Wunsch* zurückholen.

Auch in diesem Fall ging es also im Rahmen des FächerModells noch einmal vom *Wunsch zurück zum Problem,* um die Hintergründe besser zu verstehen. Durch Fragen zur eigenen Geschichte und insbesondere durch die Frage, was er aus der Zeit erinnere, als er so alt war wie seine Schüler heute, wurde dem Patienten deutlich, dass er in der eigenen Entwicklung von seinem Vater nicht die Erlaubnis bekommen hatte, »groß werden zu dürfen«. Er erinnerte sich an Situationen, in denen er seine eigene Meinung vertreten hatte, in denen er nicht nur verbal, sondern auch körperlich durch Schläge (mit zwanzig Jahren noch eine Ohrfeige) klein gehalten worden sei. Er könne sich nur an wenige Situationen erinnern, in denen seine Mutter besänftigend auf den Vater eingewirkt habe. Seine ganze Pubertät sei geprägt gewesen von einer gewissen indirekten Form der Rebellion gegen den Vater, gepaart mit Angst und im weiteren Verlauf mit Scham über sein eigenes Verhalten aus der Unsicherheit heraus, dass andere Personen außerhalb der Familie diese Umgangsformen mitbekommen würden. Vor diesem Hintergrund könne er sich heute auch erklären, weshalb er so große Schwierigkeiten habe, vor der Klasse seine Meinung zu sagen und dabei Fehler zu machen.

Dies würde allerdings ganz im Gegensatz zu den Erfahrungen stehen, die er kürzlich in einem Seminar zum Thema »Selbstvertrauen im Rahmen meiner Lehrerrolle« gemacht habe, bei dem er am Ende eine Reihe von positiven Rückmeldungen zu seiner Person bekommen habe *(Potenzial).* Diese hätte er innerlich aber gar nicht annehmen können und zudem hätten diese positiven Einschätzungen ihn stark verunsichert. Zu diesen Rückmeldungen zählten Feedbacks wie »Du machst konstruktive Beiträge im Seminar«, »Du hast eine angenehme und klare Art«, »Du guckst über den Tellerrand hinaus«, »Du hast ein freundliches Wesen«, »Du lieferst ein super Rollenspiel«, aber auch »Du bist niedlich und witzig«.

Bezogen auf seinen Wunsch würde er gern verstehen, wie diese unterschiedlichen Einschätzungen zustande kommen könnten und wie er die Situation in der Klasse verändern könne. Im Rahmen des therapeutischen Prozesses konnte er zunehmend erkennen, dass er aufgrund seiner eigenen Geschichte und seines Erlebens, nicht groß werden zu dürfen, dieses kindliche Verhalten internalisiert hatte und sich daher für die positiven Rückmeldungen aus dem Fortbildungsseminar schämte. Dies machte ihm seine Reaktion ein Stück verständlicher und *ermutigte ihn gleichzeitig in seinem Wunsch,* die Einschätzung seiner Schüler zu verstehen, um daraus Möglichkeiten abzuleiten, seine Wirkung auch in der Klasse nachhaltig im Sinne seines Wunsches nach mehr Selbstvertrauen, Humor und Witz und dabei mit einer freundlichen Art gestalten zu können.

Mit ihm konnte dann im weiteren Verlauf der Sitzung noch erarbeitet werden, dass er im Rahmen seiner *Potenziale* die Schüler bei der nächsten Gelegenheit fragen wollte, wie sie denn auf die Einschätzung bezüglich seines Alters und der Art seines Verhaltens in der Klasse gekommen wären. Die Möglichkeit, durch sein eigenes Potenzial etwas an diesem Bild für sich verändern zu können, stimmte ihn zuversichtlich und gab ihm eine erste Idee, wie er das internalisierte Bild von damals und die Möglichkeiten, in der Gegenwart anders handeln zu können, für ein neues Bild von sich selbst nutzen könnte. Da dieser Prozess in der Praxis mithilfe der FäMoS-Bodenversion stattfand, konnte der Patient im Bereich *Selbstentwicklung* stehend intensiv nachspüren, wie es sich anfühlte, aus dieser Position heraus auf die anderen Bereiche zu blicken und so seinen Wachstumsprozess zu spüren. Durch die unterschiedlichen Fragen zur Selbstentwicklung konnte er die Steigerung seines Selbstwertgefühls und des damit verbundenen Selbstvertrauens aktiv erleben, was für ihn letztlich die Voraussetzung zur Erfüllung seines Wunsches war.

Fallbeispiel 4: Der Wunsch und die anderen – Selbstbewusstsein und Selbsterkenntnis

Die Patientin kam in die Sitzung und berichtete ganz aufgeregt, dass ihre Tochter beabsichtigen würde, auf dem Hof ihres geschiedenen Mannes zu heiraten. Die Patientin wirkte weinerlich und war in keiner guten Stimmungslage. Sie erzählte unter Tränen, dass sie seit dieser Nachricht jede Nacht wieder von dem Hof geträumt habe. In dem Traum sei sie stets »drüben« auf dem Hof gewesen und wenn sie aufwache, spüre sie stark wie eine Art innerlichen Kampf und hoffe, nicht mehr dorthin gehen zu müssen. Sie sei ärgerlich und enttäuscht über sich *(Problem – Gegenwart),* da sie gedacht habe, sie sei längst darüber hinweg. Sie habe sich doch bereits vor mehr als fünf Jahren getrennt, und auch wenn es für sie eine schwierige Trennung gewesen sei *(Problem – Vergangenheit),* so war sie der Auffassung, dass sie dies zwischenzeitlich bearbeitet hätte. Die Tatsache, sich so betroffen zu erleben, belaste sie emotional so stark, dass sie sich in der letzten Woche sogar bei der Vorstellung ertappt habe, im nächsten Jahr bei der Hochzeit vielleicht nicht mehr zu leben, und so um die Entscheidung, an der Hochzeit auf dem Hof teilzunehmen oder nicht, herumzukommen. An diesem Punkt sei ihr klar geworden, dass sie es so nicht mehr wolle, denn damals, ein halbes Jahr nach der Trennung, habe sie diese Gedanken an den Tod bereits gehabt, als sie mit der Diagnose Krebs völlig am Boden gewesen sei und nicht weitergewusst habe.

Zwischenzeitlich habe sie ihr Leben neu gestaltet, die gesundheitliche Krise überwunden, eine neue Arbeitsstelle gefunden, ein kleines Häuschen bezogen und freue sich aktuell, im Rahmen einer Weiterbildung neue Themen zu lernen. Daraufhin habe sie in der letzten Woche mit ihrer Schwester gesprochen, und danach noch mit anderen Freunden, und dabei habe sie gemerkt, dass dies ihr gut getan hat. Ihr sei klar geworden, *da wolle sie nicht wieder hin (Verneinung des Problems stellt – noch – keinen Wunsch dar. Frage dazu: »Was möchte Sie denn stattdessen?«).*

Im Rahmen der Therapiesitzung wurde ihr dann klarer, dass die aktuelle Situation mit ihren inneren Botschaften, Bildern und Erfahrungen verknüpft war, nicht gelernt zu haben, für sich zu sorgen. Sie berichtete, als kleines Kind galt für sie stattdessen die Devise »Augen zu und durch!«, denn dies wurde von ihr so erwartet und nicht, wahrzunehmen und zu zeigen, was für sie selbst wichtig war *(Problem – Vergangenheit, Grundkonflikt).*

Danach schloss sich ein intensiver Prozess zur Entwicklung ihres tatsächlichen, für sie selbst bedeutsamsten Wunsches an. Zunächst konkretisierte die Klientin ihren Wunsch in der Gegenwart als die Entscheidung, für sich einzutreten, sich selbst wichtig und ernst zu nehmen und daher klar gegenüber ihrer Tochter dazu zu stehen, auch anlässlich ihrer Hochzeit nicht zurück auf den Hof zu gehen.

Im Anschluss regte der Therapeut an, sich mit ihren Erfahrungen aus der Vergangenheit in Bezug auf diesen Wunsch zu verbinden (vgl. Abschnitt 4.4.2). Sofort fiel ihr die Phase nach ihrer Krebsoperation ein, in der sie gelernt habe, sich selbst wichtig zu nehmen und sich zum ersten Mal in ihrem Leben angemessen zu versorgen sowie sich gegenüber den Ansprüchen ihres geschiedenen Mannes klar abzugrenzen. Diese Erinnerung löste in ihr ganzkörperlich einen wohligen Schauer aus und ein Lächeln erschien auf ihrem Gesicht *(Wunsch – Vergangenheit)*.

Anschließend erfolgte noch eine Phase der Wahrnehmung in der vorgestellten Zukunft des Wunsches – in diesem Fall in die Zeit ein bis zwei Wochen nach dem Hochzeitsereignis – mit der gedanklichen Vorstellung, wie es sich für sie anfühlen würde, wenn sie nicht auf den Hof gegangen wäre und stattdessen einen anderen Umgang mit der Situation gefunden hätte. Auch hier war deutlich zu erkennen, und so berichtete sie es auch, dass sie sich gut fühlen würde und auch ein bisschen stolz auf sich sei.

Als sie das realisierte, konnte sie sich das erste Mal ein wenig darüber freuen, dass sie zwischenzeitlich den Kontakt zu ihrer Tochter gesucht hatte und in einem ersten Gespräch auf Verständnis bei ihr gestoßen war. Genaueres wollte sie in den nächsten Wochen klären.

Einige Wochen später berichtete sie, dass sie mit ihrer Tochter vereinbart habe, zur Hochzeit auf das Standesamt zu gehen, wo sie als Mutter gern und gut teilnehmen könne. Bei der daran anschließenden Hochzeitsfeier auf dem Hof ihres geschiedenen Mannes würde sie ihrem Wunsch entsprechend nicht dabei sein. Dadurch habe sich ihr »innerer Turm«, der beständig höher geworden war, allmählich wieder abgebaut, worüber die vielen vor allem nachts erschienenen unangenehmen Bilder ihre Kraft verloren hätten.

Bei der Bearbeitung im Sinne der Selbst- und Bewusstseinsentwicklung *(Selbstentwicklung)* führte der Prozessbegleiter die Klientin noch einmal zurück in die Phase vor ihrer Ehescheidung und der schmerzhaften Auseinandersetzungen mit ihrem damaligen Ehemann und Vater der gemeinsamen Kinder *(Problem – Vergangenheit)*. Sie sagte, dass sie lange Zeit geglaubt habe, ihr Mann würde hinter ihr stehen. Sie habe damals gedacht, dass ihr Mann vielleicht den Verstand verloren habe und schon wieder aufwachen und sich dann aus ihrer Sicht wieder normal verhalten würde. Damals hätte sie sich schon über eine längere Zeit krank gefühlt und viele Schmerzen gehabt. Ein halbes Jahr später hätte ihr damaliger Mann sie dann »rausgeworfen«, und ihr und den Kindern in der Folge sogar damit gedroht, ihnen etwas anzutun. Selbst in dieser Situation dachte sie noch, ihr Mann käme wieder zur Vernunft, obwohl sie von ihm zu diesem Zeitpunkt mehrfach finanziell hintergangen worden war, als gemeinsame Einnahmen, z. B. für eine Reise mit seiner neuen Partnerin, zweckentfremdet hatte. Heute würde sie denken, das sei doch sehr naiv von ihr gewesen, doch in der Erkenntnis von heute würde dies auch ihre verinnerlichten Muster als Kind widerspiegeln.

Auf die Frage, durch wen sie denn wieder Lebensmut und Ideen für ein neues Leben bekommen habe *(Potenzial – Vergangenheit),* äußerte sie, das seien Freunde gewesen, ihr therapeutischer Prozess und eine Ärztin, die sie damals gefragt hätte, wie alt ihr jüngstes Kind sei, um ihr zu verdeutlichen, wie wichtig ein Weiterleben insbesondere aus Sicht der Kinder sei. Außerdem war für sie damals schon klar, dass sie nicht auf dem Hof sterben wollte.

Heute würde sie sich freuen, dass sie mittlerweile ein kleines Haus und eine Arbeitsstätte in ihrem alten Beruf habe, der sie seit dieser Zeit ausfüllen würde *(Wunsch – Vergangenheit)* und sie zwischenzeitlich die Freiheit genießen lassen würde *(Wunsch – Gegenwart).* Für die Zukunft habe sie noch den Wunsch, fremde Länder zu bereisen und ihr Leben weiter zu genießen *(Wunsch – Zukunft).* Daher sei sie auch so schockiert gewesen, dass die Träume so heftig mit der alten Lebenssituation verbunden gewesen seien *(Problem – Vergangenheit/ Gegenwart).* Jetzt seien ihr die Zusammenhänge klarer geworden, und so könne sie ihr eigenes Verhalten auch besser verstehen.

Hier wird deutlich, wie die Arbeit mit dem FächerModell sowohl eine personenbezogene als auch kontextuelle Bearbeitung der Situation ermöglicht. Gerade die Erkenntnis des Zusammenspiels vieler unterschiedlicher Aspekte gestaltet sich für die Patientin als wichtig und hilfreich. Die Zirkularität und das Zusammenspiel aus dem aktuellen Problem, dem damit verbundenen Wunsch, der Erkenntnis der Verstrickung mit der Problematik aus der Vergangenheit und der sich dadurch verändernden Selbstreflexion ermöglichen ihr, nach und nach neue Potenziale zum sinnvollen Umgang mit sich und ihrer Situation zu entwickeln. Die Bearbeitung der aktuell virulenten und existenziellen – lebensgeschichtlich sowohl personalen als auch kontextuellen –, sich selbstorganisierenden Wechselwirkungen lassen diese Patientin mit Klarheit und neuer Sicherheit für sich selbst und anderen gegenüber aus dem Veränderungsprozess hervorgehen. Die dadurch ermöglichte innere Neusortierung hilft ihr aus ihren »Albträumen« heraus und bereitet kongruente und klare Handlungsweisen vor, mit denen sie sich selbst und anderen gegenüber eintreten und in Kontakt bleiben kann.

In einer weiteren Sitzung berichtete die Patientin, dass die jetzt entwickelte Klarheit ihr ein gutes Gefühl und die Sicherheit gebe, richtig gehandelt zu haben, ihrer Tochter mitzuteilen, dass eine Rückkehr auf den Hof im Rahmen der Hochzeitsfeier nicht möglich sei. Der für sie damit verbundene Wunsch, ihrer Tochter dies sagen zu können *(Wunsch – Gegenwart),* ohne die Gefahr eines Beziehungsabbruchs zu riskieren, sei ihr jetzt auch in der Verbindung zu ihrer eigenen Biografie deutlich geworden. Die vorbereitenden Gespräche mit den Freunden *(Potenzial – Vergangenheit)* und das Ansprechen in der Therapie *(Potenzial – Gegenwart)* als auch die guten Erfahrungen aus der Vergangenheit *(Potenzial – Vergangenheit),* in der Therapie heikle Themen ansprechen zu können, würde sie dem Ganzen jetzt gelassener entgegensehen lassen. Sie sei gut gestimmt bezüglich der Tatsache, dass ihre Tochter heirate und sie in ihrem zukünftigen Schwiegersohn einen Verbündeten erleben würde, da auch er deutlich gemacht habe, eigentlich nicht auf dem Hof heiraten zu wollen, sondern höchstens die Party dort feiern zu wollen, wenn es seiner zukünftigen Braut wichtig sei.

In diesem Beispiel zeigt sich eine enge Taktung von nah beieinander befindlichen, vielfältigen Themen und Aspekten, die für die Patientin mit ihrem aktuellen Problem in Verbindung stehen. In der Arbeit mit dem FächerModell kann das Bewegungstempo sehr unterschiedlich sein, es richtet sich in der Hauptsache nach dem Prozessverhalten des Klienten. Dieses Beispiel zeigt relativ viele und schnelle Wechsel in den unterschiedlichen Bereichen Problem, Wunsch, Potenzial und Selbstentwicklung in Analogie zu dem stets individuellen Rhythmus und der individuellen Ausgestaltung von Veränderungsprozessen. Ein mögliches Bild könnte in diesem Fall auf eine Bewegung von »tosenden Gewässern« hin zu einem »ruhigen See« hindeuten.

6.2 Wunschkompetenz im Kontext von Supervision und Coaching

Coaching und Supervision berücksichtigen eine spezielle Verbindung zwischen verschiedenen Perspektiven auf die Organisation, die Person und die Arbeitsabläufe, die von der Person in den organisatorischen Strukturen zu bewältigen sind. Diese berufsbezogenen Beratungsformate verlangen sowohl eine Multiperspektivität als auch eine Interdisziplinarität, um adäquate Ressourcen für das Denken, Wahrnehmen und Handeln der Klientin bzw. des Klienten zugänglich zu machen.

Auch wenn Psychotherapie, Supervision und Coaching grundlegend unterschiedliche Interventionsformate sind – bei der Psychotherapie handelt es sich um ein personenbezogenes Heilverfahren, bei den beiden anderen um berufsbezogene Beratungsverfahren –, geht es implizit und explizit in Supervision und Coaching immer auch um persönliche Entwicklung, nicht nur mit dem Fokus auf berufsbezogene Fachthemen, sondern auch zu Fragen der Persönlichkeit, die in vielfältiger Weise den beruflichen Alltag mitbestimmen. Während in den Supervisionsprozessen häufig die Rolle sowie die damit verbundene Arbeitsdynamik über einen längeren, kontinuierlichen Zeitraum im Einzel- oder Gruppensetting reflektiert wird, finden Coachings oft anlassbezogen und meist kurzfristig statt, um aktuelle Missverhältnisse zu klären, die sich aus Problemsituationen ergeben, die in beruflicher Anforderung und persönlichen Voraussetzungen wurzeln.

Da die Bedeutung der Arbeitswelt als Kontext für die Entwicklung psychischer Störungen weiter anwächst, erscheint ein Austausch zwischen psychotherapeutischen und beratenden Fachkräften für Supervision und Coaching (soweit sie nicht als Person beide Qualifikationen vereinen) sehr sinnvoll, um die Vernachlässigung der bedeutsamen Wechselwirkungen und der sich daraus ergebenden Verfahrens- und Interventionsmethoden zu minimieren.

Für Therapeutinnen ermöglicht dies einen ersten Zugang in die relevanten Themen der Organisationsdynamik, um organisatorische, technische und werteorientierte Aspekte erkennen zu können. Damit verbunden wären Grundlagen über die Möglichkeiten und Grenzen des Marktes, der Politik und der Organisation einschließlich der unterschiedlichen Konstellationen in Bezug auf die Frage der Macht in der Organisation (Mikropolitik) und zwischen unterschiedlichen Unternehmen. Demnach braucht ein Psychotherapeut bei personalen Problemen keine neue Methode, wohl aber Kenntnisse über das neue Arbeitsgebiet und diagnostische Kompetenzen, um erfolgreich intervenieren zu können.

Die Beraterinnen ihrerseits könnten informiert werden über die Hindernisse, die sich bei der Bearbeitung von psychischen Problemen und Störungen auftun können, die multifaktoriell und zum Teil biografisch entstanden sind (Schmidbauer, 2007).

Im Supervisions- und Coachingprozess werden die verinnerlichten Beziehungserfahrungen der Person aktiviert, um mit Unterstützung des professionellen Begleiters mit diesen in einen inneren Dialog zu treten. Auf diese Weise entwickeln sich Bilder, Gedanken und Gefühle aus den bisherigen Lebens- und Beziehungserfahrungen mit dem Ziel, diese zu nutzen, um sich als selbstbestimmte und selbstbestimmende Person wahrzunehmen und so in die Lage zu kommen, kreative Handlungsstrategien für die eigenen beruflichen Ziele zu entwickeln (Grimmer u. Neukom, 2009, S. 128 f.).

Psychotherapie sowie Supervision und Coaching stellen Formate einer Beratungsleistung von Menschen für Menschen mit dem Wirkfaktor Beziehung dar, in denen insbesondere die interpersonelle Ebene und die Qualität der Beziehung als evidenter Wirkfaktor belegt wurden. Daher werden nur begrenzt standardisierte Interventionen eingesetzt. Die besondere Bedeutung liegt im Aufbau eines intermediären Beziehungsraumes. Dennoch kommen gerade in der Supervision und im Coaching unterschiedliche Methoden und Medien sowie Interventionen aus der Psychotherapie zur Anwendung, die für Beratungsanlässe transferiert werden.

Der Beratungsraum dient ebenso wie im Rahmen der Therapie als Übergangsraum – als »intermediate area of experience« oder als »potential space« (Winnicott, 1973). In diesem entwickelt sich ebenfalls ein Dazwischen als ein temporaler Sonderraum, in dem es nicht darum geht, zu kontrollieren oder zu steuern, sondern zu Veränderungen anzuregen und zu ermutigen, das eigene Potenzial weiterzuentwickeln. Da das Hervorheben und Verstehen des

Unbewussten nur in der Beziehung mit anderen möglich wird, findet im intersubjektiven Feld des Beratungsprozesses die Erhellung der subjektiven Wirklichkeit statt. Das Unbewusste lässt sich am besten dadurch konkretisieren, indem man (sich) klarmacht, dass es sich um vorgeformte Muster handelt, die sich mit individuellen und organisationalen Mustern verbinden. Diese fügen sich zu einem komplexen Gebilde zusammen und werden im Beratungsprozess transparent. So können die spezifischen Wahrnehmungen, Handlungen und Seinsweisen entdeckt und auf ihre Nützlichkeit für die berufliche Rolle überprüft werden.

Während im Coaching Selbstmanagementkompetenzen vorausgesetzt werden, baut Psychotherapie diese in vielen Fällen zunächst auf, um so (wieder) am professionellen Diskurs mit seinen Handlungsfeldern teilnehmen zu können.

Fallbeispiel 5: Verborgener Wunsch und persönliche Entwicklung – vom Ärger über die Angst zum Sinn

Ein Geschäftsführer (GF I) berichtete in einer ersten Coachingsitzung von einem ernsten Konflikt mit seinem Kollegen, der auch Geschäftsführer war (GF II). Beide betrieben seit mehr als zehn Jahren gemeinsam eine Praxengemeinschaft als Krankengymnast und Osteopath. Seit einem halben Jahr hätte sich nach Aussage von GF I die Zusammenarbeit stark verschlechtert, und aktuell würde es kurz vor der Kündigung des gemeinsamen Vertrages stehen, da der aufgestaute Ärger eine Zusammenarbeit kaum mehr möglich mache. Auslöser sei die Beschäftigung einer neuen Mitarbeiterin in der Praxis des Kollegen gewesen, die sich nicht an die geltenden Absprachen in den gemeinschaftlich genutzten Räumen gehalten habe. Dies könne er (GF I) nicht akzeptieren. Er habe mehrfach zunächst das Gespräch mit der Mitarbeiterin gesucht, doch hätte dies zu keiner konstruktiven Veränderung geführt. Eher habe sich dadurch das Betriebsklima verschlechtert und seine Sorge um eine Konflikteskalation verstärkt.

Daraufhin hätte er das Gespräch mit seinem Kollegen GF II gesucht, in dem sie übereingekommen seien, dass GF II den Vertrag der Mitarbeiterin nicht verlängern werde. Dies hätte ihn (GF I) zunächst beruhigt, leider sei aber dann genau das Gegenteil passiert. GF II hätte den

Vertrag ohne sein Wissen und gegen die Absprache verlängert und die wöchentliche Stundenzahl für die Mitarbeiterin sogar erhöht. Darauf von ihm angesprochen, hätte der GF II ausweichend geantwortet und auf sein Recht bestanden, dass er vertraglich in seinem Bereich einstellen könne, wen er wolle.

Einige Tage später sei GF II allerdings auf ihn zugekommen und habe ihm eine Mediation zur Klärung angeboten. Er hätte dazu bereits einen Termin für ein Vorgespräch gemacht, und er hoffe auf seine Zustimmung. Dieser Bitte habe er (GF I) zugestimmt, da es seine Hoffnung gewesen sei, durch die Mediation zu verstehen *(Wunsch – Gegenwart),* wie es zu den Unstimmigkeiten und dem Alleingang des Kollegen gekommen sei. Gleichzeitig versprach er sich eine Klärung auf der Ebene der Zusammenarbeit mit der Mitarbeiterin und im Gesamtteam, auch für den Fall, wenn eine Kündigung der Mitarbeiterin durch GF II als Lösung nicht infrage käme. Aus der Erfahrung mit einem früheren Mediationsprozess, den er mit dem Kollegen in einem anderen betriebsbedingten Konflikt erfolgreich durchgeführt hatte *(Wunsch – Vergangenheit),* fühlte er sich bei dieser Idee unterstützt, ebenso wirkte die erkennbare Bereitschaft seines Kollegen, sich für die Klärung einzusetzen, motivierend auf ihn. Seine Erfahrung aus dem letzten Mediationsprozess, Konflikte selbstwirksam bewältigen zu können *(Potenzial – Vergangenheit),* um ihre Zusammenarbeit in Zukunft weiter stärken zu können *(Potenzial – Zukunft),* tat ein Übriges.

Bis zu diesem Punkt konnte der Coach die Schilderung der Situation gut nachvollziehen und erkannte den beim GF I damit verbundenen Wunsch zur Klärung der Situation und zur Wiederherstellung eines kooperativen Betriebsklimas *(Wunsch – Gegenwart).*

Doch es ging noch weiter. GF I berichtete dann davon, dass er umso überraschter gewesen sei, als einige Tage vor der Mediation der Kollege den Termin abgesagt und ihm lediglich mitgeteilt habe, dass er in der Mediation keinen Gewinn mehr sehen würde.

Damit hätte sich das Blatt für ihn gedreht und daher wäre er jetzt hier, um im Rahmen des Coachings besser zu verstehen, was da passiert sei und wie er jetzt damit umgehen solle. Jetzt würde es für ihn nicht mehr um die Harmonie im Betriebsablauf gehen, sondern um ihn selbst als Person und seinen Wünschen für Gegenwart und Zukunft in der Firma und überhaupt.

Einige Tage nach dem ersten Coachingtermin entwickelte sich die Situation dergestalt weiter, dass GF II seine Entscheidung an GF I bekannt gab, die Firma im Laufe des nächsten halben Jahres zu verlassen. Dies bereitete GF I einerseits Sorge, dadurch allein mit den Betriebsräumen dazustehen und die Verantwortung nicht mehr auf zwei Personen aufteilen zu können *(Problem – Gegenwart),* andererseits spürte er aber auch eine Last von seinen Schultern genommen und neben dem Ärger über all die zusätzliche Arbeit und Anstrengung in den letzten Monaten eine Befreiung für die kommende Zeit *(Wunsch – Gegenwart/Zukunft).*

Im Rahmen seines Coachingprozesses tauchte bei unterschiedlichen Szenarien immer wieder die Frage auf, wofür denn diese krisenhafte Entwicklung auch gut bzw. bei aller Schwierigkeit auch sinnvoll und konstruktiv sein könnte und was er sich eigentlich für die weitere Entwicklung wünschen würde. Die Geschichten über seine berufliche und persönliche Entwicklung *(Selbstentwicklung – Vergangenheit/Gegenwart/Zukunft)* integrierten in besonderer Form seine vielfältigen Erfahrungen als Geschäftsführer, die damit verbundenen Höhen und Tiefen *(Problem u. Wunsch)* und die daraus entstandenen Auswirkungen auf sein berufliches und persönliches Selbstverständnis, sein Selbstbewusstsein und seine Selbstwirksamkeitserwartungen. Immer wieder standen dabei die Fragen nach dem Wofür im Mittelpunkt: »Wofür ist das wichtig?« »Was bzw. wer erfährt dadurch Unterstützung?« » »Welche Grundbedürfnisse stehen für mich hinter diesem Thema?« In diesem Prozess wird insbesondere deutlich, dass im Rahmen der Wunschkompetenzarbeit nicht das Finden einer Lösung im Vordergrund steht, sondern die Bewusstwerdung des eigenen Selbst und der damit verbundenen Wünsche.

Im weiteren Prozess entwickelte der Coachee Bilder für die Perspektive einer alleinigen Führung:

Demgemäß zeigte sich, dass der Wunsch, zum Ende seiner beruflichen Karriere noch einmal in den Genuss zu kommen, seine Praxis und seine Arbeitsform weitestgehend so zu entwickeln, wie er es sich vorgestellt hatte, zunehmend konkreter wurde. In einer häufigen Wechselfolge zwischen den Bereichen *Wunsch* und *Selbstentwicklung* glich er mithilfe des Coachs die Ideen und Vorstellungen ab und wechselte in Einzelfällen in den Bereich *Problem,* wenn sich herausstellte, dass ein von ihm benannter Wunsch in der Prüfung durch den Bereich

Selbstentwicklung den gewünschten Effekt nicht erzielte. Im Laufe der nächsten zwei Sitzungen entwickelte der Coachee immer mehr Gefallen daran, sich in der Triade *Wunsch, Selbstentwicklung* und *Problem* mit den unterschiedlichsten Konstellationen innerlich (und in diesem Fall auch äußerlich mithilfe des FächerModells) zu bewegen und dabei immer mehr Gefühl und gedankliche Struktur dafür zu bekommen, was für ihn eine angemessene Weiterentwicklung darstellen könnte. Dies führte er zwischen den Sitzungen mit sich selbst wie auch mit Freunden und Kollegen fort, sodass er nach zwei weiteren Sitzungen mit einem Plan in die Sitzung kam, der einen nach seinen Wünschen eingerichteten Eingangs- und Bürobereich sowie der Aufteilung der nunmehr zur Verfügung stehenden Behandlungszimmer zeigte. Diesen Plan legte er auf den Boden und erzählte mit klarer und freudvoller Stimme, wie er sich das vorstelle, wenn er in einigen Monaten mit einer für ihn zur Verfügung stehenden Assistenz von der Terminvergabe und der Vorbereitung der Räume entlastet würde. Ebenfalls sehe er vor seinem geistigen Auge ein Team von Mitarbeitenden, die mit ihm gemeinsam in unterschiedlichen Feldern der kurativen, aber auch präventiven und rehabilitativen Heilkunde zusammenarbeiten würden. Die Teamsitzungen hätten den Charakter wohlwollender Inhalts- und Kooperationsvermittlung – ganz im Gegensatz zu den in der letzten Zeit so oft erlebten Spannungen auf der persönlichen Ebene. Er bekam immer mehr Freude daran, Punkte und Themen zu benennen, die er sich bisher nicht getraut hatte zu denken (und zu wünschen). Ihm sei klar geworden, dass er sich in der Vergangenheit stets aus pragmatischen und Sicherheitsgründen mit anderen Partnern zusammengetan habe, um das kaufmännische Risiko zu minimieren, er habe dabei aber einen hohen Preis in Form von Dissonanzen auf der inhaltlichen und persönlichen Ebene gezahlt.

Die Vorstellung, jetzt zum Ende seiner beruflichen Laufbahn selbst entscheiden zu dürfen, wie viel und wann er noch arbeiten wolle, wie sich das Team zusammensetze und ebenso, dass die Formen der Zusammenarbeit durch ihn entscheidend mitgeprägt werden könnten, brachte ihn in eine neue, bis dahin noch nicht erlebte Hochstimmung (*Wunsch-Gegenwart*). Aus der Sicht des Bereichs *Selbstentwicklung* betrachtet, wurde ihm bei der Vorstellung des Wunsches körperlich leicht und er freute sich darüber, dass ihn dieses Gefühl den bis dahin als nervig empfundenen Konflikt vergessen ließe. Aus dieser neuen und konstruktiveren Perspektive betrachtet, habe sich sein Selbstbild stark verändert. Sein Vertrauen in das Gelingen der alleinigen Geschäftsführung sei gewachsen, sodass er nun mit freudiger Erwartung der Veränderung entgegensehe.

Fallbeispiel 6: Coaching oder Psychotherapie? Oder: Nicht jedes depressive Verhalten ist eine Depression

Der Coachee kam bedrückt und ratlos in die Sitzung. Die Firma habe ihm ermöglicht, während der Arbeitszeit die psychologische Praxis aufzusuchen, um sich Hilfe zu holen. Was war passiert? Im letzten Jahr habe es große Probleme in seiner kommunal agierenden Organisation gegeben, die durch massive Managementfehler verursacht waren und vor allem das von ihm zu verantwortende Aufgabengebiet betrafen. Es hatte deutliche Beschwerden durch die Politik, Stadtverwaltung und Bewohner gegeben, da eine Reihe von Schäden entstanden waren. Eine Wiederholungsgefahr konnte nicht ausgeschlossen werden, sodass dieser gesamte Arbeitsbereich unter starke Anspannung geriet und der Bereichsleiter herausgefordert war, sowohl bezogen auf die allgemeine Öffentlichkeit als auch organisationsintern geeignete Maßnahmen zu entwickeln. Er sei damals als Bereichsleiter verantwortlich gewesen und habe den gesamten Druck des Managements abbekommen. Jetzt, im Herbst, stehe er vor dem neuen Problem, dass im Frühjahr erneut mit Starkregenfällen zu rechnen sei und sich das Drama gegebenenfalls wiederholen würde. Seit einem Vierteljahr sei seine Stimmung sehr gedrückt und in der Firma hätten sie ihn auf sein mangelndes Engagement angesprochen. Da er allerdings eine verdiente Führungskraft sei, ermöglichte ihm die Firma die Möglichkeit einer Psychotherapie, um die »depressive Episode« zu bearbeiten. In der ersten Sitzung berichtete der Klient von der damaligen Situation und seinen Ängsten bezüglich einer baldigen Wiederholung im Frühjahr des folgenden Jahres.

Der Therapeut – zusätzlich qualifiziert und erfahren als Coach und Organisationsentwickler – hatte relativ schnell den Eindruck, dass es sich in diesem Fall nicht um eine heilkundliche psychische Störung, sondern um ein organisationales Problem handeln könnte, welches personalisiert und in gewisser Weise dadurch trivialisiert wurde. Er erkundigte sich daher zunächst nach *dem Wunsch des Klienten* in der aktuellen Situation. Dieser gab an, dass er gern in dem Bereich weiterarbeiten würde *(Wunsch – Gegenwart)*, sich allerdings die Umstände aus seiner Sicht gravierend ändern müssten, um aufgrund der veränderten Witterungsverhältnisse mit der nächsten Herausforderung professionell umgehen zu können und ohne wieder unter massiven Druck zu geraten. Daraufhin bot der Prozessbegleiter ihm ein professionelles Coaching an, um seine Situation als verantwortlicher Bereichsleiter zu verbessern und damit gleichzeitig die malignen Auswirkungen auf die eigene Person zu reduzieren. Falls dann immer noch Bedarf bestehen würde, könnte im Anschluss eine Psychotherapie für ihn erfolgen. Der Klient wirkte durch diese Einschätzung mit der Aussicht auf das veränderte Setting entlastet und stimmte dem Vorschlag gern zu.

Dieses Vorgehen verweist auf die Idee, im Rahmen von Einzelcoaching das Allgemeine auf der Grundlage des Besonderen wahrzunehmen und sich dazu zu verhalten. Während zu den Führungsaufgaben als Primäraufgabe zählt, eine Vision von der Zukunft mit angemessenen Kernstrategien zu entwickeln und durch ein transparentes Vorleben das gültige Wertesystem und den damit verbundenen Verhaltenskodex zu vermitteln, hatte in diesem Fall der Bereichsleiter, das besondere Problem allein zu lösen, ohne Unterstützung durch organisationale Strukturen, wodurch der Wunsch, eine erfolgreiche und sinnerfüllende Aufgabe zu bearbeiten, in weite Ferne gerückt war und ihm klar wurde, inwieweit er in der Organisation im Stich gelassen worden war.

Der Wunsch des Bereichsleiters nach einem professionellen Umgang bei einem erneuten Starkregenereignis machte es dann möglich, mit ihm an Maßnahmen zur Veränderung zu arbeiten. So entstand in der nächsten Sitzung eine Auflistung erwünschter Veränderungen *(Wunsch – Zukunft),* worunter sich auch ein Gespräch mit dem neuen Geschäftsführer des Gesamtverbandes in seiner Region befand, um ihn konkret und zukunftsweisend darüber zu unterrichten. Dazu bereitete der Coachee mithilfe des Coachs eine kleine Flipchart-Präsentation vor, die er beim nächsten Leitungs-Jour-fixe, der gemeinsam mit weiteren Bereichsleitern und dem Geschäftsführer wöchentlich stattfand, vorstellen wollte *(Potenzial – Gegenwart).* Da sein persönlicher Wunsch in seiner Rolle als Bereichsleiter darin bestand, wieder als kompetente, kreative und verlässliche Führungskraft wahrgenommen zu werden *(Wunsch – Gegenwart),* war es ihm extrem wichtig, in der Runde professionell aufzutreten. Da bisher unter der alten Geschäftsleitung Präsentationen aller Art nicht üblich waren, sondern alle Leiter stets auf demselben angestammten Platz saßen, schien ihm dies ein passendes Mittel zu sein, um die Aufmerksamkeit auf sich zu ziehen und im Sinne eines Unterschieds, der einen Unterschied macht, eine professionelle Vorstellung zu geben *(Potenzial – Zukunft).*

In der nächsten Sitzung berichtete der Bereichsleiter von einem großartigen Erfolg. Er habe die volle Aufmerksamkeit von allen bekommen, und der Geschäftsführer hätte jetzt verstanden, was sich auf der organisatorischen Ebene bis zum Frühjahr verändern müsse, um für den Ernstfall gewappnet zu sein. Außerdem würde er seinen Vorgesetzten bei der halbjährlichen Ratssitzung der Gemeinde begleiten, an der dieser regelmäßig teilnahm. Das wollte der Klient für sich auch als Antrittsbesuch in der Gemeinde nutzen und dazu, das von ihm skizzierte neue Konzept des professionellen Umgangs mit Starkregenereignissen zu präsentieren und dafür die Unterstützung der Gemeindevertreter einzuholen. Dies sah vor, dass der Bereichsleiter als Person aus dem Fokus genommen wurde und dass mit Unterstützung des Marketings und der Presseabteilung der Kontakt zu Bürgern, Anwohnern und politischen Vertretern bereits zu Beginn des neuen Jahres aufgenommen werden sollte, um so Transparenz und Eindeutigkeit zu schaffen. Der Bereichsleiter hatte dadurch nur noch die strategische Führung auf der technischen Ebene zu bewerkstelligen, was ihn sehr zufriedenstellte und enorm entlastete.

In der Coachingsitzung nahm der Coach sich noch einmal Zeit, mit dem Bereichsleiter aus der Sicht der *Selbstentwicklung* mithilfe des FächerModells auf den Prozess zu schauen. Der Bereichsleiter spürte zunächst noch einmal in die gefühlte Problemzeit hinein, in der er mit Sorgen an die nächste Schlechtwetterperiode dachte und mitunter nachts aufwachte und sich sehr belastet fühlte, insbesondere auch, da er eine mögliche Problemlösung immer nur mit sich als Person in Verbindung brachte. Die dadurch sich entwickelnde Überforderung war ihm sprichwörtlich ins Gesicht geschrieben, und seine Kräfte ließen täglich nach. Die damalige Vorstellung von der

Zukunft des Problems in einem halben Jahr hatte in ihm das Bild der Kündigung ausgelöst.

Im Anschluss fühlte er sich in den Bereich *Wunsch* ein und konnte sich noch gut daran erinnern, wie sehr er sich wieder eine professionelle Selbstwahrnehmung wünschte, sich allerdings sehr weit davon entfernt gefühlt hatte. Die Erarbeitung und damit die Wiederentdeckung des Wunsches sei sicherlich auch durch die Intervention der Änderung von einem psychotherapeutischen zu einem professionellen Coachingprozess maßgeblich mitbegleitet worden, denn er erinnerte sich, dass er nach dieser ersten Sitzung mit einem anderen Gefühl wieder zur Arbeit gefahren sei. Die intensive Bearbeitung der Möglichkeiten, um seine Selbstwirksamkeit wieder zu stärken und seine vorhandenen Potenziale zu nutzen und gleichzeitig anlassbezogen noch zu erweitern, habe ihm wieder die Kraft gegeben, die er sich gewünscht, aber an die er eine Zeitlang nicht mehr geglaubt habe.

Jetzt, nach dem guten Ausgang, würde er aus der Sicht seiner eigenen Entwicklung sagen, dass er einen persönlichen Changeprozess durchgemacht habe und nicht nur vor sich selbst, sondern auch durch die Rückmeldungen der anderen wieder der sei, für den er sich gehalten habe. Vielleicht sei er sogar noch etwas selbstsicherer als vor der Krise und habe durch diese Aktion mehr Selbstvertrauen, da sie ihm gezeigt habe, was für Potenziale in ihm stecken. Er sei in der Leitung seiner Abteilung mittlerweile dazu übergegangen, bei bedeutsamen Themen mit seinen Mitarbeitenden das FächerModell anzuwenden und damit alle am Prozess zu beteiligen, um die Wünsche nach der jeweiligen Veränderung zu sammeln und die für die Wunscherfüllung notwendigen Potenziale von den einzelnen Personen zu nutzen.

Dieses Beispiel zeigt eindrucksvoll, dass eine gute differenzialdiagnostische Abklärung sinnvoll ist, um die Problemauswirkungen nicht zu schnell und unbedacht der Person allein zuzuschreiben, sondern die personalen, strukturellen und organisationalen Zusammenhänge zu erkennen, um das angemessene Format zur Bearbeitung des Anliegens anzuwenden (Schmidbauer, 2007).

6.3 Wunschkompetenz im Kontext von Mediation

Mediation stellt ein vertrauliches und strukturiertes Verfahren dar, bei dem die Konfliktparteien mithilfe eines oder mehrerer Mediatoren freiwillig und eigenverantwortlich eine einvernehmliche Lösung zur Beilegung ihres Konflikts anstreben (vgl. § 1, Abs. 1 Mediationsgesetz). Heute reicht die Anwendung dieses Verfahrens und weiterer Formen zur außergerichtlichen Klärung von der Bearbeitung konkreter Konflikte bis hin zur Unterstützung in Gestaltungssituationen und Führungskontexten, in denen unterschiedliche Sichtweisen, Einstellungen und Werte Berücksichtigung finden und für eine Lösungsentwicklung genutzt werden. Hintergrund dieses einerseits (ur)alten und andererseits neuen Streitbeilegungsverfahrens ist stets ein respektvoller Umgang der Parteien und die Wahrung der Würde jedes Einzelnen (Redlich u. Schroeter, 2015; Zurmühl, 2014).

Durch die Ergebnisoffenheit im Konfliktregelungsverfahren besteht für die Beteiligten die Sicherheit, eigene Lösungsvarianten finden und umsetzen zu können. Die Haltung des Mediators basiert auf Allparteilichkeit und einer nicht bewertenden, respektvollen Neugier den unterschiedlichen Sichtweisen gegenüber. Diese unparteiische und lösungsoffene Haltung und Rolle des Mediators erweist sich als große Chance, da er durch gezielte kommunikative Interventionen in Form systemischer Fragetechnik, zirkulärer und hypothetischer Reflexionen das Thema in den Fokus der Klärung stellen und die Verantwortung für die Lösung bei den Konfliktparteien belassen kann. Dies erleichtert es, die bis dahin tabuisierten oder durch die Eskalation des Konflikts ausgeklammerten Themen besprechbar und die hinter den jeweiligen Positionen liegenden Interessen, Wünsche und Bedürfnisse transparent zu machen. Diese können im späteren Verlauf von den Medianten für eigene tragfähige Lösungsvarianten genutzt werden, durch die sie ein neues Verständnis für die Situation bzw. den Konflikt gewinnen und das Gefühl der Selbstwirksamkeit erleben (Rieforth, 2012). Durch diesen Prozess erkennen die Konfliktparteien wechselseitig hinter den Streitpositionen häufig nachvollziehbare Bedürfnisse, die im Konfliktfall zu den streitbaren Forderungen geführt haben. Das Bewusstwerden der eigenen

Interessen, Wünsche und Bedürfnisse führt darüber hinaus zu einer Klärung der und Orientierung auf die für das eigene Selbst förderlichen Impulse und Veränderungen.

Fallbeispiel 7: Interkulturelle Familienmediation und friedvoller Wandel durch die besonderen Wünsche

Die Eltern waren zum Termin in die Praxis gekommen und schienen sehr unter Druck zu stehen. Die Mutter wirkte trotz der schwierigen Situation nach außen eher ruhig und klar, während der Vater unruhig und bedrückt schien. Nach einer allgemeinen Einführung in das Mediationsverfahren kamen die (noch) Eheleute schnell auf den Punkt. Neben der vereinbarten Trennung stand in zehn Tagen der Auszug des Mannes aus dem gemeinsamen Haus an, was für ihn das Zurücklassen seines neunjährigen Sohnes und seiner zwölfjährigen Tochter bei der Mutter bedeutete. Dies schien ihm unmöglich, umzusetzen, da er als Mann und Vater aus einer orientalischen Kultur kein inneres Bild dazu abrufen konnte, die Kinder allein bei der Mutter, die deutscher Nationalität war, zurückzulassen. Aus seiner Herkunftskultur heraus, so schilderte er, sei es für ihn als ein solcher Vater nicht vorstellbar, seinen Sohn mit der dann von ihm getrennten Frau allein zurückzulassen, selbst wenn es sich dabei um die Mutter des Kindes handelte. Daher habe er sich lange gegen die räumliche Trennung gesträubt, aber letztendlich habe er jetzt eingesehen, dass eine andere Variante nicht möglich sei. Die Situation mit den zwei Kindern erfordere, dass seine Frau als Mutter für die tägliche Versorgung der Kinder zur Verfügung stehen müsse. Außerdem sei er durch seine durchgängige Berufstätigkeit am Tage für die Kinder nicht verfügbar, und daher sehe er keinen anderen Ausweg. Dies sei für ihn auch ein wesentlicher Punkt gewesen, um einer Mediation zuzustimmen.

In der Folge wurden noch weitere Themen gesammelt, die beide Medianten im Rahmen der Trennung noch klären wollten. Dabei wurde schnell deutlich, dass der Auszug nicht nur für den Mann die höchste Priorität hatte und aufgrund des Zeitdrucks eine kurzfristige Lösung erforderte. Beide entschieden sich nach dem Angebot des Mediators daraufhin, dieses Thema durch die gesamten Phasen der Mediation bis hin zur vereinbarungsfähigen Lösung zu bearbeiten und die noch ausstehenden Themen erst bei einem nächsten Termin zu behandeln.

Bei der Vertiefung des Themas und der Erkundung der dahinterliegenden Wünsche und Bedürfnisse wurde klar, dass der Vater sich überlegt hatte, für den Umzug einige seiner Bekannten einzuladen, um beim Einpacken seiner Sachen zu helfen. *Sein besonderer Wunsch sei, dass seine Kinder dabei seien und er den Auszug gemeinsam mit ihnen machen wolle*, um seine Sachen am Ende des Tages in die neue Wohnung zu bringen, die nicht weit von dem bisherigen gemeinsamen Haus entfernt war. Er wolle die Kinder dabei haben, da er sich dann nicht so allein fühlen würde, und er dachte, dass es für die Kinder sicher schön sei, ihm zu helfen.

Seine Frau hatte bis zu diesem Zeitpunkt zugehört und äußerte aus ihrer Sicht Zweifel, da sie diese Aktion für die Kinder als Überforderung ansah. Sie vermutete, dass sie dadurch noch mehr in die Schwierigkeit kämen, sich »zwischen Mama und Papa zu fühlen« (zwischen den Stühlen zu sitzen) und gleichzeitig ihren Papa so traurig und überfordert erleben zu müssen. Gleichzeitig könne sie aber auch verstehen, dass diese Aktion für ihren Mann als Vater besonders schwer sei und er sich daher Unterstützung wünsche.

Darauf angesprochen, wie das von seiner Frau Gesagte auf ihn wirke, erwiderte er, dass es ihm gut getan habe, zu merken, dass seine Frau nachvollziehen könne, wie schwer diese Situation für ihn sei. Ihre Überlegung bezüglich der Kinder habe er zwischenzeitlich auf sich wirken lassen und er könne sich das jetzt vorstellen, dass er die Kinder damit überfordern würde. Da ihm auch wichtig sei, die Kinder mit ihren Bedürfnissen zu sehen, sei er zu einer Veränderung bereit. Nach mehreren durchdachten Varianten einigten sich die Eltern schließlich darauf, dass der Vater ausschließlich seine Bekannten für den Umzug zu Hilfe nehmen würde, während die Mutter mit den Kindern bei einer guten gemeinsamen Freundin übernachten würde und zum Ende des Wochenendes früh genug wiederkommen wollte, sodass der Vater die Kinder dann zu einem ersten Besuch in seiner neuen Wohnung aus dem bisherigen gemeinsamen Haus abholen könne.

Diese gemeinsam gefundene Lösung vereinte die *Bedürfnisse und Wünsche* aller Beteiligten und zeigte dem Vater die Möglichkeit eines Umgangs, indem seine schwierige Situation auch von seiner Frau wahrgenommen und respektiert wurde und er zudem den Eindruck hatte, dass sie an einer Unterstützung für ihn interessiert war. Dieser gemeinsame Entwicklungsprozess stärkte die empfundene Selbstwirksamkeit bei beiden, wodurch sich der Mann als Vater der Familie stärker zugehörig fühlen konnte. Es entstanden neue Ideen und Möglichkeiten, die seinem Selbstwertgefühl guttaten, wie z. B. am Ende des Umzugstages mit seinen Kindern bei ihm in der neuen Wohnung zusammen Tee zu trinken. Für die Mutter war die Tatsache bedeutsam, dass sie mit dem Vater diese friedliche Regelung hatte treffen können. So konnte sie die Zeit des Umzugs mit den Kindern bei einer guten Freundin verbringen und sich dadurch nicht mehr für das Gelingen der Auszugsaktion verantwortlich fühlen. Gleichzeitig stellte dies einen ersten Schritt für die Differenzierung von Paar- und Elternebene dar, in dem vor allem auch die Bedürfnisse der Kinder von beiden Eltern gewürdigt worden waren.

Fallbeispiel 8: Erfolg und Angst – über die Wunschkompetenz, Enttäuschung zu überwinden und Neues zu wagen

In diesem Beispiel hatten zwei junge Beraterinnen, die im Bereich der interkulturellen Beratung tätig waren, nach einem ersten Kontakt auf einer Fachtagung beschlossen, ein Institut zu gründen, um gemeinsam tätig werden zu können. Sie versprachen sich davon, flexibler in der Kundenbetreuung zu sein und einige Aufträge in einer Doppelbesetzung anbieten zu können. Nach einer kurzen Beratung bei einem Notar gründeten sie das Institut mit der Rechtsform einer GbR und einer Laufzeit von fünf Jahren. In den ersten, fast drei Jahren hatten sie viel Erfolg dabei, und die Zusammenarbeit funktionierte überraschend gut – bis zu dem Tag, an dem eine der Geschäftsführerinnen ein Angebot von einem großen Kunden ihres Instituts für eine Festanstellung erhielt. Diese Organisation hatte beschlossen, die Weiterbildung ab dem nächsten Zeitpunkt in ihrer hausinternen Abteilung anzubieten. Dazu wollten sie die bisher von einer der Geschäftsführerinnen als externe Dozentin durchgeführte Weiterbildung zukünftig intern mit derselben nun festangestellten Dozentin anbieten und so von der guten Zusammenarbeit profitieren. Sie waren bereit, der Geschäftsführerin einen Dreijahresvertrag zu geben mit einem Gehalt, das etwa doppelt so hoch war wie das, was sie im Institut verdiente.

Da die andere Geschäftsführerin zunächst telefonisch nicht zu erreichen war, informierte die Kollegin sie erst am Anfang der folgenden

Woche über das Angebot und die dadurch entstandene besondere Situation. Nach vier Wochen intensivem Hin und Her über den möglichen Verbleib im Institut oder der Annahme des Angebots und der notwendigen Trennung, verbunden mit vielen Tränen, gemeinsamem Schweigen und lauten Wutausbrüchen, folgte eine rechtliche Beratung über die Folgen des Vertragsbruchs durch die vorzeitige Kündigung und die Frage, wie es mit dem Institut und den Kunden weitergehen sollte. Nach fünf Wochen willigten beide Geschäftsführerinnen in die Durchführung einer Mediation ein. In der Präambel dazu wurde deutlich, dass sie mit dem Klärungsprozess erreichen wollten, nach außen ein deutliches Zeichen zu setzen, auch für sich selbst in der Lage zu sein, schwierige Situationen zu meistern und nicht nur anderen dabei behilflich zu sein. Zum anderen wollten sie den ersten gemeinsamen beruflichen Erfolg nicht durch einen solch heftigen Streit beendet wissen.

Nach der Entscheidung der Geschäftsführerin, das Angebot anzunehmen, begann der Mediationsprozess, um die Trennung so gut und so selbstwirksam wie möglich zu gestalten. Auf der Agenda tauchten dann Themen auf wie der Umgang mit Kunden, die Zukunft des Unternehmens, dazugehörige Vertragsangelegenheiten und dem Wunsch, trotz der Veränderung weiterhin eine gute Beziehung miteinander haben zu können.

Aber ganz zu Beginn des Prozesses stand ein anderes Thema im Vordergrund, was vor allem die Geschäftsführerin interessierte, die von dem Weggang der Kollegin total überrascht war: die Hintergründe der Entscheidung, die Zusammenarbeit aufzukündigen mit der Gefahr der Auflösung der Firma. Die Bereitschaft der »Abtrünnigen«, davon berichten zu wollen und damit die Chance zu nutzen, ein Thema transparent werden zu lassen – was z. B. in einem traditionellen rechtlichen Verfahren gar nicht zulässig gewesen wäre –, stellte gleichzeitig eine Möglichkeit dar, neben Sach- auch Beziehungsthemen zumindest teilweise klären zu können. Die Erläuterung der ausscheidenden Kollegin brachte dann auch die gewünschte Klarheit.

Demnach war es vor allem die besonders gute Kooperation zwischen den beiden Geschäftsführerinnen gewesen, die dazu geführt hatte, dass die Firma viel schneller gewachsen war als gedacht. Dadurch hatte die Geschäftsführerin, die jetzt das Angebot angenommen hatte, immer mehr Sorgen bekommen, die Verantwortung als Selbstständige auch mittragen zu können. In dieser Zeit habe sie gemerkt, dass ihr Wunsch nach Sicherheit immer größer geworden und der anfängliche Wunsch nach Selbstverwirklichung durch das Entwickeln von neuen Konzepten und Ideen mehr und mehr in den Hintergrund getreten sei. Gerade die intensive Energie ihrer Kollegin, die Firma immer größer werden zu lassen, und ihre Überlegungen, vielleicht ein bis zwei Mitarbeiterinnen einzustellen, hätten ihr enorme Angst gemacht. Gleichzeitig wollte sie aber der Kollegin, da sie sich ihr persönlich sehr verbunden fühlte, keine Schwierigkeiten machen und hatte daher über eine längere Zeit keinen Weg gefunden, ihre Bedenken zu äußern. Außerdem war ihr die gute Zusammenarbeit viel wert gewesen, und sie habe sich nicht so einfach trennen wollen. Als jedoch jetzt das konkrete Angebot kam, war ihr eigener Konflikt mit der schnellen Entwicklung der Firma auf der einen Seite und ihrem starken Wunsch nach Sicherheit und verlässlichen Strukturen auf der anderen Seite überdeutlich geworden. Sie hätte bei ihr als Kollegin das Gefühl, dass sie mit Leib und Seele selbstständig sei und gar nicht genug bekommen könne von der Planung zukünftiger Projekte. Als vor drei Monaten dann auch noch die Idee mit den neuen Mitarbeiterinnen im Raum stand, sei es ihr heiß und kalt über den Rücken gelaufen und sie habe gehofft, dass das Thema nicht vertieft würde.

Bei der Schilderung der Kollegin saß die Geschäftsführerin, die jetzt die Firma allein weiterführen müsste, einerseits regungslos da, andererseits hatte man den Eindruck, sie entspanne sich zusehends und richte sich langsam innerlich und äußerlich auf, so als wolle sie sagen: »Ach so, jetzt verstehe ich das alles, und wenn das so ist, dann werde ich jetzt einen Weg finden, die Firma weiterzuführen und mit Energie an die Arbeit gehen.« In dieser Situation hatte die (Er-)Klärung der ausscheidenden Geschäftsführerin auch für die Kollegin einen wichtigen Impuls zur Selbstentwicklung gegeben, da ihr jetzt noch klarer geworden war, wie sehr es doch ihr Wunsch war, selbstständig in ihrem eigenen Tempo, mit ihrer Kreativität und ihren Ideen die Dinge weiterentwickeln und entscheiden zu können. Die Vorstellung, in einer großen Organisation Aufträge zu bekommen, die dann von ihr abzuarbeiten wären, wolle sie sich gar nicht erst ausmalen und sie würde jetzt sehr deutlich spüren, dass im Sinne der Selbstentwicklung ihr Platz in der eigenen Firma sei.

Danach ging es im Mediationsprozess konstruktiv weiter. Die Kunden wurden zu einem Firmenfest eingeladen, auf dem ihnen die Veränderungen bekannt gegeben wurden. Auch finanziell fanden die beiden

Geschäftsführerinnen eine gute Regelung, durch die vor allem in der nächsten Zeit die Firma vor einem Konkurs geschützt werden konnte.

In der letzten Mediationssitzung bedankten sich beide noch einmal für alles, was sie jeweils von der anderen Kollegin bekommen hatten, und wünschten sich für die weiteren, nun nicht mehr gemeinsamen beruflichen Wege alles Gute.

Bei einem telefonischen Kontakt nach einem halben Jahr berichteten sie, dass sie sich in regelmäßigen Abständen träfen und über die Veränderungen sprächen. Die Firma hatte im Verlauf zwei neue Mitarbeiterinnen eingestellt und die ausgeschiedene Geschäftsführerin fühlte sich im neuen Angestelltenverhältnis sehr wohl, da diese Arbeitsform ihr entsprach, sodass sie sich auf ihre Weise weiterentwickeln konnte.

6.4 Wunschkompetenz im Kontext von Organisationsentwicklung

Als Berater für Organisationen fachkompetent tätig sein zu können, setzt voraus, stets über Veränderungen in der Arbeitswelt und im methodischen Vorgehen informiert zu sein. Mit Hilfe von spezifischen methodischen Fertigkeiten unterstützen die Beratungsprozesse Organisationen in ihrer Gesamtheit bei der Gestaltung von Beratungsanlässen, um ihre Entwicklung zu reflektieren, ihre Kultur konstruktiv zu verändern bzw. bestehende Strukturen und Formen der Zusammenarbeit konzeptionell neu und konstruktiver auszurichten, ebenso wie gesellschaftliche Entwicklungen neuer Formen von Entgrenzung und Flexibilisierung in den Arbeitswelten zu berücksichtigen (arbeitsweltliche Wirklichkeit). Diese zeigen sich in der wachsenden Anforderung an eigenverantwortliches und selbstgesteuertes Arbeitsverhalten, das sich auch auf den Umgang mit Qualifizierung und Weiterentwicklung bezieht und eine Bewusstheit über eigene berufliche Ziele ebenso voraussetzt wie eine Akzeptanz unterschiedlicher Wertvorstellungen von Arbeit im Verhältnis zum Gesamtleben (Rieforth, 2019b).

Organisationskultur ist geprägt durch Kooperation und normative Unterfütterung der Organisation durch die Betonung und Thematisierung eigener Werte und daraus entstehender Konventionen der Kooperation. So müssen auch bei vergleichbaren Fragestellungen die

Antworten auf die Fragen in den einzelnen Entwicklungsprozessen einzigartig sein. Nicht das Allgemeine hilft weiter, sondern das Spezifische auf dem Wege der Herausbildung des eigenen Profils und die Bewusstmachung eigener Wünsche und Kompetenzen in der jeweiligen Organisation. Die Berücksichtigung von Interdependenzen zwischen psychischen, sozialen und technischen Systemen stellt die Grundlage für die Gestaltung heterogener Systemdynamiken dar (Laloux, 2017; Scharmer, 2015; von Schlippe u. Simon, 2014).

Das Vorgehen und die Haltung eines Organisationsentwicklers beruhen auf einer intersubjektiven Haltung, die sich an der Nützlichkeit des Prozesses orientiert und somit an dem Grad der Erhellung, Entfaltung und Umwandlung der subjektiven und objektiven Welt der Organisation. Dabei expliziert der Entwickler seine Befindlichkeiten nur so weit, wie es für den Prozess sinnvoll erscheint.

Organisationsentwicklung im Rahmen von Changeprozessen zur Verbesserung der Kommunikations- und Kooperationskultur stellt ein Format dar, bei dem es auch um die Transparenz der eigenen Stärken und Schwächen aller Beteiligten geht. Auf diese Weise entwickeln sich Muster und Regeln, die Verantwortung und Autorität in eine neue Balance bringen und die subjektive Wirklichkeit einer Person in der Interaktion mit den angenommenen Perspektiven anderer Personen bearbeitbar machen. Im Rahmen des Changeprozesses tauchen Inhalte, Vermutungen, innere Bilder und Erfahrungen miteinander auf, die nicht nur durch eine kognitive Bearbeitung, sondern insbesondere durch die Integration eines präreflexiven Unbewussten kooperative Formen stärken und bei der Klärung von Konfliktsituationen zum Wohle der Organisation und der beteiligten Personen helfen.

Da Organisationen stets im Spannungsverhältnis zwischen Person, Markt und Gesellschaft stehen, spricht sich Ricard (2017) für eine »kulturelle Evolution« aus, um den Prozess einer neuen Annäherung von Individuum und Gesellschaft zu initiieren Dabei ist nicht allein die Größe der einzelnen Projekte entscheidend, sondern auf der Grundlage der Theorie von Selbstorganisationsprozessen können auch aus begrenzten (kleinen) Anstößen Bewegungen entstehen, die Entscheidendes in der Gesellschaft verändern. Für weitere Informationen sei auf die gewachsene Werteorientierung in den Organisationen, insbesondere die der neuen Führungskultur verwiesen, ebenfalls auf die neuen Konzepte der »Führungslosen Organisation« (Gigerenzer, 2008; Janssen u. Grün, 2017; Laloux, 2017; Scharmer, 2015).

Gerade durch die zunehmende Bedeutung von selbstorganisierter Teamarbeit, agiler Führungskultur und der Erwartung einer verantwortlichen Mitarbeit von jeder Person in der Organisation wird das Entwickeln einer Wunschkompetenz für das eigene Handeln zunehmend bedeutsamer. Auch wenn dies nicht immer in ein vorgegebenes Stellenprofil passt, gestalten sich die Möglichkeiten zunehmend differenzierter, um sich im Rahmen seiner Tätigkeitsbereiche und der damit verbundenen Rollenerwartungen auch im Sinne eines eigenen Profils einzubringen und dadurch mit den eigenen Potenzialen zur Weiterentwicklung beizutragen. Können eigene Ambition und Selbstbewusstheit entwickelt werden, lassen sich die Chancen für eine Zufriedenheit der Person im jeweiligen Arbeitsfeld um ein Vielfaches steigern, was positive Auswirkungen auf die Entwicklung innovativer Ideen und die Arbeitsergebnisse insgesamt hat.

Da bei Führungskräften ohnehin häufig der Wunsch besteht, etwas Neues in die Welt zu bringen, ist dies eng verbunden mit und abhängig von Räumen und Gelegenheiten, die sich für die Realisierung eignen. Wird über die Entwicklung der Wunschkompetenz die eigene Ambition der Person (z. B. der Führungskraft) geweckt, so zeigt sich der Einsatz nicht auf das Äußere begrenzt, wie es beim Ehrgeiz der Fall ist (erkennbar häufig durch Geld oder Berühmtheit), sondern in Übereinstimmung mit der Ambition durch ein persönliches Engagement, Kreativität und Leidenschaft, was über die an sie gestellten Erwartungen hinausgeht und auch andere beflügelt (Assig u. Echter, 2012).

Personen, die ihre eigenen Fähigkeiten ernst nehmen und ihre Wunschkompetenz dafür nutzen, um etwas für sie selbst Bedeutsames zu bewirken, warten nicht darauf, dass ihnen ein anderer eine Idee anbietet, sondern setzen ihre Veränderungen selbstwirksam und selbstbewusst um. Dies schützt sie vor der Abhängigkeit von einem Erfolg, der ihren Werten nicht entspricht und die Gefahr einer wachsenden Unzufriedenheit in sich trägt – wie bei der Metapher und dem inneren Bild vom goldenen Käfig, der zwar Sicherheit und Glanz nach außen symbolisiert, man sich darin jedoch innerlich leer fühlt. Die Bewusstheit einer Wunschkompetenz hilft stattdessen im

Arbeitsalltag, den Weg zu mehr Sinnerleben (wieder) zu finden und damit den Mut, sich von reinem Pflichtbewusstsein und falschen Idealen angemessen zu distanzieren (Rieforth, 2019b).

Wie bereits deutlich geworden ist, ermöglicht die Kompetenz zum Wünschen, sich einen Raum zu schaffen, in dem unerwartete, neue und scheinbar zufällige Ideen entwickelt werden können, die ohne diesen meist schnell durch scheinbar vernünftige Argumente verworfen werden. Mittlerweile liegen eine Reihe von Erkenntnissen vor, die besagen, dass Plan- und Kontrollierbarkeit häufig überschätzt werden. Dementsprechend ziehen Kunst und Handwerk der Intuition sowie die Ausbildung persönlicher Profile jenseits offizieller Studien- und Ausbildungsabschlüsse wieder als attraktive professionelle Kompetenz in Organisationen ein.

Diese stellt vor allem für Führungskompetenzen eine wichtige Voraussetzung dar, da sie im Gegensatz zum Management eigene kreative Ideen und zuweilen unkonventionelle Entscheidungen hervorbringen, die auch eine hohe Ambiguitätstoleranz erfordern (Gigerenzer, 2008). Darauf hat bereits Albert Einstein hingewiesen, wenn er sagt: »Alles, was zählt ist die Intuition. Der intuitive Geist ist ein Geschenk und der rationale Geist ein treuer Diener. Wir haben eine Gesellschaft erschaffen, die den Diener ehrt und das Geschenk vergessen hat« (Einstein zit. nach Gigerenzer u. Gaissmaier, 2015, S. 19). Danach sichert eine ausgeglichene Balance kognitiver und emotionaler sowie erfahrungsbezogener Kriterien den größten Erfolg und kann durch unterschiedliche Formen der Selbstreflexion weiterentwickelt werden (Rieforth u. Beermann-Kassner, 2017).

Wie sich das reflexive Denken, Fühlen und Handeln durch den Wunsch, Verantwortung für das autonome Gestalten des eigenen persönlichen und beruflichen Profils zu übernehmen, zu einem zentralen Element entwickelt, zeigt das nächste Fallbeispiel.

Fallbeispiel 9: Was lange währt … – Wunschkompetenz und die Nachfolgeregelung in einem Handwerksbetrieb

In einem Handwerksbetrieb mit dreißig Mitarbeitenden wurde die Regelung der Nachfolge immer dringlicher. Das zweiköpfige Geschäftsführerteam (GF I und II), das vor mehr als zwanzig Jahren das Unternehmen gegründet hatte, wurde seit etwa acht Jahren durch einen dritten, assoziierten Geschäftsführer (GF III) unterstützt, der allerdings offiziell noch keine Prokura und sich bisher noch nicht aktiv um eine Änderung seiner Situation gekümmert hatte. In einem gemeinsamen Coaching-prozess, der zu Fragen der Betriebsführung und des Umgangs mit den Mitarbeitenden sowie zur Erschließung neuer Marktanteile und Geschäftsfelder vor einem Jahr begonnen worden war, kamen nach einigen Monaten erste Fragen zur Umsetzung einer neuen Geschäfts-führerkonstellation auf.

Jetzt ging es aktuell um die Möglichkeiten eines zwei- bzw. dreiköp-figen Geschäftsführergremiums. Die Regelung einer guten Nachfolge entwickelte sich bei näherem Betrachten aber doch nicht so einfach wie ursprünglich gedacht. Angesprochen auf die unterschiedlichen Wünsche der drei beteiligten Personen wurde deutlich, dass mehrere Optionen im Spiel waren und eine schnelle Lösung im Sinne einer Ent-scheidung nicht sinnvoll erschien.

Danach favorisierte der Geschäftsführer I, der sich als Erster in einem guten Jahr aus der Firma verabschieden wollte, grundsätz-lich eine definitive Aufnahme des assoziierten Geschäftsführers als Geschäftsführer III in die Geschäftsleitung. Allerdings könne er sich auch gut eine Ausschreibung der Stelle vorstellen, um eine neue, junge Kraft zu akquirieren, die dann die Nachfolge mitsichern solle. Bei der Vorstellung des Wunsches in der Zukunft *(Wunsch – Zukunft)* kamen ihm vor allem Bilder, dass bei einer positiven Suche die Firma durch den jüngeren Geschäftsführer wieder die Energie bekäme, die er vor vielen Jahren empfunden hatte, als er gemeinsam mit Geschäftsführer II die Firma aufgebaut und zu der entwickelt hatte, die sie heute ist *(Wunsch – Vergangenheit).* Dabei würde er sich gut fühlen, und für ihn sei es ein sicheres Gefühl, dass es gut weitergehen könne *(Wunsch – Gegenwart).*

Daraufhin beschrieb Geschäftsführer II sein Wunschbild, das sich eindeutig davon unterschied, denn er konnte sich die Neuaufnahme eines jungen Kollegen in die Geschäftsleitung überhaupt nicht vorstel-len. Er selbst wolle maximal noch weitere fünf bis sieben Jahre in der Leitung tätig sein, bevor es sein Wunsch sei, nach dieser Zeit gegebe-nenfalls noch als freier Mitarbeiter in einzelnen Projekten mitzuarbei-ten, falls dies gesundheitlich für ihn dann noch möglich sei. Aus seiner Tätigkeit in der Vergangenheit habe er noch eine Reihe sehr schöner innerer Bilder der Zusammenarbeit mit GF I *(Wunsch – Vergangenheit),* allerdings würde er genau deswegen der Einstellung eines neuen Kollegen ablehnend gegenüberstehen, da er die damit verbundene Motivation und Bereitschaft zur Kooperation mit der für ihn notwendigen persönlichen Vertrautheit nicht mehr leisten könne und wolle. Für ihn sei es im Sinne einer gewünschten Zukunftssituation eher wichtig, die verbleibenden Jahre gut abzusichern, um danach den Weg frei zu haben für eine neue Entwicklung, bei der er dann nicht mehr beteiligt wäre. Aktuell sei für ihn das Problem, dass er noch nicht sicher sei, wie sich die Situation mit einem vollverantwortlichen Geschäftsführer III darstellen würde *(Problem – Gegenwart),* da seine Erfahrungen mit ihm in der Vergangenheit noch keine klare Entscheidung möglich gemacht hätten. Sein Wunsch sei daher, die Kriterien für die Basis einer Entscheidung im Coaching weiterzuentwickeln. Er sei gern bereit, in den nächsten Sitzungen *(Potenzial – Zukunft)* seine bisherigen Erfahrungen aus der Geschäftsleitung einzubringen, um durch die gemeinsame Reflexion genauer wahrzunehmen, was damals sein Anteil daran war, dass die Firma konstruktiv gewachsen war *(Potenzial – Vergangenheit)* und was er auch in den nächsten fünf bis sieben Jahren noch an Leistungen und Kompetenzen einbringen wolle *(Potenzial – Zukunft).* Er selbst würde sich allerdings auch von GF III wünschen, dass er seine Wünsche konkreter, bezogen auf die neue Rolle im Unternehmen, einbringen würde.

Diesen Ball nahm dann GF III auf und machte als Erstes deutlich, dass ihm in der Tat die Rolle in der Geschäftsleitung noch sehr unklar sei. Sein Wunsch sei daher, sich in den nächsten drei Monaten intensiver damit auseinanderzusetzen. Er sei sich in der Frage der Übernahme dieser Verantwortung noch nicht sicher, fühle sich in den Fragen der Finanzen noch nicht kompetent und habe sich bisher immer zurückgehalten. Durch die Anregungen des Coachs, noch etwas tiefer in dieses Thema einzusteigen, fügte er noch hinzu, es habe auch damit zu tun, dass die beiden anderen Geschäftsführer die Begründer des Unternehmens seien und er für sich noch keine Erlaubnis gespürt habe, konkret um diese Position werben zu dürfen. Aktuell sehe er sich noch im Schatten dieser Dynamik. Befragt nach seinem Wunsch im Sinne einer guten Veränderung, machte er deutlich, dass er sich bis zur nächsten Sitzung intensiver mit dem Gedanken und seiner Einstellung dazu beschäftigen wolle. Die Vorstellung einer

Neuverpflichtung eines jungen Kollegen sei für ihn sicher auch kein Wunsch, da sei er sehr nahe an dem Wunsch von GF II, allerdings habe er auch noch kein klares Bild über eine gemeinsame Führungstätigkeit mit GF II. Zu sehr sei die Leitung der Firma mit den zwei Geschäftsführern I und II verbunden, die als Pioniere die Geschäfte gemeinsam geführt hätten.

Er sei aber bereit, in der nächsten und gegebenenfalls auf weiteren Sitzungen seine Wünsche in Bezug auf Führung konkreter darzustellen und seine Potenziale einzubringen. Auch die Anregung, sich in der Zeit zwischen dem Coaching sowohl allein als auch zusammen mit GF II über mögliche Modelle weiter nachzudenken, könne er sich gut vorstellen. Die Aussicht, im Rahmen des Coachings die Möglichkeit zu haben, im Sinne des Probehandelns Szenarien durchzuspielen, sich dabei selbst klarer zu werden und dabei auch die Erwartungen und Wünsche der anderen mit zu berücksichtigen, stimme ihn zuversichtlich.

Die zwischenzeitlich entwickelte Vertrauensbasis machte es möglich, in der Gruppe die persönlichen Wünsche im Sinne eines eigenen Entwicklungskonzeptes zu äußern, ohne dafür kritisiert zu werden. Die dabei erlebte Offenheit bei gleichzeitiger großer Unterschiedlichkeit förderte den gegenseitigen Respekt und es wurde vereinbart, in der nächsten Sitzung das Thema der Firmennachfolge weiter zu vertiefen.

Dieses Beispiel zeigt, wie bedeutsam es ist, bei einem gemeinsamen Anliegen die damit verbundenen unterschiedlichen Wünsche, aber auch den noch nicht erzählten bzw. bearbeiteten Geschichten Raum und Zeit zu geben, um daraus ein Gesamtbild für jeden Einzelnen und gleichzeitig in der Beobachtung und Reflexion auch für die anderen zu ermöglichen. Die Transparenz und Bezogenheit untereinander schaffen einerseits Vertrauen und andererseits Klarheit für die Vorbereitung guter Entscheidungen. Auch wenn es zu Beginn eher wie ein Entscheidungsdilemma wirkt, verwandelt sich die Situation durch die Integration der Wünsche jedes Einzelnen zu einem konstruktiven Prozess, an dem die Beteiligten mit ihren unterschiedlichen Potenzialen bei der Vorbereitung einer guten Entscheidung beteiligt sind und das Erleben von Selbstwirksamkeit gestärkt werden kann.

Fallbeispiel 10: Der Wunsch nach Führung – und die neu gelebte Zusammenarbeit

In einer Organisation wurde ein Problem durch die mangelnde Führungsleistung eines Abteilungsleiters markant. Die Führungskraft war bereits über eine lange Zeit in dieser Rolle tätig gewesen, und die Mitarbeiter hatten sich zwischenzeitlich zum Teil an das niedrige Niveau des Leiters angepasst oder das Unternehmen vorzeitig verlassen. Da es sich dabei ausschließlich um engagierte Mitarbeitende gehandelt hatte, war im Rahmen der Organisationsentwicklung der Fokus in besonderer Weise auf diese Abteilung gefallen. Der zuständige Bereichsleiter hatte vorab mehrere Krisengespräche geführt, um dem Abteilungsleiter die Diskrepanzen in der Umsetzung seiner Führungsrolle deutlich zu machen. Dies hatte nicht den gewünschten Erfolg gebracht. Da sich die Organisation zu diesem Zeitpunkt in einem Changeprojekt zur Entwicklung einer neuen Kommunikationskultur befand, wurde ein erweitertes Verfahren zur Klärung etabliert, in dem der betroffene Abteilungsleiter nicht allein mit dem zuständigen Bereichsleiter, sondern im Beisein eines Coaches und zusammen mit einem weiteren Bereichsleiter aus einem benachbarten Aufgabenbereich das Problem bearbeiten sollte. Diese Idee war vor dem Hintergrund entstanden, dass im Rahmen der neuen Kommunikationsstruktur verbindliche Standards in den einzelnen Führungsebenen etabliert werden sollten und daher die gemeinsame Klärung eine Möglichkeit für die Bereichsleiter darstellte, miteinander Erfahrungen zu machen und sich als Führungskräfte gegenseitig zu unterstützen. Dies geschah bereits in der Voraussicht, um bei einem nächsten Mal auch ohne einen externen Coach einen Konflikt mit wechselnder Assistenz und Aufgabenteilung bearbeiten zu können.

Dem ersten klärenden Gespräch mit dem Abteilungsleiter war ein vorbereitendes Gespräch des Coaches mit den beiden Bereichsleitern vorausgegangen, um über die von ihnen beobachteten Probleme und Schwierigkeiten *(Problem)* und ihre Wünsche nach Veränderung *(Wunsch)* zu sprechen.

In diesem Gespräch wurde sehr deutlich, wie ernst die Bereichsleitungen die Probleme in der Abteilung nahmen und welche Auswirkungen auf die Gesamtorganisation sie mit der enormen Mitarbeiterfluktuation und mangelnden Arbeitsbereitschaft der Mitarbeiter verbanden.

In Bezug auf den Abteilungsleiter waren sie sich nicht sicher, inwieweit er den Aufgaben in seiner Rolle nicht gewachsen oder nicht bereit war, sie zu bewältigen. Daher sei es ihr ausdrücklicher Wunsch, dies in dem folgenden Gespräch mit ihm herauszufinden und danach entsprechend zu handeln. Ihr Wunsch sei weiterhin, ihm eine faire Chance zu geben, da er sich über viele Jahre auch in der Organisation verdient gemacht habe und insbesondere durch das Changeprojekt für sie bedeutsam sei, keine Kündigung auszusprechen, die in der Belegschaft gar nicht oder nur zum Teil nachvollzogen werden könne. Stattdessen solle dieser Klärungsprozess eher ein gutes Beispiel für den neuen Umgang miteinander darstellen und ein erkennbarer Beitrag zur Vertrauensentwicklung im Unternehmen sein. Gleichzeitig sei es aber auch ihr Wunsch, der Situation jetzt auf den Grund zu gehen, da es auch nicht zu tolerieren sei, dass gute Mitarbeitende das Haus verlassen würden und den Eindruck mitnehmen könnten, die Leitung kümmere sich zu wenig um die anstehenden Probleme.

Mit Unterstützung des Coaches wurde daraufhin besprochen, dass der Abteilungsleiter im Gespräch die Möglichkeit erhalten sollte, seine Sicht ausführlich zu schildern. Danach waren ein bis zwei weitere Sitzungen geplant, um ihm in der Zwischenzeit Aufgaben mitzugeben, die er in seiner Rolle als Leiter umsetzen sollte. Von der Qualität der Bearbeitung und seiner Reflexion zum Umsetzungsprozess sollte dann abhängig gemacht werden, ob eine weitere Beschäftigung in der Leitungsrolle denkbar sein würde oder ob eine andere Lösung gefunden werden müsse.

Die folgende Sitzung fand gemeinsam mit dem Abteilungsleiter statt, und es entwickelte sich ein guter Dialog über die unterschiedlichen Selbst- und Fremdwahrnehmungen. Die Sitzung verlief unter der Moderation des Coaches in einer konstruktiven Atmosphäre und insoweit zur Überraschung des Abteilungsleiters, der ein Kritikgespräch erwartet hatte, in dem er für seine Fehler verurteilt werden sollte. Die Sitzung endete mit einer Aufgabe für den Abteilungsleiter, die er gemeinsam mit seinem Team in den nächsten sechs Wochen umsetzen sollte. Danach wollte man sich wieder treffen, um über die Ergebnisse und den Prozess gemeinsam zu sprechen.

In der sich anschließenden Reflexion zwischen den Bereichsleitungen und dem Coach waren die Überraschung des Abteilungsleiters zum Verfahren und seine wenig professionelle Präsentation ebenso wie die Bestätigung seines als zu schwach wahrgenommenen Führungsvermögens Thema.

Dieser Eindruck verstärkte sich in der folgenden Sitzung durch die unbefriedigende Bearbeitung der gestellten Aufgabe und der Schwierigkeit, mit dem Abteilungsleiter themenzentriert zu kommunizieren, sobald es um die Reflexion des Prozesses und seiner Rolle darin ging. In dieser Situation war es sehr förderlich, dass der Kollege des zuständigen Bereichsleiters mit anwesend und seinem Kollegen mit eigenen Fragestellungen und Rückmeldungen eine große Unterstützung war, da sich durch die lange Zusammenarbeit zwischen Bereichs- und Abteilungsleiter eine Form von Befangenheit etabliert hatte und er sich schwer tat, die notwendigen Fragen zu den Schwachstellen des Abteilungsleiters in seiner Führungsrolle zu stellen. Der Coach konnte seinerseits seine Rolle als allparteilicher und neutraler am Prozess Beteiligter, aber nicht von dem Konflikt Betroffener nutzen, um die Kommunikation zu gewährleisten und vor allem den Abteilungsleiter zu motivieren, bei den Fragen zu seiner Person als Führungskraft im Kontakt zu bleiben und das Gespräch nicht vorzeitig zu beenden.

In dem anschließenden Reflexionsgespräch ohne den Abteilungsleiter wurde dann entsprechend den vorher transparent gemachten Wünschen *(Wunsch)* der Bereichsleitungen entschieden, eine zeitnahe Trennung anzustreben oder eine Aufgabe für den Abteilungsleiter im Team zu finden, falls dies in seinem Sinne sei. Dazu wollten die Bereichsleitungen gemeinsam Kontakt mit der Geschäftsführung aufnehmen, um sie über die Gespräche zu informieren und so die weitere Zukunft in der Abteilung und deren Auswirkungen für die Gesamtorganisation positiv zu beeinflussen *(Potenzial)*.

Im Gespräch mit der Geschäftsführung stellte sich der kollegiale, dienstlich nicht zuständige Bereichsleiter zur Verfügung, um die Rolle der Fachleitung zu übernehmen und gemeinsam mit der Geschäftsführung dem Abteilungsleiter die Entscheidung mitzuteilen. Dies empfand der zuständige Bereichsleiter aufgrund der schon angesprochenen persönlichen und atmosphärischen Verstrickungen eine große Entlastung.

Durch die Teilnahme des zweiten Bereichsleiters an der vorangegangenen Coachingsitzung konnte gleichzeitig eine neue Botschaft für die Durchführung von Personalgesprächen mit der Geschäftsführung in die Organisation getragen werden. Bis zu diesem Zeitpunkt hatte

Wunschkompetenz in der Praxis

die Geschäftsführung diese Form von Personalgesprächen stets allein durchgeführt und war dadurch zunehmend in die undankbare Rolle als Alleinentscheider der Organisation gekommen. Daher stellte diese Konstellation auch ein Novum der Zusammenarbeit zwischen der geschäftsführenden und der Ebene der Bereichsleitungen dar, die sowohl von dem betroffenen Abteilungsleiter wohlwollend aufgenommen wurde als auch von weiteren Mitarbeitenden und Führungskräften im Unternehmen. Deren Wunsch war es schon seit längerem gewesen, bei Personalentscheidungen stärker einbezogen zu werden und damit die Transparenz und Entwicklung von Entscheidungsprozessen insgesamt beteiligungsorientierter mitgestalten zu können *(Wunsch)*.

In der abschließenden Sitzung kam es nach Aussage des Bereichsleiters zu einer einvernehmlichen Trennung zwischen dem Abteilungsleiter und der Geschäftsführung und am Ende auch zu einer versöhnlichen Geste zwischen dem Abteilungsleiter und seinem Bereichsleiter, indem der scheidende Abteilungsleiter sich bei der Verabschiedung für den fairen Klärungsprozess bedankte, mit dem er nicht gerechnet habe und durch den ihm klar geworden sei, dass er sich neu orientieren wolle und eine Rolle als Abteilungsleiter voraussichtlich nicht mehr einnehmen möchte, da er mehr an der inhaltlichen Arbeit als an dem Managen einer Abteilung interessiert sei.

6.5 Wunschkompetenz im Kontext von Universität und wissenschaftlicher Weiterbildung

Im Rahmen der universitären Aus- und Weiterbildung ergeben sich für die Studierenden wie auch für die Lehrenden große Herausforderungen durch die fortschreitenden Veränderungen in der Lehr- und Lernkultur, die vielfältigen Möglichkeiten, die sich durch die Bachelor- und Masterstruktur ergeben haben, aber auch durch den zunehmenden Leistungs- und Erfolgsdruck, der mit den inhaltlichen Anforderungen und die Forschungsorientierung entstanden ist. Eine individuelle Betreuung und die Austauschmöglichkeiten über persönliche Entwicklungsverläufe sind für die Studierenden alles andere als selbstverständlich, und die Belastung der Lehrenden ist durch die enormen Prüfungsanforderungen um ein Vielfaches gestiegen. So ist zunehmend eine Orientierung an äußeren Strukturen im Sinne einer Effektivitäts- und Effizienzsteigerung festzustellen, bei der die persönliche Durchdringung der Studieninhalte zu kurz kommt und die Attraktivität der »Credit Points« quasi die Währung der postmodernen Lernkultur darstellt. Demgemäß schauen die Studierenden oft zunächst auf die Anzahl der Kreditpunkte, die für eine Prüfungsleistung vergeben werden, und darauf, welcher Aufwand dafür betrieben werden muss, bevor sie sich mit der Auswahl der Inhalte und ihrem persönlichen Bezug auseinandersetzen. Dies führt dazu, dass sich die Motivation für die Bearbeitung der Themen nur begrenzt aus eigenen Motiven der Lernenden entfaltet. Wenn es aber gerade in dieser für die persönliche Entwicklung so entscheidenden Phase der Aus- und Weiterbildung auf die Kompetenz ankommt, sich der eigenen Wünsche und Neigungen (wieder) bewusst zu werden, dann sollten möglichst viele Anregungen gegeben werden, um das eigene Profil, das Selbstbewusstsein und den eigenen Selbstwert zu entwickeln und zu stärken.

Fallbeispiel 11: Studium – wie Wünsche die Reflexion stimulieren und zu Erkenntnissen führen

In einem Modul des Masterstudiengangs »Management Consulting« hatten die Studierenden die Aufgabe, sich nach Absprache mit den Lehrenden mit einem modulbezogenen Thema einzeln oder in einer Kleingruppe zu beschäftigen. Für die Themenfindung hatte die Leitung eine Reihe von thematischen Aspekten und Ideen angeboten. Dadurch inspiriert konnten die Studierenden auch eigene Themen nach Absprache einbringen. Dafür war nach einer Einführung in die unterschiedlichen Facetten des Modulthemas vonseiten der Leitung auf dem »Marktplatz der Möglichkeiten« Raum und Zeit. Dort konnten sich die Studierenden austauschen und bei den anderen für den eigenen Themenwunsch werben, um eine arbeitsfähige Gruppe zusammenzubekommen.

Nach einer Vorbereitungszeit von mehreren Wochen bestand die weitere Aufgabe darin, in der zweiten Phase das gewählte Thema in der Gesamtgruppe zu präsentieren, wobei die Variante der Präsentation durch die Gruppe frei wählbar war. Die Vorgabe bestand lediglich darin, dass im Rahmen der Präsentation eine Interaktion mit der Gesamtgruppe stattfand, ebenso ein erfahrbarer Praxisbezug zum Thema.

Im Anschluss an die Präsentation war in der dritten Phase eine Reflexion des gesamten Entwicklungsprozesses von der Auswahl des (Wunsch-)Themas bis zur Präsentation in der Gesamtgruppe und der anschließenden Verschriftlichung nach wissenschaftlichen Kriterien Teil der Prüfungsleistung. Die Reflexion war aufgeteilt in einen Teil für die Gesamtgruppe und einen Teil aus der Sicht jedes Einzelnen mit dem Fokus auf den Erkenntnisgewinn für die Rolle als angehende Beraterin und Begleiterin in einer Organisation.

Beim letzten Veranstaltungstermin reichte die Zeit durch die sehr interessanten Präsentationen nicht mehr aus, um direkt im Anschluss eine Reflexion in der Gesamtgruppe durchzuführen. Daher fand einige Wochen nach der Lehrveranstaltung ein zusätzliches Reflexions- und Auswertungsseminar statt. Erfahrungen aus früheren Seminaren hatten gezeigt, dass es schwierig war, wenn die Reflexionen zu den einzelnen Gruppenthemen nach dem bekannten Muster der Bewertung abliefen, was die anderen Studierenden gut gefunden hatten und was nicht. Häufig blieben negative Rückmeldungen in der Hoffnung aus, dann auch bei der eigenen Leistung von Kritik verschont zu bleiben, oder es wurden sehr kritische Bewertungen abgegeben, die teilweise als persönlicher Angriff gewertet wurden und die manchmal mehr mit der Person zu tun hatten, von der die Kritik ausging, als mit dem Präsentierenden selbst. Stattdessen sollte das Seminar genutzt werden, um sich durch die Reflexion im Gesamtprozess der eigenen Wünsche bewusst zu werden.

Daher entschied sich der Modulleiter für den Einsatz einer Reflexionsrunde auf der Grundlage des »Reflecting Teams« (Andersen, 1994). Bei diesem Konzept steht nicht die Bewertung im Vordergrund, sondern die Beobachtung gemäß der Idee: »Sich beobachten, heißt, sich verändern« (Alain, 1994). Demnach dienen die Aussagen der Anwesenden den Beteiligten als Anregung zur Weiterentwicklung. Im Rahmen des Reflecting Teams (RT) lernen die Feedbackgebenden das genaue Zuhören, das konjunktivistische Sprechen im Sinne von »was sein könnte« (und nicht »was ist«) sowie die Bildung möglichst vieler unterschiedlicher Hypothesen, um darüber das zu reflektierende System (in diesem Fall die jeweilige Präsentationsgruppe) anzuregen. Zum Beispiel: »Ich könnte mir vorstellen, dass ...; es könnte sein, dass ...; ich bin nicht sicher, ob ...; mich würde interessieren, ob ...; angenommen, X würde sich so verhalten, was würde das für Y bedeuten?« Das Reflecting Team steht in der Tradition der Sowohl-als-auch-Logik und nicht der Entweder-oder-Logik. Unterschiedliche Beobachtungen, Meinungen im Sinne von Möglichkeiten wie auch Hypothesen, wie etwas zusammenhängen könnte, werden willkommen geheißen, um Vielfalt und damit Chancen für Berührungspunkte im eigenen Selbstbild und in dem der anderen zu generieren. Wertschätzung und Respekt für die Person statt Respektlosigkeit in Bezug auf die Reflexion von Denk- und Verhaltensmustern und -regeln bilden die Grundlage für eine Feedbackdynamik, die weder untereinander diskutiert noch bewertet wird, sondern sich durch die Unterschiedlichkeit und Kreativität gegenseitig anregt und damit im Laufe des Prozesses an Stärke zunimmt.

In diesem letzten Seminar wurden Ergebnisse deutlich, die alle an dem Prozess Beteiligten auf eine besondere Weise beeindruckten. Der Aufbau sah vor, dass zunächst dem Präsentierenden die Möglichkeit gegeben wurde, in einem kurzen Statement von 180 Sekunden (»Elevator Pitch«) die damalige Präsentation inhaltlich zusammenzufassen und thematisch auf den Punkt zu bringen, um bei den Zuhörenden Bilder und Erinnerungen wachzurufen. Im Anschluss unterhielten sich die vorher von der Leitung eingeteilten und im Raum verteilten Kleingruppen ohne Blickkontakt zu dem Präsentierenden jeweils unter sich (ohne Kommentar von den anderen) zu den einzelnen Fragen, die von der Seminarleitung gestellt wurden. Da alle im Raum anwesenden Personen die Dialoge der Kleingruppen mitbekamen, entwickelte sich ein Selbstorganisationsprozess, in dem die nächste Frage sich sowohl aus einem Fragepool als auch aus den inhaltlichen Antworten der jeweils letzten Gruppe ergab.

In diesem Prozess kommt der Leitung stets die Aufgabe zu, mit möglichst angemessenen Fragen die Inhalte und die Dynamik der unterschiedlichen Perspektiven und Sichtweisen zu fördern, um den Personen, über deren Aussage reflektiert wird, viele neue Gesichtspunkte und Sichtweisen als Anregung zu geben. Um einen Eindruck zu vermitteln, welche Fragen zum Einsatz kommen könnten, folgt eine kleine Auswahl für das Reflecting Team (RT) mit den Mitgliedern einer Präsentationsgruppe (PG) und den drei Reflecting Teams (RT 1 bis RT 3):

Präsentation 1:

– *Step 1: Reflecting Team 1 startet (ca. 7 Min.)* – Fragen durch die Leitung: »Was habt ihr euch gemerkt und wie ging es euch damals bei der Präsentation (Gefühle, Körpererfahrungen, innere Bilder)? Welche Informationen und welche Situationen (Übungen, Interaktionen) sind euch unter die Haut gegangen?«

– *Step 2: Reflecting Team 2 übernimmt (ca. 7 Min.)* – Fragen durch die Leitung: »Wo habt ihr damals ähnlich empfunden wie RT 1 und wo ganz anders? Wo hättet ihr euch noch eine Vertiefung der Inhalte gewünscht? Was glaubt ihr, wie geht es gerade der Präsentationsgruppe (PG), wenn sie die Rückmeldungen bekommt?«

– *Step 3: Präsentationsgruppe (PG) übernimmt (ca. 7 Min.)* – Fragen durch die Leitung: »Was beschäftigt euch bei diesen Rückmeldungen? Was empfindet ihr als passend, was seht ihr anders? Was lösen die Reflexionen in euch aus? Wozu würdet ihr gern etwas sagen und zu was würdet ihr euch noch eine Rückmeldung wünschen?«

– *Step 4: Reflecting Team 2 übernimmt (ca. 7 Min.)* – Fragen durch die Leitung: »Was hat euch angesprochen oder irritiert, was die letzte Gruppe geantwortet hat? Was hat sich Neues für euch daraus entwickelt, das ihr gern mitteilen möchtet? Was fehlt euch noch in der Nachbetrachtung? Was würdet ihr euch wünschen, noch zu ergänzen?«

– *Step 5: Reflecting Team 1 übernimmt (ca. 7 Min.)* – Fragen durch die Leitung: »Ihr habt jetzt eine längere Zeit zugehört, was fandet ihr aus eurer Sicht wichtig? Wo würdet ihr gern etwas ergänzen? Wie sähe euer Wunsch für die Gruppe aus und was glaubt ihr, würde die Gruppe sich selbst wünschen, wenn sie dürfte? Welche Potenziale haben euch am meisten beeindruckt und was würdet ihr der Gruppe wünschen, um ihre Potenziale weiter zu fördern und für die Zukunft zu sichern?«

– *Step 6: Präsentationsgruppe (PG) übernimmt (ca. 7 Min.)* – Fragen durch die Leitung: »Was nehmt ihr mit aus dieser Reflexionsrunde? Wie passen die Reflexionen zu eurer Selbsteinschätzung? Was ist die wichtigste Erkenntnis für jeden von euch in Bezug auf die Rolle als zukünftiger Consultant? Welche Frage ist noch nicht gestellt worden und welche hättet ihr noch gern beantwortet bekommen (wird offengelassen im Prozess)? Wenn jeder einen Wunsch frei hätte, welcher wäre das und wofür wäre er wichtig? Wie passen die

Rückmeldungen zu euren eigenen Empfindungen, Erinnerungen und Vorstellungen über euch und die anderen? Was möchtet ihr zum Schluss noch sagen?«

Durch diese Form der Rückmeldung entwickelt sich eine neue Form der Bewusstmachung der eigenen Rolle im Gesamtprozess der Aufgabe und des gruppendynamischen Entwicklungsprozesses. Die Studierenden fühlen sich ohne die übliche Bewertung im Sinne von »gut« und »schlecht« gesehen, sondern stattdessen durch die nicht-bewertenden und frei entwickelten zurückgemeldeten Beobachtungen und Wahrnehmungen wertgeschätzt, und es fällt ihnen viel leichter, sich dazu als Person mit den eigenen Stärken und Schwächen selbst einzuschätzen – als Teil einer Gruppe mit einer ganz eigenen Dynamik. Die Art und Weise, wie dabei dann auch die bis dahin unbewussten Wünsche zu dem gewählten Thema deutlich werden können und auf diese Weise eine weitere vertiefte Auseinandersetzung über die Prüfungsleistung hinaus anstoßen können, als auch die eigenen Verhaltensmuster im Umgang der Gruppenmitglieder untereinander – bei Konflikten sowie Erfolgen –, zeigt den Beteiligten viel über sich selbst. Dies kann als Erkenntnis genutzt werden, um sich im Anschluss im Sinne einer Selbstentwicklung daran zu orientieren und mit den eigenen Potenzialen in die individuell gewünschte Richtung zu verändern.

Die Form der Rückmeldung im Reflecting Team vermittelt einerseits die Sicherheit und Wertschätzung, die als Voraussetzungen hilfreich sind, um sich nicht beschämt zu fühlen, wenn etwas nicht so gelungen ist wie gedacht und erwünscht, andererseits ermöglicht sie auch, die gelungenen Passagen in ihrer Passung zum Thema und den handelnden Akteuren als eine Gesamtkomposition wahrzunehmen, die eine authentische und gleichzeitig individuelle Selbstreflexion zur Folge hat. Die Rückmeldungen bieten die Chance für jede Person, die dadurch gewonnenen Einsichten für sich weiterzubearbeiten und damit den für sie deutlich gewordenen Wünschen mit den eigenen Potenzialen näher zu kommen.

Fallbeispiel 12: Supervisoren und Coaches – postgraduale Gruppenerfahrung zur Selbstentwicklung

Im Rahmen von Weiterbildungsstudien wird wissenschaftlich approbiertes Grundlagen- und Spezialwissen fallspezifisch, prozessbezogen und inhaltlich fundiert aufbereitet mit dem Ziel, den Teilnehmenden mithilfe eines Wissenstransfers die Erkenntnisse aus der Weiterbildung für die Anwendung in den unterschiedlichen Feldern der organisationalen Praxis nutzbar zu machen. Dabei spielt die Integration von inhaltlichen und persönlichen Kompetenzen bei den Teilnehmenden an der Weiterbildung eine entscheidende Rolle, um die Arbeit zwischen Personen, Gruppen/Teams und Organisationen angemessen zu gestalten und immer wieder neue Antworten auf die sich stellenden Fragen zu finden. Supervisoren und Coaches zeichnen sich demnach durch eine »Wiederherstellungskompetenz« arbeitsweltlicher Handlungsfähigkeit aus und eine Befähigung, auf diese Weise ein Arbeitsbündnis zur reflexiven Bearbeitung eines arbeitsweltlichen Problems eingehen zu können.

Beratungswissenschaftliche Erkenntnisse haben gezeigt, dass in den unterschiedlichen Beratungssituationen die Auseinandersetzung mit der eigenen Person und die Reflexion des eigenen Lernprozesses eine wichtige Grundlage für eine beratungsbezogene Sozialkompetenz darstellt – neben einer personen- und rollenbezogenen Selbstkompetenz (Rieforth u. Beermann-Kassner, 2017; Beermann, 2020). Erst durch diesen identitätsstiftenden Prozess wird die Fachkompetenz zur Geltung gebracht, die in den Beratungsverfahren die Basis für die Transparenz, Konkretisierung und Umsetzung der Wünsche der Supervisanden bzw. Coachees legt.

Im Rahmen des Weiterbildungsstudiums »Supervision, Coaching und Organisationsentwicklung« an der Universität Oldenburg ist daher ein eigenes Selbsterfahrungskonzept als *Gruppenlehrsupervision* (GLS) im Rahmen des Gesamtcurriculums integriert (Rieforth, 2019a). Die GLS beginnt stets mit einem einwöchigen Seminar zur biografischen Rolle und zur eigenen Identität als Supervisorin, Coach bzw. Beraterin, in dem von jedem Teilnehmer bzw. jeder Teilnehmerin ein Genogramm und eine Aufstellungsarbeit in der Gesamtgruppe entwickelt wird, um die Aus- und Wechselwirkungen der biografischen Entwicklungen auf die zukünftige Identität in der neuen beruflichen Rolle zu beleuchten (McGoldrick u. Gerson, 1990).

Diese Erfahrungen machen die Teilnehmenden sehr persönlich und in einer besonders eindrücklichen emotionalen und kognitiven Form damit vertraut, welche zum Teil unbewussten Wünsche dafür mitentscheidend sind, sich für die Weiterbildung zum Supervisor, Coach und Berater anzumelden *(Wunsch)*. Häufig ist den Teilnehmenden bereits das Problem bewusst, warum sie glauben, an dem Weiterbildungsstudium teilzunehmen – z. B. weil sie sich nach langjähriger Tätigkeit in einer Organisation selbstständig machen wollen oder sie das alte Tätigkeitsprofil nicht mehr mit Interesse ausfüllt. Durch die intensive Selbstreflexion und Selbsterfahrung in der Seminarwoche kommen jedoch für alle eine Reihe von bis dahin unbewussten Wünschen dazu *(Wunsch)*, die mit der eigenen Geschichte, der Stellung in der Geschwisterreihe, der Rolle im Herkunftsfamiliensystem oder den schicksalhaften Erfahrungen im bisherigen Lebensverlauf zu tun haben und die ein neues oder zumindest erweitertes Licht auf die Entscheidung für die neue professionelle Rolle werfen.

Diese Erfahrungen werden dann im Laufe der Weiterbildung in regelmäßigen Tagesseminaren im Rahmen der ersten eigenen Tätigkeiten als Supervisorin und Coach in Ausbildung weiter reflektiert und ermöglichen jedem Teilnehmer, diese ganz individuell je nach den eigenen Potenzialen *(Potenzial)* zu nutzen.

Auch bei auftretenden Problemen in den eigenen Supervisions-, Coaching- und Beratungsprozessen *(Problem)* kann eine Verbindung zu den Wunschinhalten aus der Vergangenheit gezogen werden, um entsprechend zu differenzieren, was von dem aktuellen Problem mit der eigenen Vergangenheit zu tun hat und was mit dem aktuellen Auftrag.

So können neue Verbindungen hergestellt werden zwischen der Frage, was jede Teilnehmerin und jeder Teilnehmer als Person in der neuen Berufsrolle mit in einen Beratungsprozess nimmt, und welche Vorerfahrungen, welche Intuitionen, welche Weltbilder sich einstellen, wenn eine Führungskraft vor ihr sitzt oder ein Team, das von der Leitung im Stich gelassen wurde, oder einen neuen Mitarbeiter im Team, der erst später dazugekommen ist, keinen Zugang findet und sich nicht zugehörig fühlt. In unterschiedlichen Situationen im Prozess vermischen sich die Bilder aus der eigenen Biografie (z. B. ähnlich wie der heutige Coach früher in seine neue Familie kam und Schwierigkeiten hatte, sich zugehörig zu fühlen) und den aktuellen Fragestellungen.

Durch den Prozess der Gruppenlehrsupervision werden der jeweilige persönliche Prozess und die Frage danach, wozu die Person das macht, was ihr Beweggrund ist und wie dies im Sinne der eigenen Potenziale weiter zu einer professionellen Rolle ausgebaut werden kann, bewusst gemacht, um auf diese Weise professionell entwickelt werden zu können.

6.6 Wunschkompetenz im Alltag – die Kunst, sich selbst zu führen

Sinnvolle Lebensgestaltung gelingt dann besonders gut, wenn die bedeutsamen Ziele und Werte bewusst sind und die täglichen Handlungen diesen entsprechen. Umgang mit dem eigenen Selbst bedeutet ein bewusster Umgang mit Ressourcen und eigenen Potenzialen, um die Handlungsmöglichkeiten fortlaufend zu erweitern (von Förster, 2015). Nur ein ständiger Prozess der Veränderung im Sinne eines Fließgleichgewichts sichert einen gesunden Zustand, denn die Person, die das eigene Selbst »einfriert«, schwächt sich selbst (vgl. Unterkapitel 3.3). Für die Entwicklung braucht das Selbst die Auseinandersetzung des Menschen mit sich selbst, mit anderen und mit seiner Umwelt. Dies zeigt sich vor allem in der respektvollen Neugierde auf das Neue, so wie es auch in dem Gedicht »Ich suche nicht – ich finde« von Pablo Picasso zum Ausdruck kommt (vgl. Gohr, 2006).

Die Wahrnehmung der eigenen Person, ihrer Umwelt und das Finden kreativer Antworten auf ihre Herausforderungen hängen von den Zielen und der visionären Ausrichtung einer Person ab. In die Visionen fließen die Werte der Person als Grundlage für die eigene Vorstellung einer wünschenswerten, zukünftigen Weiterentwicklung ein. Gelingt es, Handlungen, Ziele, Werte und Wünsche in ein kongruentes Verhältnis zueinander zu bringen, entwickelt sich eine sinnorientierte Selbstmotivation. Um sich die dafür hilfreichen Potenziale bewusst zu machen, sie einsetzen und auch trainieren zu können, braucht es eine Analyse und ein geeignetes Feedbackverfahren, wie es mit dem FächerModell zur Selbstentwicklung vorliegt.

Visionen entwickeln und Ziele definieren, das kann als ständiger Lernprozess dargestellt werden. Mithilfe dieser Reflexionsprozesse können Inkongruenzen aufgespürt werden, um darauf aufbauend durch die Integration einer Wunschkompetenz die persönliche Weiterentwicklung zu erzielen.

Die Wunschkompetenz fokussiert die Person bei der Beobachtung und Wahrnehmung ihrer Umwelt darauf, für die für sie sinnvollen Informationen offen zu sein und diese entsprechend in den Lebensalltag zu integrieren, um das für das eigene Selbst Sinnvolle und das »subjektiv Richtige« zum angemessenen Zeitpunkt zu finden.

Die jeweiligen Entscheidungen kann jede Person nur selbst für sich treffen in Abhängigkeit von ihren bewusst gewordenen Wünschen als Motive für ein sinnvolles Leben. Dabei zeigt sich der Wunsch im Alltag oft gar nicht so klar, sondern bleibt mitunter unscharf im Raum zwischen Hoffen, Wollen und Begehren, um mit kurzfristigen Fantasien, Hoffnungen und Träumen beantwortet zu werden. FäMoS kann für die selbstständige Bearbeitung persönlicher Themen genutzt werden. Die Kompetenz, wichtige Situationen zu reflektieren und gegebenenfalls bedeutsame Wünsche und Bedürfnisse genauer zu überprüfen, ermöglicht weitere Lern- und Selbstentwicklungsschritte. Lernen findet günstigenfalls auf mehreren Ebenen statt und bleibt nicht auf der Ebene der 1. Ordnung stehen (Aufnahme von Wissen und seine Anwendung). Zur Entfaltung sinnvoller Lebensgestaltung hat sich stattdessen die Entwicklung einer Wunsch- und Reflexionskompetenz im Sinne eines Lernens 2. Ordnung bewährt (Rieforth u. Beermann-Kassner, 2017), bei der eine Bearbeitungsebene gefunden wird, die erkennen lässt, worum es geht und wie durch einen ganzkörperlichen Prozess die Wünsche bewusst werden und mit der Integration der Schätze aus der Vergangenheit zur Selbstentwicklung beitragen.

Sich selbst zu führen, meint daher die Fähigkeit zur Selbststeuerung im eigenen Bewusstsein und Kontext der jeweiligen Fragestellung. Emotions- und gewohnheitsbedingtes Reiz-Reaktion-Verhalten lässt sich dadurch besser kontrollieren, indem sich durch Reiz und emotionaler Reaktion im Bewusstsein ein Raum der Besonnenheit entwickelt. Je mehr Übung in der Kunst der Wunschkompetenz vorliegt, umso eher können unerwünschte Denk-, Fühl- und

Verhaltensmuster erkannt oder kann in Problemsituationen die Wahrnehmung verändert werden. Für ein kreatives und innovatives Denken und Handeln insbesondere zur Weiterentwicklung des eigenen Selbst ist dies unerlässlich.

Manchmal sind es aber auch die Alltagssituationen, der Stau im Straßenverkehr, die Schlange an der Kasse oder die unfreundliche Antwort eines Kunden oder Kollegen, die uns das Leben schwer machen. Auch da, in diesen scheinbar kleinen Situationen des Alltags, kann die Selbstführung mit dem FächerModell eine Hilfe sein, um wieder in die eigene Balance zu kommen und die Chancen für die eigene Entwicklung zu ergreifen, wenn der Schritt aus der Problemtrance gelingt und stattdessen der dahinterliegende Wunsch in den Fokus der Aufmerksamkeit kommt. Sinnvolles Leben wird nicht vorgegeben, sondern stets durch die Handelnden mitkonstruiert; über diesen Weg führen sie durch das Selbstgeschaffene zur beruflichen und persönlichen Zufriedenheit. Erfolgreiche Selbstführung ist die Voraussetzung, um die individuellen Handlungsmöglichkeiten zu erhöhen. Die Wahl der Perspektive bleibt einer Person immer selbst vorbehalten, und in dem Wissen um diese Möglichkeit liegt die Chance zur Entwicklung und der Grad der eigenen Freiheit.

Fasst man die Grundregeln der Selbstführung noch einmal zusammen, dann ergeben sich folgende Prämissen:

▸ Beobachtung innerer Zustände (Gedanken, Gefühle, Körperempfindungen),
▸ Beobachtung eigener Interaktionsmuster mit sich und anderen,
▸ respektvolle Haltung sich selbst und anderen gegenüber,
▸ Reflexion eigener und interaktiver Handlungsimpulse und Handlungen,
▸ reflektierende Beobachtung der eigenen Wahrnehmung,
▸ sich selbst ernst nehmen,
▸ für sich und andere Sorge tragen.

In den Seminaren zur Selbstführung (Self Leadership) wie auch im Rahmen von Aus- und Weiterbildungscurricula für Berater und

Psychotherapeutinnen wird im Verlauf oder am Ende eines Seminars vom Dozenten eine scheckkartengroße Abbildung des Fächer-Modells überreicht, um je nach Situation die FäMoS-Miniaturkarte zu haben und damit in wenigen Sekunden durch das Modell geführt zu werden. Dadurch gelingt es der Person leichter, sich von dem inneren Erleben zu lösen und so zu ihrem eigenen Gegenüber zu werden. Durch eine Beobachterperspektive kann die Struktur des FächerModells mit seinen vier Bereichen und der jeweiligen Einstiegsfrage für jedes Segment zur Selbstreflexion genutzt werden und verschafft der Person in der Anwendung ihrer Frage die Möglichkeit, sich aus einer Meta-Ebene selbst zu beobachten.

Das FächerModell im Scheckkartenformat ermöglicht es, die Abbildung mit allen Angaben einfach mit sich tragen zu können und es jederzeit einsetzen zu können. Oder es dient als Hilfe zur Strukturierung einer Situation, wenn die Person für sich Zeit und Ruhe gefunden hat, um sich klar zu werden, was sie aktuell bewegt, wo sie im Moment Probleme erlebt, was sie gern ändern möchte und welche Potenziale sie dafür nutzen kann.

Aufgeklappt befindet sich auf der Karte das Modell mit seinen vier Bereichen und der jeweils entscheidenden Fragen zu dem jeweiligen Segment (siehe Unterkapitel 4.4). Im Rahmen der Seminare werden die unterschiedlichen Frageformen durch Übungen erfahrbar gemacht.

Um einen Eindruck dieser Form der FäMoS-Selbstanwendung zu vermitteln, folgen hier einige beispielhafte Aussagen von Teilnehmenden im Rahmen einer nachträglichen Seminarreflexion, in dem die Anwendung exemplarisch geübt wurde.

»An dieser Stelle wurde mir bewusst, dass der Austausch mit anderen zwar sehr hilfreich ist, da man für sich allein eben doch oft in vertrauten Denkmustern verhaftet bleibt. Dennoch scheint es mir möglich, über die Fragestellungen etwa des FächerModells auch selbstständig gewisse Denkblockaden lösen zu können. Gerade durch Fragen wie: ›Wie wäre es, wenn die Situation so bliebe?‹, oder: ›Wie wäre es, wenn der Wunsch sich erfüllen würde?‹.«

»In diesem Zusammenhang hat mir der Impuls, sich der ›Hinwendungsenergie‹ statt der ›Abwendungsenergie‹ zu bedienen, sehr geholfen (… eigentlich ja so naheliegend, aber auf das Naheliegende kommt man eben oft nicht in einer Problemsituation).«

»Im Nachgang zum Seminar hatte ich mehrere Situationen im privaten und beruflichen Kontext, in denen ich sehen konnte, dass die Ausschau nach Alternativen durch die erfahrene Selbstwirksamkeit Kräfte in mir geweckt hat, die ich vorher gar nicht gespürt hatte.

»Selbstführung als eine zu entwickelnde Fähigkeit ist für mich jetzt verbunden damit, eigene Ziele zu erkennen und sie auf der Basis meines eigenen Wertesystems klarer fassen zu können. Und zwar nicht nur im ›normalen‹ Alltag, sondern immer natürlicher gerade auch in Zeiten von Krisen. Diese neue Einsicht hat sich mir erschlossen, als ich das FächerModell nach dem Seminar jetzt selbst ausprobiert habe.«

»Meine Quintessenz nach dem ersten Tag des Seminars war für mich bereits ziemlich klar, aber in den folgenden zwei Wochen ist mir durch die Selbstanwendung von FäMos ganz klar geworden, dass ich aktuell eine Tätigkeit habe, die nicht zu mir passt, da meine Werte (Humor, Begeisterung, Vertrauen) völlig andere sind als die Werte, die in der Organisation bzw. in der Behörde vorherrschen. Dies sind Hierarchie, Kontrolle, Macht und Autorität gepaart mit starren Strukturen, durch die ich meine Sinnhaftigkeit an der Arbeit tatsächlich verloren habe und damit auch die Freude auf jeden neuen Tag im Beruf.«

»Für mich ist die Selbsterkenntnis durch die persönliche Anwendung des FächerModells der größte Gewinn. So möchte ich für mich zukünftig noch mehr Verantwortung übernehmen. Dabei hilft mir das Bild der Hinwendungsenergie und ›mein Reflex‹, mir regelmäßig die Frage zu stellen, wo ich eigentlich hin möchte und ob ich ›richtig‹ bin auf meinem Weg.«

»Die kleine Karte zum FächerModell hat mir sowohl in beruflichen als auch privaten Situationen geholfen, mir klar zu werden, um welches Anliegen es gerade geht und mit Hilfe der Fragetechnik den bei mir oder den anderen (verborgenen) Wunsch nach Veränderung dahinter zu entdecken, um daraus Potenzial zu schöpfen. Das Modell stellt diesen Weg anschaulich dar, um das neu gewonnene Wissen und die Bereiche Problemerkennung, Wünsche, Potenzial und Entwicklung in ihrer gegenseitigen Wechselwirkung zu erkennen.«

7 Eine Geschichte zum Schluss

Sehr geehrte Leserin, sehr geehrter Leser,

jetzt ist es bald soweit. Das Buch neigt sich dem Ende entgegen und die Geschichte von der Bedeutung der Wünsche – so wie sie von Goethe zu Beginn beschrieben wurden als die Vorgefühle der Fähigkeiten, die in jeder Person schlummern – ist fast erzählt. Doch bevor es zu Ende geht und zur weiteren Förderung »der Sehnsucht nach dem wahrhaft Möglichen hin zum erträumten Wirklichen«, soll noch einmal ein »kleiner, humorvoll gedachter Prozess« mit dem FächerModell zur Selbstentwicklung zur Sprache kommen und einen Bogen spannen von der Gegenwart über die Vergangenheit zur Zukunft.

Demnach schlage ich vor, die zu Ende gehende Geschichte dieses Buches als das gegenwärtige Problem zu definieren (Problem – Gegenwart). Beim Blick auf die Vergangenheit zeigt sich, dass es sich in dem einen oder anderen Fall des Lesers bereits am Ende der dargestellten Beispiele (Kapitel 4) und vor allem mit Beginn von Kapitel 5 langsam als trauriges Gefühl angedeutet haben könnte (Problem – Vergangenheit). Schaut man voraus in die Zukunft, mit der Frage, wie es Ihnen als Leser in einigen Tagen oder Wochen gehen mag, ohne ungelesene Seiten zur Wunschkompetenz an Ihrer Seite zu haben, könnten möglicherweise neue Fragen aufgeworfen werden, die beantwortet werden wollen (Problem – Zukunft).

Um aus dieser humorvoll inszenierten Problemsituation herauszukommen und den für Sie bedeutsamen Wunsch sich entwickeln zu lassen, schlage ich vor, sich jetzt im Sinne des Modells dem Bereich des Wunsches zuzuwenden, der da sein könnte, anhand des neuen Wissens sensibler für die Entdeckung und Bewusstwerdung der eigenen Wünsche zu werden und seine Lebensgestaltung vermehrt nach diesen zu richten (Wunsch – Gegenwart). Ein Blick in die Vergangenheit zeigt hier sicherlich, dass es seit Anwendung des Modells für Sie bereits einige schöne Erfahrungen mit Ihren Wünschen gegeben und sich das überraschend gut angefühlt hat (Wunsch – Vergangenheit). Und auch die Vorstellung, in einigen Wochen oder Monaten diese Kompetenz weiter ausgebaut zu haben, lässt vielleicht ein kleines Lächeln in Ihr Gesicht zaubern und ein wohlig-warmes Gefühl in der Magen- bzw. Herzgegend entstehen (Wunsch – Zukunft). Dies hätte dann – bezogen auf Ihre Selbstentwicklung – eine förderliche und erweiternde, positive Wirkung auf Ihr Gefühl der Selbstverantwortung und des Selbstvertrauens.

Entsprechend der Logik des Modells würde der Fokus nun auf Ihr Potenzial richten, um deutlich zu machen, was Sie aktuell dafür tun können, um der Sehnsucht nach Ihren Wünschen Gestalt zu geben (Potenzial – Gegenwart). Ein Blick in die Vergangenheit zeigt hier sicherlich, dass Sie in den letzten Tagen und Wochen seit der Bewusstheit Ihrer Wünsche häufiger in Gesprächen mit anderen und auch mit sich selbst diese deutlich gemacht haben und sie teilweise durch konkrete Handlungen bereits umgesetzt haben (Potenzial – Vergangenheit). In der Vision der weiteren Entwicklung könnte Ihnen vielleicht eine Sammlung Ihrer Wünsche in einer eigenen Datei oder an einem für Sie bedeutsamen Ort ermöglichen, immer mehr zu einem Wunschexperten im Umgang mit sich selbst und mit den anderen zu werden (Potenzial – Zukunft).

Demgemäß wäre für Sie ein wesentlicher Schritt im Sinne Ihres Wunsches gemacht, um sich selbst und die anderen in den für sie bedeutsamen Aspekten, Fähigkeiten und Besonderheiten zu erkennen und zu erfahren. Sie haben die Fähigkeit erweitert, Ihr eigenes Leben mit Sinn zu füllen und sich selbst als Ihr Gestalter mit einem wachsenden Gefühl der Selbstwirksamkeit zu erleben.

Dies wäre auf jeden Fall mein Wunsch, verbunden mit der Hoffnung, dass dieses Buch und das FächerModell sich als hilfreich für den Umgang mit Ihren eigenen Wünschen erweisen. Sicher haben Sie längst bemerkt, dass die kleine Reise durch das Modell deutlich gemacht hat, dass die eigentliche Arbeit erst mit der Kenntnis des Modells beginnt, um mit dessen Anwendung die persönlichen Wünsche auf die unterschiedlichste Art und Weise und im Sinne eines Selbstorganisationsprozesses entfalten zu lassen. In der Dynamik zwischen Problem, Wunsch, Potenzial und Selbstentwicklung –

entweder mit einer Prozessbegleiterin oder in der Selbstanwendung (z. B. mithilfe des beigelegten Fächers) – werden Probleme in Verbindung mit den Wünschen durch die Potenziale zur weiteren Anregung Ihrer Selbstentwicklung.

Ich wünsche Ihnen viel Freude und Erfolg, verbunden mit einer Entwicklung hin zu einer für Sie angemessenen Form als Basis einer sinnvollen Lebensgestaltung.

Da es sich ja bei einem Buch stets um eine Momentaufnahme bis zu einem bestimmten Zeitpunkt handelt, und sich natürlich weitere Verbesserungen oder auch andere Perspektiven in der Zukunft ergeben werden, freue ich mich darüber, wenn Leser und Leserinnen ihre Erfahrungen mit dem FächerModell und der Wunschkompetenz mit mir teilen und für Forschungszwecke zur Verfügung stellen. Über die folgende E-Mail-Adresse besteht die Möglichkeit, Kontakt aufzunehmen: requapro@uni-oldenburg.de. Weitere Informationen finden Sie auch unter der Webadresse www.uol.de/joseph-rieforth. Mein Team und ich würden diese Informationen gerne für die weitere wissenschaftliche Forschung nutzen: Wir freuen uns auf Ihre Rückmeldung!

Literatur

Abelin, E. L. (1986). Die Theorie der frühkindlichen Triangulation. Von der Psychologie zur Psychoanalyse. In J. Stork (Hrsg.), Das Vaterbild in Kontinuität und Wandlung. Zur Rolle und Bedeutung des Vaters aus psychopathologischer Betrachtung und in psychoanalytischer Reflexion (Symposion der Poliklinik für Kinder- und Jugendpsychotherapie der Technischen Universität München, Bd. 4, S. 45–72). Stuttgart – Bad Cannstatt: Frommann-Holzboog.

Alain, B., (1994). Sich beobachten heißt sich verändern. Betrachtungen. Frankfurt a. M.: Insel.

Altmeyer, M., Thomä, H. (Hrsg.) (2006). Die vernetzte Seele. Die intersubjektive Wende in der Psychoanalyse. Stuttgart: Klett-Cotta.

American Psychological Association (APA) (2010). 10 ways to build resilience. Zugriff am 15.02.2019 unter https://www.apa.org/helpcenter/road-resilience

Ammaniti, M., Gallese, V. (2014). The birth of intersubjectivity. Psychodynamics, neurobiology, and the self. New York: Norton.

Andersen, T. (Hrsg.) (1994). Das reflektierende Team: Dialoge und Dialoge über die Dialoge (3., unveränd. Aufl.). Dortmund: Verlag Modernes Lernen.

Antonovsky, A. (1997). Salutogenese. Zur Entmystifizierung der Gesundheit. Tübingen: dgvt-Verlag.

Aristoteles (4. Jh. v. Chr./1907). Metaphysik (XIII). Jena: Diederichs.

Arnold, R. (2015). Bildung nach Bologna! Die Anregungen der europäischen Hochschulreform. Wiesbaden: Springer VS.

Asen, E., Fonagy, P. (2014). Mentalisierungsbasierte therapeutische Interventionen für Familien. Familiendynamik – Systemische Praxis und Forschung, 39 (3), 234–249.

Asen, E., Fonagy, P. (2017). Mentalizing Family Violence, Part 1: Conceptual Framework. Family Process, 56, 6–21.

Assig, D., Echter, D. (2012). Ambition. Wie große Karriere gelingen. Frankfurt a. M.: Campus.

Bandura, A. (1997). Self-efficacy. The exercise of control. New York: Freeman.

Bandura, A., Walters, R. H. (1963). Social learning and personality development. New York: Holt Rinehart and Winston.

Bargh, J. A. (Ed.) (2007). Social psychology and the unconscious. The automaticity of higher mental processes (Frontiers of social psychology). New York: Psychology Press.

Bateson, G. (1981). Ökologie des Geistes. Frankfurt a. M.: Suhrkamp.

Bauer, J. (2015). Selbststeuerung. Die Wiederentdeckung des freien Willens. München: Blessing.

Bauer, J. (2016). Warum ich fühle, was du fühlst. Intuitive Kommunikation und das Geheimnis der Spiegelneurone (24. Aufl.). München: Heyne.

Bauriedl, T. (1994). Auch ohne Couch. Psychoanalyse als Beziehungstheorie und ihre Anwendungen. Stuttgart: Verlag Internationale Psychoanalyse.

Bayda, E. (2015). Der Zen-Weg zu einem authentischen Leben. Gelassenheit finden in unruhigen Zeiten. Freiburg i. Br.: Arbor.

Beermann, A. (2020). Veränderungsprozesse professioneller und persönlicher Entwicklung – Wirkfaktoren und Wirkungsweisen in Professionalisierungsprozessen am Beispiel von Supervisoren, Coaches und Organisationsentwicklern. Göttingen: V&R unipress (zugl. Diss. Carl von Ossietzky Universität Oldenburg).

Berger, D. (2004). Thomas von Aquins »Summa theologiae«. Werkinterpretationen. Darmstadt: Wiss. Buchges.

Beutel, M., Doering, S., Leichsenring, F., Reich, G. (2010). Psychodynamische Psychotherapie. Störungsorientierung und Manualisierung in der therapeutischen Praxis. Göttingen u. a.: Hogrefe.

Bisky, J. (2019). Solidarität ist das einzige Mittel gegen Verbitterung. Süddeutsche Zeitung, 10.3.2019.

Bohleber, W. (2013). The concept of intersubjectivity in psychoanalysis. Taking critical stock. The International journal of psycho-analysis, 94 (4), 799–823.

Bonanno, G. A. (2004). Loss, Trauma, and Human Resilience. Have We Underestimated the Human Capacity to Thrive After Extremely Aversive Events? American Psychologist, 59 (1), 20–28.

Boothe, B. (1998). Einige Bemerkungen zum Konzept des Wünschens in der Psychoanalyse. In B. Boothe, R. Wepfer, A. von Wyl (Hrsg.), Über das Wünschen. Ein seelisches und poetisches Phänomen wird erkundet (S. 203–249). Göttingen: Vandenhoeck & Ruprecht.

Bourassa, K. J., Ruiz, J. M., Sbarra, D. A. (2019). The impact of physical proximity and attachment working models on cardiovascular reactivity. Comparing mental activation and romantic partner presence. Psychophysiology, 56 (5), e13324.

Bowlby, J. (2018). Bindung als sichere Basis. Grundlagen und Anwendung der Bindungstheorie (4. Aufl.). München: Ernst Reinhardt.

Brandstätter, V., Schüler, J., Puca, R. M., Lozo, L. (2018). Motivation und Emotion. Allgemeine Psychologie für Bachelor. Berlin u. Heidelberg: Springer.

Brisch, K. H. (Hrsg.) (2011). Bindung und frühe Störungen der Entwicklung. Stuttgart: Klett-Cotta.

Brisch, K. H. (Hrsg.) (2016). Bindung und Migration (2. Aufl.). Stuttgart: Klett-Cotta.

Brockhaus – Die Enzyklopädie (2001). Band 24 WELI – ZZ. Leipzig/Mannheim: Brockhaus.

Buber, M. (2008). Schriften zur Psychologie und Psychotherapie. Werkausgabe, Bd. 10. Hrsg. v. J. P. Agassi, P. Mendes-Flor. Gütersloh: Gütersloher Verlagshaus.

Buchholz, M. B. (1995). Die unbewusste Familie. Lehrbuch der psychoanalytischen Familientherapie (Leben lernen, Bd. 104). München: Pfeiffer.

Buchholz, M. B., Gödde, G. (2013). Balance, Rhythmus, Resonanz: Auf dem Weg zu einer Komplementarität zwischen »vertikaler« und »resonanter«

Dimension des Unbewussten. Psyche – Zeitschrift für Psychoanalyse und ihre Anwendungen, 67 (9–10), 844–880.

Bude, H. (2015). Gesellschaft der Angst. Bonn: Bundeszentrale für Politische Bildung.

Bude, H. (2019). Solidarität. Die Zukunft einer großen Idee. München: Hanser.

Bürgin, D. (Hrsg.) (1998). Triangulierung. Der Übergang zur Elternschaft. Stuttgart: Schattauer.

Capra, F., Mattei, U. (2015). The Ecology of Law. Toward a Legal System in Tune with Nature and Community. Oakland: Berrett-Koehler Publishers.

Ciompi, L. (2014). Die Bedeutung von verletzten Selbstwertgefühlen und Scham in der Sozialpsychiatrie. Leading Opinions, Iatros I, Neurologie und Psychiatrie, 54, 40–42.

Conci, M. (2005). Sullivan neu entdecken. Leben und Werk Harry Stack Sullivans und seine Bedeutung für Psychiatrie, Psychotherapie und Psychoanalyse. Gießen: Psychosozial-Verlag.

Cordes, A., Schultz-Venrath, U. (2015). Mentalisieren im System. Anwendungsbezogene Fragen in der mentalisierungsbasierten Familien- und Paartherapie. Familiendynamik – Systemische Praxis und Forschung, 40 (2), 128–141.

Cortina, M., Liotti, G. (2007). Implicit Unconscious Processes, Intersubjectice Abilities and Evolutionary Models of the Mind. New Approaches to Understanding Human Nature. Fromm Forum (english edition) (11), 23–37.

Cowen, A. S., Keltner, D. (2017). Self-report captures 27 distinct categories of emotion bridged by continuous gradients. Proceedings of the National Academy of Sciences of the United States of America, 114 (38), E7900-E7909.

Cozolino, L. J. (2017). Warum Psychotherapie wirkt. Mit unserem Geist das Gehirn verändern. Freiburg i. Br.: Arbor.

Cube, F. von, Alshuth, D. (1996). Fordern statt Verwöhnen. Die Erkenntnisse der Verhaltensbiologie in Erziehung und Führung (9. Aufl.). München: Piper.

Damasio, A. R. (2015). Descartes' Irrtum. Fühlen, Denken und das menschliche Gehirn (8. Aufl.). München: List.

de Shazer, S. (2006). Der Dreh: Überraschende Wendungen und Lösungen in der Kurzzeittherapie (9. Aufl.). Heidelberg: Carl-Auer.

Diedrich, A. (2016). Mitgefühlsfokussierte Interventionen in der Psychotherapie. Göttingen: Hogrefe.

Dienelt, K. (1967). Von Freud zu Frankl. Die Entwicklung d. Tiefenpsychologie und deren Anwendung in der Pädagogik. Wien/München: Österreich. Bundesverl. für Unterricht Wiss. u. Kunst.

Dörner, D. (1989). Die Logik des Mißlingens. Strategisches Denken in komplexen Situationen. Reinbek: Rowohlt.

Drewes, R. (1993). Identität. Der Versuch einer integrativen Neufassung eines psychologischen Konstruktes; eine qualitative Untersuchung mit jungen Erwachsenen Münster: Waxmann, zugl. Diss. Universität Gießen.

Eifert, G. H., McKay, M., Forsyth, J. P. (2017). Mit Ärger und Wut umgehen. Der achtsame Weg in ein friedliches Leben mit der Akzeptanz- und Commitment-Therapie (ACT) (3. Aufl.). Bern: Hogrefe.

Einstein, A. (1922/2009). Grundzüge der Relativitätstheorie (7. Aufl.). Berlin: Springer.

Ekman, P. (2004). Emotions revealed. Understanding faces and feelings. London: Phoenix.

Ermann, M. (1993). Rekonstruktion des Früheren – Konstruktion im Hier und Jetzt. Der Ansatz der heutigen Psychoanalyse. In P. Buchheim, M. Cierpka, T. Seifert (Hrsg.), Lindauer Texte (S. 21–29). Berlin u. a.: Springer.

Erpenbeck, J., Rosenstiel, L. von (Hrsg.) (2007). Handbuch Kompetenzmessung. Erkennen, verstehen und bewerten von Kompetenzen in der betrieblichen, pädagogischen und psychologischen Praxis (2. Aufl.). Stuttgart: Schäffer-Poeschel.

Eßling, G. (2015). Praxis der Neuropsychotherapie. Wie die Psyche das Gehirn formt. Berlin: Deutscher Psychologen Verlag.

Eurich, C. (2015). Über den eigenen Schatten springen. Vom Ego in die Liebe zum Leben. Petersberg: Via Nova.

Eurich, C. (2016). Aufstand für das Leben. Vision für eine lebenswerte Erde. Petersberg: Via Nova.

Feyerabend, P. (1979). Vorwort. In E. Jantsch (Hrsg.), Die Selbstorganisation des Universums. Vom Urknall zum menschlichen Geist. München: Hanser.

Fivaz-Depeursinge, E., Corboz-Warnery, A. (2001). Das primäre Dreieck. Vater, Mutter und Kind aus entwicklungstheoretisch-systemischer Sicht. Heidelberg: Carl-Auer.

Flückiger, C. (2018). Bedeutung der Arbeitsallianz für die Psychotherapie. Zeitschrift für Klinische Psychologie und Psychotherapie, 47 (2), 119–125.

Flückiger, C., Grosse Holtforth, M., Znoj, H. J., Caspar, F., Wampold, B. E. (2013). Is the relation between early post-session reports and treatment outcome an epiphenomenon of intake distress and early response? A multipredictor analysis in outpatient psychotherapy. Psychotherapy research, 23 (1), 1–13.

Foerster, H. von (2015). Einführung in den Konstruktivismus (15. Aufl.). München: Piper.

Fonagy, P. (2002). Affect regulation, mentalization, and the development of the self. New York: Other Press.

Fonagy, P., Gergely, G., Jurist, E. L., Target, M. (2004). Affektregulierung, Mentalisierung und die Entwicklung des Selbst. Stuttgart: Klett-Cotta.

Frankl, V. E. (1984). Der leidende Mensch. Anthropologische Grundlagen der Psychotherapie (2. Aufl.). Bern: Huber.

Frankl, V. E. (1987a). Ärztliche Seelsorge. Grundlagen der Logotherapie und Existenzanalyse (4. Aufl.). Frankfurt a. M.: Fischer.

Frankl, V. E. (1987b). Logotherapie und Existenzanalyse. Texte aus 5 Jahrzehnten. München: Piper.

Frankl, V. E. (2018). Der leidende Mensch. Anthropologische Grundlagen der Psychotherapie (4. Aufl.). Bern: Hogrefe.

Freud, S. (1900/1999). Die Traumdeutung. Frankfurt a. M.: Fischer.

Fürstenau, P. (1979). Zur Theorie psychoanalytischer Praxis. Stuttgart: Klett-Cotta.

Fürstenau, P. (2007). Psychoanalytisch verstehen – systemisch denken – sugges-
tiv intervenieren. Stuttgart: Pfeiffer bei Klett-Cotta.

Gebser, J. (1988). Ursprung und Gegenwart, Teil 1: Die Fundamente der aper-
spektivischen Welt. Beitrag zu einer Geschichte der Bewusstwerdung
(3. Aufl.). München: dtv.

Gemeinsamer Bundesausschuss (2018). Beschluss über die Anerkennung des
Nutzens und der medizinischen Notwendigkeit der systemischen Therapie als
Psychotherapieverfahren. Zugriff am 16.05.2019 unter https://www.g-ba.de/
downloads/39-261-3588/2018-11-22_PT-RL_Nutzen-Systemische-Therapie.pdf

Gendlin, E. T. (1978). Focusing. New York: Everest House.

Germer, C. K., Neff, K. D. (2013). Self-compassion in clinical practice. Journal
of clinical psychology, 69 (8), 856–867.

Geuter, U. (2015). Körperpsychotherapie. Grundriss einer Theorie für die klinische Praxis. Berlin: Springer.

Gigerenzer, G. (2008). Bauchentscheidungen. Die Intelligenz des Unbewussten
und die Macht der Intuition (11. Aufl.). München: Goldmann.

Gigerenzer, G., Gaissmaier, W. (2016). Intuition und Führung. Wie gute Entscheidungen entstehen. In M. W. Fröse, S. Kaudeler-Baum, F. E. V. Diever-
nich (Hrsg.), Emotion und Intuition in Führung und Organisation (2. Aufl.,
S. 19). Wiesbaden: Springer Gabler.

Glasl, F. (2013). Eskalationsdynamik sozialer Konflikte. In T. Trenczek, D. Ber-
ning, C. Lenz (Hrsg.), Mediation und Konfliktmanagement (S. 67–78).
Baden-Baden: Nomos.

Goethe, J. W. von (1811–12/1985). Autobiographisches. Aus meinem Leben.
Dichtung und Wahrheit, 2. Teil, 9. Buch. In J. W. von Goethe, Sämtliche
Werke nach Epochen seines Schaffens. Hrsg. v. P. Sprengel, K. Richter, H. G.
Göpfert. München: Hanser.

Gohr, S. (2006). Ich suche nicht, ich finde: Pablo Picasso – Leben und Werk.
Köln: DuMont.

Gottwald, P. (2018). Verirrung und Vergänglichkeit des Individuums. Im Lichte
der Gestalt des Dr. Faustus, eines Abendländers, betrachtet, im Drama dargestellt und im Essay reflektiert. Göttingen: Cuvillier.

Grawe, K. (1995). Grundriss einer Allgemeinen Psychotherapie. Psychotherapeut,
40, 130–145.

Grawe, K. (2000). Psychologische Therapie (2. Aufl.). Göttingen u. Bern: Hogrefe.

Grawe, K. (2004). Neuropsychotherapie. Göttingen u. Bern: Hogrefe.

Grimmer, B., Neukom, M. (2009). Coaching und Psychotherapie. Gemeinsamkeiten und Unterschiede – Abgrenzung oder Integration? Wiesbaden: VS
Verlag für Sozialwissenschaften/GWV Fachverlage GmbH Wiesbaden.

Gröning, K. (2013). Supervision. Traditionslinien und Praxis einer reflexiven
Institution. Gießen: Psychosozial-Verlag.

Grossmann, K. (2005). Die Selbstwirksamkeit von Klienten: Ein Wirkverständ-
nis systemischer Therapien. Heidelberg: Carl-Auer.

Gumz, A., Horstkotte, J. K., Kästner, D. (2014). Das Werkzeug des psychodynamischen Psychotherapeuten – verbale Interventionstypen aus theore-

tischer und aus der Praxis abgeleiteter Perspektive. Zeitschrift für Psychosomatische Medizin und Psychotherapie, 60 (3), 219–237.

Gumz, A., Hörz-Sagstetter, S. (Hrsg.) (2018). Psychodynamische Psychotherapie in der Praxis. Weinheim: Beltz.

Haken, H., Schiepek, G. (2006). Synergetik in der Psychologie. Selbstorganisation verstehen und gestalten. Göttingen: Hogrefe.

Han, B.-C. (2016). Psychopolitik. Neoliberalismus und die neuen Machttechniken (2. Aufl.). Frankfurt a. M.: Fischer.

Hartmann, M. (2011). Die Praxis des Vertrauens. Berlin: Suhrkamp.

Hebb, D. O. (2002). The organization of behavior. A neuropsychological theory. Mahwah, NJ: Erlbaum.

Heindrichs, U. (2003). Märchen als Wunschdichtung. In B. Gobrecht, H. Lox, T. Bücksteeg (Hrsg.), Der Wunsch im Märchen, Heimat und Fremde im Märchen. Forschungsberichte aus der Welt der Märchen (S. 12–25). Kreuzlingen/München: Hugendubel.

Hüther, G. (2004). Destruktives Verhalten als gebahnte Bewältigungsstrategie zur Überwindung emotionaler Verunsicherung: ein entwicklungsneurobiologisches Modell. In A. Streeck-Fischer (Hrsg.), Adoleszenz – Bindung – Destruktivität (S. 136–151). Stuttgart: Klett-Cotta.

Hüther, G. (2012). Was wir sind und was wir sein könnten. Ein neurobiologischer Mutmacher (13. Aufl.). Frankfurt a. M.: Fischer.

Hüther, G. (2013). Bedienungsanleitung für ein menschliches Gehirn (11. Aufl.). Göttingen: Vandenhoeck & Ruprecht.

Illich, I. (2014). Selbstbegrenzung. Eine politische Kritik der Technik (3. Aufl.). München: Beck.

Janssen, B., Grün, A. (2017). Stark in stürmischen Zeiten. Die Kunst, sich selbst und andere zu führen. München: Ariston.

Jantsch, E. (1979). Die Selbstorganisation des Universums. Vom Urknall zum menschlichen Geist. München: Hanser.

Jaspers, K. (1996). Einführung in die Philosophie. Zwölf Radiovorträge (20. Aufl.). München: Piper.

Jung, C. G. (2011). Aion. Beiträge zur Symbolik des Selbst (Edition C. G. Jung, Bd. 9,2, Sonderausg., 3. Aufl.). Hrsg. v. L. Jung-Merker. Ostfildern: Patmos.

Kachler, R. (2015). Die Therapie des Paar-Unbewussten. Ein tiefenpsychologisch-hypnosystemischer Ansatz. Stuttgart: Klett-Cotta.

Kafka, P. (1992). Vorwort. In E. Jantsch (Hrsg.), Die Selbstorganisation des Universums. Vom Urknall zum menschlichen Geist (Erw. Neuaufl., S. 1–13). München: Hanser.

Kalisch, R. (2017). Der resiliente Mensch. Wie wir Krisen erleben und bewältigen. Neueste Erkenntnisse aus Hirnforschung und Psychologie. Berlin: Berlin Verlag.

Kannicht, A., Schmid, B. (2015). Einführung in systemische Konzepte der Selbststeuerung. Heidelberg: Carl-Auer.

Kast, V. (2018). Immer wieder mit sich selber eins werden. Identität und Selbstwert entwickeln in einer komplexen Welt. Stuttgart: Patmos.

Katschnig, H. (Hrsg.) (1977). Die andere Seite der Schizophrenie. Patienten zu Hause. München: Urban u. Schwarzenberg.

Kierkegaard, S. (1970). Gesammelte Werke. Düsseldorf: Diederichs.

Kleve, H. (2011). Das Wunder des Nichtwissens. Vom Paradigma der professionellen Lösungsabstinenz in der Sozialen Arbeit. Kontext – Zeitschrift für Systemische Therapie und Familientherapie, 42 (4), 338–355.

Klitzing, K. v. (1998). Wenn aus zwei drei werden … In D. Bürgin (Hrsg.), Triangulierung. Der Übergang zur Elternschaft (S. 104–115). Stuttgart: Schattauer.

Klöpper, M. (2014). Die Dynamik des Psychischen. Ein Praxishandbuch für das Verständnis der Beziehungsdynamik. Stuttgart: Klett-Cotta.

Köhle, K., Herzog, W., Kruse, J., Joraschky, P., Langewitz, W., Söllner, W. (2018). Uexküll, Psychosomatische Medizin. Theoretische Modelle und klinische Praxis (8. Aufl.). München: Elsevier.

Kohut, H. (1993). Die Heilung des Selbst. Frankfurt a. M.: Suhrkamp.

Kriz, J. (2017). Subjekt und Lebenswelt. Personzentrierte Systemtheorie für Psychotherapie, Beratung und Coaching. Göttingen: Vandenhoeck & Ruprecht.

Kuhl, J. (1992). A Theory of Self-regulation. Action versus State Orientation, Self-discrimination, and Some Applications. Applied Psychology, 41 (2), 97–129.

Laloux, F. (2017). Reinventing Organizations visuell. Ein illustrierter Leitfaden sinnstiftender Formen der Zusammenarbeit. München: Verlag Franz Vahlen.

Lammers, M. (2016). Emotionsbezogene Psychotherapie von Scham und Schuld. Ein Praxishandbuch mit Download-Material. Stuttgart: Schattauer.

Längle, A. (1999). Existenzanalyse – Die Zustimmung zum Leben finden. Fundamenta Psychiatrica (12), 139–146.

Längle, A. (2005). Das Sinnkonzept Viktor Frankls – ein Beitrag für die gesamte Psychotherapie. In H. G. Petzold, I. Orth (Hrsg.), Sinn, Sinnerfahrung, Lebenssinn in Psychologie und Psychotherapie (II, S. 403–460). Bielefeld/Locarno: Aisthesis.

Levine, P. A. (1999). Trauma-Heilung. Das Erwachen des Tigers: Unsere Fähigkeit, traumatische Erfahrungen zu transformieren (2. Aufl.). Essen: Synthesis.

Levold, T. (1999). Systemische Selbsterfahrung. System Familie, 12 (4), 170–179.

Luhmann, N. (2014). Vertrauen. Ein Mechanismus der Reduktion sozialer Komplexität (5. Aufl.). Konstanz: UVK.

Markowitsch, H. J. (2009). Das Gedächtnis. Entwicklung, Funktionen, Störungen. München: Beck.

Maturana, H. R. (1994). Was ist Erkennen? München: Piper.

McGoldrick, M., Gerson, R. (1990). Genogramme in der Familienberatung. Bern: Huber.

Meiran, N., Pereg, M., Kessler, Y., Cole, M. W., Braver, T. S. (2015). The power of instructions. Proactive configuration of stimulus-response translation. Journal of experimental psychology. Learning, memory, and cognition, 41 (3), 768–786.

Mertens, W. (2013). Das Zwei-Personen-Unbewusste – unbewusste Wahrnehmungsprozesse in der analytischen Situation. Psyche – Zeitschrift für Psychoanalyse und ihre Anwendungen, 67 (9–10), 817–843.

Müller-Christ, G. (2018). Komplexe Systeme erkunden. Antworten ohne zu fragen durch Systemaufstellung. In T. Pyhel (Hrsg.), Zwischen Ohnmacht und Zuversicht? Vom Umgang mit Komplexität in der Nachhaltigkeitskommunikation (S. 77–97). München: oekom.

Neff, K. D., Long, P., Knox, M. C., Davidson, O., Kuchar, A., Costigan, A. et al. (2018). The forest and the trees. Examining the association of self-compassion and its positive and negative components with psychological functioning. Self and Identity, 17 (6), 627–645.

Nietzsche, F. (1882–84)/1988). Nachgelassene Fragmente. In F. Nietzsche, Sämtliche Werke (2. Ausg.). Hrsg. v. G. Colli, M. Montinarie. München: dtv.

Nijenhuis, E. (2016). Die Trauma-Trinität. Ignoranz – Fragilität – Kontrolle. Die Entwicklung des Traumabegriffs/Traumabedingte Dissoziation: Konzept und Fakten. Göttingen: Vandenhoeck & Ruprecht.

Paech, N. (2016). Befreiung vom Überfluss. Auf dem Weg in die Postwachstumsökonomie (9. Aufl.). München: oekom.

Petzold, T. D. (2013). Salutogene Kommunikation und Selbstregulation. Praxis Klinische Verhaltensmedizin und Rehabilitation, 26 (2), 132–145.

Petzold, T. D. (2017). Resilienz salutogenetisch dynamisch betrachtet. Übergang aus der Abwehrhaltung zum Wohlbefinden und Gestalten. CO.med, Zeitschrift für Komplementärmedizin, 23, 43–46.

Porges, S. W. (2017). Die Polyvagal-Theorie und die Suche nach Sicherheit. Traumabehandlung, soziales Engagement und Bindung. Gespräche und Reflexionen. Lichtenau: Probst.

Pörksen, B., Schulz von Thun, F. (2016). Kommunikation als Lebenskunst. Philosophie und Praxis des Miteinander-Redens (2. Aufl.). Heidelberg: Carl-Auer.

Reddemann, L. (2016). Mitgefühl, Trauma und Achtsamkeit in psychodynamischen Therapien. Göttingen: Vandenhoeck & Ruprecht.

Reddemann, L. (2019). Über Mitgefühl – ein common factor in der Psychotherapie traumatisierter Menschen? Systeme, 33 (1), 6–23.

Redlich, A., Schroeter, K. (2015). Varianten der Mediation. Konfliktdynamik, 4 (4), 260–263.

Ricard, M. (2017). Man muss nicht leiden, um altruistisch zu sein. In: Die Zeit, 44/2017, 29. Oktober 2017.

Rieforth, J. (Hrsg.) (2006). Triadisches Verstehen in sozialen Systemen. Gestaltung komplexer Wirklichkeiten. Heidelberg: Carl-Auer.

Rieforth, J. (2007). Psychotherapie/Familientherapie. In F. Linderkamp, M. Grünke (Hrsg.), Lern- und Verhaltensstörungen. Genese – Diagnostik – Intervention (S. 322–335). Weinheim u. Basel: Beltz PVU.

Rieforth, J. (2012). Prozessgestaltung bei Veränderungen in Organisationen. Das Neun-Felder-Modell als reflexiver Raum für neue Entwicklungen. Konfliktdynamik, 1 (4), 328–339.

Rieforth, J. (2018). Ich, Du und die anderen. Selbstorganisation – Selbststeuerung und die Frage nach dem Sinn. Wiss. Jahrestagung der Deutschen Gesellschaft für Systemische Therapie, Beratung und Familientherapie an der Carl von

Ossietzky Universität Oldenburg (Programmheft). Zugriff am 02.02.2019 unter https://dgsf-tagung-2018.de/fyls/128/download_file

Rieforth, J. (2019a). Kontaktstudium: Supervision, Coaching und Organisationsentwicklung. Webseiten der Carl von Ossietzky Universität Oldenburg. Oldenburg. Zugriff am 17.03.2019 unter https://uol.de/c3l/supervision

Rieforth, J. (2019b). Selbstentwicklung in Organisationen – Salutogenese und die Bedeutung des Wunsches. Konfliktdynamik, 8 (4), 256–265.

Rieforth, J., Beermann-Kassner, A. (2017). Selbsterfahrung und Supervision. Zwei Königswege zur Entwicklung professioneller Identität. Konfliktdynamik, 6 (2), 104–113.

Rieforth, J., Graf, G. (2014). Tiefenpsychologie trifft Systemtherapie. Eine besondere Begegnung. Göttingen: Vandenhoeck & Ruprecht.

Riemann, F. (1992). Grundformen der Angst. Eine tiefenpsychologische Studie. München u. a.: Reinhardt.

Rosa, H. (2016). Resonanz. Eine Soziologie der Weltbeziehung. Berlin: Suhrkamp.

Roth, G. (2001). Das Unbewusste aus Sicht der Hirnforschung. In M. Cierpka, P. Buchheim (Hrsg.), Psychodynamische Konzepte (S. 43–61). Berlin: Springer.

Roth, G. (2003). Fühlen, Denken, Handeln. Wie das Gehirn unser Verhalten steuert. Frankfurt a. M.: Suhrkamp.

Rottländer, P. (2015). Mentalisieren in der Paartherapie. Psychoanalytische Familientherapie, 16 (2), 5–38.

Rudolf, G. (2010). Psychodynamische Psychotherapie. Die Arbeit an Konflikt, Struktur und Trauma. Stuttgart: Schattauer.

Ryff, C. D. (1989). Happiness is everything, or is it? Explorations on the meaning of psychological well-being. Journal of personality and social psychology, 57 (6), 1069–1081.

Sammet, I., Dammann, G., Schiepek, G. (Hrsg.) (2015). Der psychotherapeutische Prozess. Forschung für die Praxis. Stuttgart: Kohlhammer.

Satir, V. (1975). Selbstwert und Kommunikation. München: Pfeiffer.

Satir, V. (1990). Kommunikation, Selbstwert, Kongruenz. Konzepte und Perspektiven familientherapeutischer Praxis. Paderborn: Junfermann.

Scharmer, C. O. (2015). Theorie U. Von der Zukunft her führen. Presencing als soziale Technik (4. Aufl.). Heidelberg: Carl-Auer.

Schiepek, G., Matschi, B. (2013). Ressourcenerfassung im therapeutischen Prozess. Psychotherapie im Dialog, 1, 56–61.

Schlippe, A. von, Simon, F. B. (2014). Das kommt in den besten Familien vor. Systemische Konfliktberatung in Familien und Familienunternehmen. Stuttgart: Concadora.

Schlippe, A. von, Schweitzer, J. (2019). Gewusst wie, gewusst warum. Die Logik systemischer Interventionen. Göttingen: Vandenhoeck & Ruprecht.

Schmidbauer, W. (2007). Coaching in der Psychotherapie – Psychotherapie im Coaching. OSC – Organisationsberatung Supervision Coaching, 14 (1), 7–16.

Schnabel, P.-E. (2007). Gesundheit fördern und Krankheit prävenieren. Besonderheiten, Leistungen und Potentiale aktueller Konzepte vorbeugenden Versorgungshandelns. Weinheim: Juventa.

Schreyögg, A. (2013). Übertragung und Gegenübertragung im Coaching. Oder »Der Coach ist kein Klempner«. OSC – Organisationsberatung Supervision Coaching, 20 (4), 409–423.

Schubert, C. (Hrsg.) (2015). Psychoneuroimmunologie und Psychotherapie (2. Aufl.). Stuttgart: Schattauer.

Schubert, C., Singer, M. (2015). Stress und seine psychoneuroimmuno-logischen Spuren. Zeitschrift für Komplementärmedizin, 7 (1), 44–51.

Schulz von Thun, F. (2017). Das »Innere Team« und situationsgerechte Kommunikation. Reinbek: Rowohlt.

Schütz, A. (2003). Selbstwertgefühl. Zwischen Selbstakzaptanz und Arroganz (2. Aufl.). Stuttgart: Kohlhammer.

Schweitzer, J., Schlippe, A. von (2012). Lehrbuch der systemischen Therapie und Beratung II. Das störungsspezifische Wissen. Göttingen: Vandenhoeck & Ruprecht.

Selvini Palazzoli, M., Boscolo, L., Cecchin, G., Prata, G. (1981). Hypothetisieren, Zirkularität, Neutralität: drei Richtlinien für den Leiter der Sitzung. Familiendynamik – Systemische Praxis und Forschung, 6 (2), 123–139.

Senge, P. M. (1998). Die fünfte Disziplin. Kunst und Praxis der lernenden Organisation (5. Aufl.). Stuttgart: Klett-Cotta.

Simon, F. B., Rech-Simon, C. (2004). Zirkuläres Fragen. Systemische Therapie in Fallbeispielen: ein Lernbuch (6. Aufl.). Heidelberg: Carl-Auer.

Singer, B., Ryff, C. D. (Eds.) (2001). New horizons in health. An integrative approach. Washington, D.C: National Academy Press.

Solms, M., Turnbull, O. (2004). Das Gehirn und die innere Welt. Neurowissenschaft und Psychoanalyse. Düsseldorf: Walter.

Squire, L. R., Kandel, E. R., Niehaus, M. (2009). Gedächtnis. Die Natur des Erinnerns (2. Aufl.). Heidelberg: Spektrum Akad. Verl.

Stern, D. N. (1992). Die Lebenserfahrung des Säuglings. Stuttgart: Klett-Cotta.

Stierlin, H. (1994). Ich und die anderen. Psychotherapie in einer sich wandelnden Gesellschaft. Stuttgart: Klett-Cotta.

Stierlin, H. (2004). Das Tun des Einen ist das Tun des Anderen. Eine Dynamik menschlicher Beziehungen. Frankfurt a. M.: Suhrkamp.

Storch, M., Kuhl, J. (2013). Die Kraft aus dem Selbst. Sieben PsychoGyms für das Unbewusste (2. Aufl.). Bern: Huber.

Strenger, C. (2015). Zivilisierte Verachtung. Eine Anleitung zur Verteidigung unserer Freiheit. Berlin: Suhrkamp.

Strenger, C. (2016). Die Angst vor der Bedeutungslosigkeit. Das Leben in der globalisierten Welt sinnvoll gestalten. Gießen: Psychosozial-Verlag.

Strotzka, H. (1975). Psychotherapie: Grundlagen, Verfahren, Indikationen. München: Urban u. Schwarzenberg.

Strunk, G., Schiepek, G. (2013). Systemische Psychologie. Eine Einführung in die komplexen Grundlagen menschlichen Verhaltens. Heidelberg: Elsevier Spektrum Akademischer Verl.

Taubner, S. (2016). Konzept Mentalisieren. Eine Einführung in Forschung und Praxis. Gießen: Psychosozial-Verlag.